UK   The Falmer Press, 1 Gunpowder Square, London, EC4A 3DE
USA   The Falmer Press, 325 Chestnut Street, 8th Floor, Philadelphia,
      PA 19106

© 1992 Ben Agger

All rights reserved. No part of this publication may be reproduced, stored in a retrieval system, or transmitted, in any form or by any means, electronic, mechanical, photocopying, recording, or otherwise, without permission in writing from the Publisher.

First published 1992
Reprinted 1998

A catalogue record for this book is available from the British Library

Library of Congress Cataloging in Publication Data are available on request

ISBN 1 85000 964 3
ISBN 1 85000 965 1 (pbk)

Typeset in 9.5/11 pt Bembo
by Graphicraft Typesetters Ltd., Hong Kong

Printed and bound in Hong Kong

本书中文版由英国泰勒与弗朗西斯出版集团
授予河南大学出版社独家出版发行。
版权所有,不得复制。

〈国外文化理论研究丛书〉

ZUOWEI PIPING LILUN DE WENHUA YANJIU
作为批评理论的文化研究

［美］ 本·阿格 著

张喜华 译

河南大学出版社
·开封·

著作权合同登记号：图字 16—2010—118 号
图书在版编目(CIP)数据

作为批评理论的文化研究/[美]本·阿格著　张喜华译.
—开封：河南大学出版社，2010.9
(国外文化理论研究丛书)
ISBN 978-7-5649-0238-4

Ⅰ.①作… Ⅱ.①阿… ②张… Ⅲ.①文化—研究　Ⅳ.①G0
中国版本图书馆 CIP 数据核字(2010)第 162587 号

© 1992 Ben Agger
First Published 1992
Reprinted 1998

书　　　名	作为批评理论的文化研究
著作责任者	[美]本·阿格著　张喜华　译
责任编辑	张　珊
责任校对	张子言成
封面设计	马　龙
出版发行	河南大学出版社
	地址：河南省开封市明伦街 85 号　邮编：475001
	电话：0378-2825001(营销部)　网址：www.hupress.com
排　　版	郑州市今日文教印制有限公司
印　　刷	河南新华印刷集团有限公司
版　　次	2010 年 9 月第 1 版　　印　次　2010 年 9 月第 1 次印刷
开　　本	690mm×960mm　1/16　　印　张　19.25
字　　数	286 千字　　　　　　　　定　价　32.00 元

未经许可，不得以任何方式复制或抄袭本书之全部或部分内容。
版权所有，侵权必究
(本书如有印装质量问题，请与河南大学出版社营销部联系调换)

目　录

探询和研究马克思身后的马克思主义
　　——写在《国外文化理论研究丛书》付梓之际 ……… （Ⅰ）
译者序 ………………………………………………………… （1）
致中国学者和读者的信 ……………………………………… （1）
致谢 …………………………………………………………… （1）
第一章　什么是文化研究？ ………………………………… （1）
第二章　作为严肃产业的流行文化 ………………………… （29）
第三章　马克思主义文化理论 ……………………………… （52）
第四章　法兰克福学派的美学政治 ………………………… （73）
第五章　伯明翰学派文化研究 ……………………………… （96）
第六章　关于文化的后结构主义和后现代主义 …………… （119）
第七章　女性主义文化研究 ………………………………… （147）
第八章　需求、价值和文化批评 …………………………… （170）
第九章　对文化研究狂热崇拜的消解 ……………………… （196）
第十章　作为景观社会中日常生活的文化研究 …………… （225）
人名中英文对照表 …………………………………………… （251）
Bibliography（原文参考文献）……………………………… （259）
Index（原文索引）…………………………………………… （272）

探询和研究马克思身后的马克思主义
——写在《国外文化理论研究丛书》付梓之际

如果我们对20世纪西方新左派、西方马克思主义等左翼理论做一个"盘点",不难看出,其最有贡献的研究领域当属文化理论;同样,马克思之后的马克思主义为人类作出的最重要贡献之一也在文化理论。因此《国外文化理论研究丛书》首先把目光投向20世纪西方重要的新左派、西方马克思主义代表人物的理论成果,并以译介和研究上述理论为本丛书的首要目的,这是因为,西方新左派和西方马克思主义始终把目光投注到现实社会,试图用马克思的原理和当代伟大的思想成果,去解决当代资本主义社会的各种社会问题。在他们的理论结构中,既有马克思的原理部分,又有当代思想文化的最新成果,还有面向现实的维度。这种理论结构与我国新时期的理论走向非常一致。新时期文学批评是在马克思主义基本原理的正确指导下,在对西方当代思想的合理吸收,中国传统文论精华的再度发掘等等综合因素的整合之中,面对新情况、新问题的探索和解答。正是由于有上述相同或相似的境遇、动力因素和理论结构因素,中国新时期文论的发展在热点问题的提出、争论的发生、某些有代表性的理论形态等方面,都与西方新左派、西方马克思主义等左翼的文化理论有似曾相识之处。

改革开放30年来,我国社会生活的各个层面都发生了深刻的变化。到了20世纪90年代,抱着完全否定的观念研究西方新左派和西方马克思主义的人越来越少了,以前那种纯粹批判的态度,也转变成在了解、交流和撞击中发展马克思主义的主张。社会主义市场经济的建立，汹涌澎湃的商品大潮，对人们的心理造成了巨大的冲击。大众文化、商品文化的平庸性，精神价值的失落，引起了不少理论工作者的忧虑，社会批判和文化批判应运而生。有些人突然间发现，自己的处境与心态似乎和西方新左派、西方马克思主义者一模一样，在现代化的潮流中，他们放眼国内外，都感到一种"资本主义"式的压迫正在进逼。于是，西方新左派和西方马克思主义提供了抗拒和批判的张力与武器。不过，此时理论界的动力与武库并非仅此一个，后现代主义与西方马克思主义虽然在某些原则和理论上有根本差异，但这两种思潮在立场、观点、方法上的交叠重合处也很多，在我国，理论界几乎是同时在使用着这两种完全不同的武器，而并未感到有重大的区分和不便。在中国的知识界，对现代化导向最坚定和最彻底的批判者往往是这样的两位一体：他们心仪西方马克思主义又拥抱后现代主义，这就是我国理论界的现状，这也就是探讨国外马克思主义对中国理论界的影响的意义所在。

我们知道，西方马克思主义是资本主义世界工人革命运动低潮时期的产物，由于科学技术革命和西方社会自觉的或被迫的自我调适、自我变革，西方各国大体上处于相对稳定的发展阶段，身处这种社会的理想主义者和社会变革家，再去发展一种经济危机及其爆发的理论，再去制定无产阶级夺取政权的策略，既无紧迫性，也无实际意义。但是，现代化社会并不意味着完美无缺、毫无问题，从马克思的原始出发点——人的解放，消除异化，个人自由、全面的发展看，现代发达社会中的人，一方面得到了物质享受；另一方面却在人性上付出了极大的代价。因此，西方马克思主义者不论是从主观上想坚守初衷不变，还是客观上形势使然，都走上了社会批判和文化批判的道路，并以他们的深刻和执著，提出了许多发人深省的观点。作为一种(在否定的辩证法这种意义上的)批判理论，作为一种社会病理诊断，西方马克思主义和马克思的基本精神是相契合的。

但西方马克思主义，特别是20世纪国外左翼学者所倡导的文化理论毕竟是马克思身后的马克思主义文艺理论，它本身是对马克思主义的继承和发展，同时又是对马克思主义的新的理论建构。本丛书通过对国外新左派和西方马克思主义文化理论的理论辨析，对经典马克思主义的若干原点问题展开富有新意的研究,这对我国学术界是具有启迪意义的。作为整套丛书,既有西方学者的最新研究成果,也有国内学者的研究心得;既有译著,也有专著;所涉猎的研究领域包括文化身份、社会心理、大众传媒、互联网、广告、青年与妇女问题等等热点问题,涉及文化研究的方方面面。

我国改革开放30年来,取得的巨大成就举世瞩目,但巨大的社会变革也引发了社会结构、文化形态乃至社会心理等各方面的巨大变化,特别是20世纪90年代初汹涌而来的商品潮,大大激发了中国知识界的批判意识。终于有人领悟到了,时代的前进使人面临着一种问题转换:知识分子的使命不仅止于抨击守旧意识,为改革鼓与呼,而且要从价值层面对现代化的方向、后果及伴随现象加以监督,做社会公正的发言人、精神和文化的守护者。由此,西方新左派和西方马克思主义又成了人们关注的热点,它的批判理论必然成为人们寻求社会全面进步和人的全面解放的思想武器,因此,西方新左派和西方马克思主义对我国知识界的影响已经远远超出文化,乃至哲学、社会思潮的层面,而迈向更广阔的文化视野,我们有进一步了解它们的必要,这也是编辑本丛书的初衷。

愿这套丛书为国内学术界打开一扇新的窗口。

译 者 序

美国德克萨斯大学教授本·阿格出生于美国俄勒冈州尤金市,父亲曾任教于俄勒冈大学,教授政治学。他17岁时移居加拿大,在加拿大多伦多约克大学获大学学士学位和硕士学位,后于多伦多大学获得博士学位。他是当今活跃在欧美文化研究领域的著名学者,其研究领域和研究兴趣涉及马克思主义、法兰克福学派、存在主义、现象学等,对后现代主义尤感兴趣。本·阿格写作勤奋,著述颇丰,已经出版17部著作,涉及批评理论、文化研究、媒介研究等诸多方面。

呈现在读者面前的这本书是本·阿格有关文化研究的代表作。作者在书中阐释的思想方法和理论路径给我们以深刻的启迪。

一、文化研究应走怎样的路径

在英语世界,真正意义上的"文化理论"可以追溯到20世纪60~70年代的"伯明翰学派"。当时在伯明翰大学成立了"当代文化研究中心",他们开始用"新马克思主义"的理论对以往法兰克福学派不甚关心的通俗文化和媒体展开深入研究,他们认为在英国知识分子与工人阶级之间有一条鸿沟,作为有着马克思主义背景的"左派"学者,应该为工人阶级做些事,但他们是学院派的马克思主义者,所做的仅仅是研究而不是真正进入工人阶级的生活。无论是早期的雷蒙德·威廉斯(Raymond Williams),还是后来的斯图亚特·霍尔(Stuart Hall),都是英国学院派的马克思主义者,后来又都受到法国理论,诸如结构主义、解构主义,特别是拉康理论,加上一些后现代主义媒体理论的影响,他们的理论路径虽和法兰克福学派不尽相同,但其共同点都是在理论上反复推翻资本主义制度,而在现实的层面并没有投身到变革社会的斗争中去。

我们知道,经典马克思主义的历史唯物主义以基础和上层建筑作为讨论问题的出发点之一,而新马克思主义却从生产与消费这组范畴出发讨论问题。在新马克思主义学者看来,文化是至关重要的东西,生产与消费是他们理解文化的两个主要环节。他们把文化生产看做是生产方式之一,这个理论路径决定了他们把文化从上层建筑重新拉回到经济基础中来,与社会经济生产和结构相联系。加上他们注重消费的问题,因为当时英国的中产阶级、下层阶级都受到消费文化的影响。这套理论从欧洲大陆迅速扩散到北美,首先是在美国大学里的媒体理论界、大众传播系等研究和运用。这一理论迅速与美国学界的左翼结合起来,而美国学界的左翼与20世纪60年代欧洲的左翼已很不相同,他们更关心诸如同性恋、女性主义和少数族裔等现实问题,他们反对的主要是后资本主义,如跨国公司、由媒体带动的消费、在咨询系统影响之下的新的剥削模式包括后殖民主义等等。

20世纪60～70年代,欧洲的文化研究已经从早期对工人阶级及其亚文化的关注扩展开来,他们把研究的视角投向诸如性别、种族、阶级等文化领域中日渐繁复的文化身份、文化认同,注意到大众文化、媒体在个人和国家、民族、种族意识中的文化生产、建构作用。而这一时期的研究成果与他们接受结构主义与后结构主义的理论是分不开的。在阿尔都塞的意识形态理论影响下,他们形成了与早期文化主义在方法上相对的结构主义方法。斯图亚特·霍尔在《文化的研究:两种范式》一文中总结了这两种研究倾向,阿尔都塞的"主体性"和"意识形态国家机器"概念改变了笛卡儿、康德的主体哲学所确立的"自我",他认为这个先在的、本质的"自我"是个神话、虚构。主体性依赖于我们生活于其中的意识形态的塑造,我们用意识形态来想象自我的形象、文化身份,来看待我们与国家、社会乃至世界的关系。意识形态国家机器的概念启发文化研究者分析学校、教育、文化艺术机构对个人记忆、文化身份的建构作用,意识形态成为解释、说明个体经验的前提和支点。然而阿尔都塞的结构主义方法将意识形态放在至高无上的决定位置,个体的人的能动选择、反抗作用完全被抹去。此时,对葛兰西的"文化霸权"理论的重读,使文化研究超越了文化主义与结构主义的局限。葛兰西曾经在总结无产阶级革命的经验教训时,提出"文化霸权"的概念。所谓"文化霸权"就是指文化领域的领导权。他认为,在资本主义社会里,资产阶级成功地利用文化领导权,而不是仅仅依赖军队、法庭、监狱等暴力机构来维持其统治。所谓"文化霸权"并非通常理解的支配阶级和从属阶级压迫反抗的单一关系,"文化霸权"是一个不断变动的斗争过程,是支配者与反支配者之间力量的较量。在这场文化能力的角斗中,既有主导阶级的支配、统治和从属阶级反支配、反统治,同时还存在不同阶级为了换取其他阶级、阶层的支持与信任而做出的妥协与让步。阿尔都塞和葛兰西的理论激活了20世纪70年代以后的文化研究,而将二者综合起来并出色地发挥运用的正是霍尔,他的成果影响了各国的文化研究者,也影响了本·阿格。

与20世纪60~70年代的文化研究迥然不同的是,当今欧美学者的文化研究已经不再把文化研究仅仅看做是一种研究方法或研究形式,更脱离了无休止的概念界定的窠臼。本·阿格正是在这样的理论路径下开展文化研究的。他在《作为批评理论的文化研究》中明白无误地提出:"……批评性见解和实践的制度化常常带来这种趋势,但它也存在去除这种危险的潜在因素。尽管我自认为是一个文化研究者,为广泛的文化研究和关涉政治的文化研究做出了一些成就,但我还是为一种与日俱增的趋势感到沮丧,这种趋势就是:为了解读没有真正政治根基的文化文本,把文化研究变成一种空洞的方法论。这正是后结构主义在美国文学院系被变成解构主义的命运。确实,我一贯回避文化研究方法,很大程度上得归因于这种美国化了的后结构主义,我对这种文化研究方法感到失望……"①他在该书中还进一步提出:"文化研究的中心见解之一就是没有单一的文化研究形式。在某种意义上,没有程序化的文化研究,没有固定的方法论和明确的批评话题。高雅文化和流行文化的区别日渐削减的晚期资本主义社会里文化无处不在。因此,文化研究拒绝对其关注的文化产品经典化,从科学到科幻,没有经典,只有异质文化形态。这股强大的力量能够帮助扭转把文化研究变成一门独立于其他学科的学科趋势。"②去经典、去学科、去单一的文化研究方法与模式,同时去挑战忽视其他文化形式存在的主流文化,恰恰是本·阿格等学者竭力倡导的研究路径。

这样看似激进的研究路径并不是说文化研究只探询文化的差异,不再关心文化的共性,恰恰相反,本·阿格所要强调的只是文化研究"没有先决的方法论"。作者显然已经预料到会有人指责说文化研究只不过是一种没有严格理由的文化阐释混杂方式,但作者显然更希望人们认识到,文化研究的学院化能使文化研究致命地偏离政治参与,③这是作为一名左翼学者所不愿意看到的。本·阿格无意于讨论什么是文化这样一个亘古的、带有经院哲学意味的古老话题,而是通过梳理文化研究中应当关注的各种共性问题,全面论述了什么是文化研究这个核心问题。

二、文化研究应去中心和去经典

本·阿格认为文化是一种贡献社会知识的表达活动。文化研究学者对文化观念的扩展影响了流行文化的概念化方式,流行文化被概括为日常实践活动的一个庞大整体,这些日常活动是不在狭义定义的传统官方文化规定的范围之内的,又影响了科学概念化为文化话语本身的方式,为此他提出应当扩展文化概念的范畴。他认为:"文化概念的扩展和文化关联性的强化背后的主要动力来自第二次世界大战后信息

---

①②③ Ben Agger: *Cultural Studies as Critical Theory*, pp. 1~2, London, The Falmer Press, 1992.

技术的彻底转型,尤其是那些影响了婴儿潮人群的信息技术转型,这群人既是文化生产者,又是文化消费者。电视一代从情景喜剧、各色表演和政治灾难报导中接受文化信息……电视、电影和摇滚乐与日俱增形成的影响与传统家族观念对孩子们价值和行为的日渐消退的(或好或坏的)影响形成鲜明的对比。流行文化显得前所未有的重要。残余的传统高雅文化,比如古典音乐,要么是由于40岁以下的人群很少光顾而行将消逝,要么就转换成了'流行'节目。""较之以前,更多的事物被归结到了文化的名下,因为电子媒体已经把地球变成了麦克卢汉假定的'地球村'。虽然应该抵制技术决定论和现代主义影响的论点,但是仍不可忽视作为晚期资本主义关键政治因素的电视化民众生活。"[①]

本·阿格在本书中提出了文化的去中心和去经典问题。"……我们也必须要以一种根本挑战精英主义的方式来为文化合法性去中心"。"文化去中心化是一种政治行为,极大地促进了权力和财富的去中心化。它是对主导秩序的根本挑战"[②]。他还认为,"企图扩大经典,无论自我意识的参与程度如何,本质上都是政治行动。至少,它在挑战主导经典的优势地位及其管理的教育机构"[③]。针对西方大学的现状,他认为,文化研究的支持者企图挑战传统课程和学术评价模式,以便为不同的声音和方式制造空间。这种制造空间的活动有助于将大学对那些迄今还被拒于校门之外的人开放。这种制造空间的活动本身就是某种大量文化研究工作支持的政治工作。

文化的去中心、去经典是否会导致文化研究出现民粹主义呢?本·阿格显然注意到了这个问题。去中心、去经典是本·阿格所讨论的各种各样文化问题的核心,文化研究不仅研究流行文化的低俗和操纵性,而且把流行文化当成解放动力的源泉。有一个关于文化研究强大的民粹主义,它抗拒各种形式的精英主义,有时还反对自身利益。"在文化研究运动中,人们不能夸大民粹主义和民粹主义文化评价标准本质上的重要性。当然,显而易见,阿多诺可以成为这样一个现成的批

[①][②][③] Ben Agger: *Cultural Studies as Critical Theory*, p.3, p.11, p.12, London, The Falmer Press, 1992.

评目标:据说他藐视20世纪60年代青年文化的激进行为和奢侈,把爵士乐当成法西斯进行曲随意解散。我不是阿多诺武断审美判断的捍卫者。但关键是不要隐瞒围绕流行文化问题的不同文化研究方式之间的真正差别:法兰克福学派的文化研究就流行文化的救赎可能性方面的耐心比伯明翰学派、德里达和女性主义方法要少得多。这并不是说,法兰克福理论家们缺乏对流行文化的分析,正是他们对文化工业的分析使我们知道文化研究的可能性。当时,他们拒绝认可偶尔繁荣的流行文化。总之,他们不是民粹主义者"①。显然,本·阿格的立场是辩证和客观的。他准确地认识到,民粹主义者与德里达派和法兰克福学派理论家论争的核心问题是流行文化是否包含某些解构,因而是在政治上进步的趋势问题。在法兰克福理论中,霍克海默和阿多诺谴责作为晚期资本主义的整体管理(total administration)巅峰的文化工业,而文化研究的支持者大体上认为这一尖锐的指责没有太多的差别。相反,他们认为,正常人不仅看透了消费主义和实证主义的霸权阴霾,而且一些人还以他们自己的日常生活作为值得仿效的语境积极斗争,以创造一个新的文化世界。在大多数情况下,法兰克福学派理论家对日常生活根本不予理睬,除非注意到日常生活受到明显的外部和内部的必要事件的操纵,这显然是有缺陷的。

三、马克思主义文化研究的应有立场

作为一名西方左翼学者,本·阿格在本书中提出如下问题:"马克思主义仅仅是或者主要是关于工人劳动力剥削的理论,还是关于所有统治、压迫及剥削问题的更为普遍的理论?法兰克福理论家认为马克思主义只是一种批判理论,而非文化理论。他们没有给予阶级统治特权,而是将统治的源头和深度追溯至划时代的主体哲学,这种哲学实现了对客观他者的征服,客观他者既是自然也有他人。这是《启蒙辩证

---

① Ben Agger: *Cultural Studies as Critical Theory*, p. 15, London, The Falmer Press, 1992.

法》中展开的讨论,可能也是法兰克福批评理论最重要的言论。"①本·阿格尖锐地指出,无产阶级文化派的观点——艺术必须以某种方式为无产阶级在世界历史斗争中的利益服务——即便在19世纪和20世纪早期可能都是错误的。卢卡奇的这一言论是不可能正确的。对于解构文化研究而言,不存在什么"站在之外":文化批评不仅仅是表述性的,更是建构性的。批评家通过批评已经在改变世界,创造和再创造文化。意识形态批评如果不是充分的文化实践,至少也是一种政治实践。试图从外部提供文化启蒙的文化艺人和批评家不能简单地为无产阶级代言。文化批评和文化生产之间一直存在着一种辩证关系,这就迫使批评家不能简单地站在历史之外假定一个坚不可摧的基础,而要以一种承认历史性和可误性的方式为个人宣称的基础进行论证。

本·阿格看到了卢卡奇错误地将无产阶级泛化为世界历史的同一主客体,从而忽略了解放运动的其他力量。为了使正在建立中的马克思主义的文化理论不再无可救药地与当今时代格格不入,马克思主义文化理论必须反思马克思在19世纪中期关于国际资本主义社会变化形式和动因的设想。这并不是像后马克思主义者和后现代主义者一样要解散无产阶级,而是鉴于1883年马克思去世后资本主义在世界及精神领域的发展,要鼓励人们对马克思主义进行彻底再思考。

从这一理论路径和思想方法出发,本·阿格指出,"如今,我认为具有无产阶级文化派特征的观点在左派学者中随处可见。但是现在的问题不仅仅是阶级,还涉及种族和性别。现在越来越多的人投身到文化评价运动中来,他们站在受害者的立场,表述他们的遭遇,以正确的政治论断来评价文化作品的真实性。通常,艺术家也来自这些严阵以待的队伍,他们的作品被当做是无权阶级发出的声音。这就导致了从文化作品描绘的特定的主体角度出发的文化研究的政治化、专业化以及族裔聚居:女性艺术和有色人种艺术(除了阶级艺术之外,如最初的日丹诺夫主义中的无产阶级文化派)。在本质上,这些主张都认为能够从

---

① Ben Agger: *Cultural Studies as Critical Theory*, pp. 53~54, London, The Falmer Press, 1992.

外部按政治真实性的或者文化理论正确性的某种机械需求的观点来评判文化。尽管女性主义文化研究和从非白人角度进行的文化研究都将自己和马克思主义区分开来,但他们在自己的批评实践中仍然利用传统马克思主义的表述评价标准。尤其是,他们试图站在文化历史之外,从他们政治诚信角度去评价有争议的作品,这恰好是马克思主义文化理论的最初方案"①。由此,本·阿格不仅深化了卢卡奇的思想学说,提出了建构文化政治学的基本架构,同时也提醒人们注意:文化研究确实要有"阶级意识",但又要超越"阶级意识"。本·阿格认为,不管是马克思主义者还是女性主义者,要根据特定的意识形态联系将文化研究政治化就意味着人们能进行无政治意义的文化研究,就像在社会主义现实主义中一样,政治也是悄悄渗入到文化之中的。那种假设认为本质上为实证主义立场的文化实践不是文化政治。他认为任何一种文化解读都是文化创造行为。这既是建立他所说的文化政治学的需要,也是马克思主义文化研究的应有立场。由此也不难看出,本·阿格的上述理论在卢卡奇的思想基础上又前进了一步。

四、文化研究的学科定位

文化研究的学科定位一直是学术界颇感头痛的老问题。本·阿格明确提出:"文化研究本质上是跨学科的。它必须是跨学科的,因为传统学科不以融入批评理论、文学理论、话语分析、妇女研究、社会学和政治经济学的方式来研究流行文化。传统的学科束缚人们去追求文化研究学者们讨论的各种问题,如从电影理论到书籍出版的政治经济。当然,跨学科是一种时尚,至少10年前就已经是一种时尚。跨学科的研究中心、期刊和课程与日俱增。虽然很多都只是停滞不前的学术界鸡毛蒜皮的改头换面,但是,没有理由拒绝文化研究跨学科的努力尝试,这是目前酝酿着的最富有成效的跨学科项目。"②作为一个激进的左派

---

①② Ben Agger: *Cultural Studies as Critical Theory*, p. 55, p. 17, London, The Falmer Press, 1992.

译 者 序

理论家,本·阿格提出,政治上最有效的文化研究工作是从学科内部"解构"学科,撇开别的学科去质疑其本身存在的权利。这种内部发掘尤其在人文社科领域可以采取文化研究的视角,挑战各种占主导地位的但又各不相同的从文本客观性到科学实证主义哲学的假设。"这里是一点忠告:文化研究拒绝成为僵化的程序,它的多样性和灵活性是其认识论标志。因此,没有单一的或静态的文化研究,文化研究同样适用于跨学科或学科内部。但这也是文化研究利弊相从的所在"①。本·阿格试图证明的是学院化的研究方法,使文化研究最终致命地偏离了政治参与,这是和他的左翼政治立场相左的。

本·阿格并不赞成实证研究文化研究所恪守的所谓"相对主义"立场,作为一名西方左翼学者,他明确提出要建构"文化政治学","我拒绝把'文化研究'变成一种空洞的口号或者一门全新的学术学科的趋势,尽管批评性见解和实践的制度化常常带来这种趋势,但它也存在去除这种危险的潜在因素。尽管我自认为是一个文化研究者,为广泛的文化研究和关涉政治的文化研究做出了一些成就,但我还是为一种与日俱增的趋势感到沮丧,这种趋势就是:为了解读没有真正政治根基的文化文本,把文化研究变成一种空洞的方法论。这正是后结构主义在美国文学院系被变成解构主义的命运。确实,我一贯回避文化研究方法,很大程度上得归因于这种美国化了的后结构主义,我对这种文化研究方法感到失望……"②他更倾向于建立一种更具政治实质性的文化研究方法,为此他提醒人们注意:文化研究确实要有"阶级意识",但又要超越"阶级意识"。本·阿格认为,政治是悄悄渗入到文化之中的,那种假设认为本质上为实证主义立场的文化实践不是文化政治。他还认为任何一种文化解读都是文化创造行为。这既是建立他所说的文化政治学的需要,也是马克思主义文化研究的应有立场。

---

①② Ben Agger: *Cultural Studies as Critical Theory*, p. 19, p. 1, London, The Falmer Press, 1992.

五、在当下的语境中讨论文化问题

作为一名当代西方学者，本·阿格更善于体察当代西方的学术语境，特别是他敏锐地发现了后现代主义和后结构主义正是在对待实证主义的态度上分道扬镳了。后现代主义（如利奥塔和福柯）和后结构主义（如德里达）为此互相对立。"利奥塔和福柯加入实证主义者行列，按照福柯的说法，文化批评家不可以在自己的话语和实践之外来对散漫的实践进行评判。利奥塔坚持话语/实践的相关性和不能比较性，这为他对马克思主义的攻击奠定了基础。这与实证主义的观点基本类似，实证论者认为文化批评不可以试图将自身的价值和评判强加给文化作品和实践，相反，文化作品和实践应该根据其自身意义从内部予以估价。然而，德里达派对此持有异议。他们挑战实证主义价值中立的断言：他们认为所有分析同时也是批评，所有的阐释就是干预，因为他们介入了选择性，体现了视角。艺术批评家强调个体艺术家作品的各个方面，将作品与他/她自己的批评兴趣融合在一起。影评家注重对电影风格的批评，而风格完全是个人一时兴趣的问题。书评家也不是简单地评论整个文本（不管文本所指为何），而是以批评讨论的方式，极具选择性地决定他/她要主题化的内容"[1]。本·阿格指出，后结构主义者否认公正的文化评论和批评出现的可能性，他们强调话语/实践的可评价性，即便不是终极决定性。他相信人们能跨越文本差异，进行互文性的阅读和书写。试着重译话语/实践，发掘出它们的疑难逻辑对于德里达的解构至关重要。通过翻译话语/实践，人们能够认识到表述行动中几乎不可能做到清晰明朗，但同时也能发现语言的可重复性和灵活性搭建了对话的桥梁。"这并非对客观性的否定，而是认识到每个主观性都已经具有了客观性——即便不是相同的客观性。主体建构客体，

---

[1] Ben Agger: *Cultural Studies as Critical Theory*, p. 137, London, The Falmer Press, 1992.

这是后结构主义和现象学的主要经验之一。阅读是书写的一种形式"①。

当年,伯明翰学派不是把媒介看成仅仅是国家用以维护意识形态和传递统治阶级意志的一种工具,而是把大众传媒视为一个公共空间,不再把受众当做顺从主流生产体系的消极客体,而是具有能动性的可以进行选择的积极主体。在威廉斯等人的影响下,根据霍尔的"编码—解码"(encoding an decoding)理论,伯明翰学派的许多学者对电视媒介和电视观众的消费进行了研究。显然是受伯明翰学派的影响,本·阿格还以欧美流行的电视评论为例,指出:"实证主义电视批评几乎不质疑电视全面的社会作用,更不去解构性地追踪荧幕背后原始的文学和编辑建构。这些光鲜表述背后的建构隐藏着文学和编辑策略,这些所谓的产品价值巧妙地隐藏着繁多的文学手段,使电视自然地呈现于观众面前。电视是我们世界的社会地质学的一部分。有些批评家强化了这一印象,他们只关注电视表面清晰度,完全没有触及暗藏着的作者建构实践,这些实践是有趣的方式,文化意义以此方式潜藏在文本之下。"②假如我们指的文化评判意味着批评对批评客体的积极介入,那么文化评判就不可避免。在这个意义上,他高度评价后结构主义,称赞"后结构主义将我们从无预设的表述幻觉中解放出来。描述电影或小说已经参与了评判,即便其阐释性语言完全没有评判性形容词。批判被编码进入阐释中,在阐释过程中,我们意识到,无论是在实证主义批评中,还是在更为自我意识的后结构阅读中,阅读都同样地改写书写"③。他在赞赏后结构主义文化批评的同时,对后现代主义文化批评展开了猛烈的抨击。他认为后现代主义文化批评坚守的实证主义文化分析立场政治性不强。其实,这些传统已经变得高度技术化,看不见当代文化研究中心的政治介入。这不是一个简单的要求学术和知识文化批评家克服障碍的问题。"尽管实证主义批评家有时候对其文化客体做出个人评价——典型的大众市场文化批评的赞成或反对姿态——对

---

①②③ Ben Agger: *Cultural Studies as Critical Theory*, p. 138, p. 138~139, p. 139, London, The Falmer Press, 1992.

于文化分析行为而言,这些评判都是外在的,是客观主义评论者的最后润色,客观主义评论者在提出个人评判之前,对文化客体和实践进行'客观'描述,以此扫除障碍。从这个意义上讲,批评家把批评冒充为情节性的、不可靠的个人姿态,他并没有真正解构性地介入文本或实践,但是却获得报酬来给那些小心翼翼、担心在市场中受到迷惑的文化消费者提供建议"①。

本·阿格对后现代主义和后结构主义的细致分析对我们准确认识西方社会思潮具有启迪意义。我们知道,马尔库塞在《单向度的人》中指出:"在发达的工业社会里,批判意识已经消失殆尽,统治已成为全面的,个人已丧失了合理地批判社会现实的能力。"②在发达资本主义社会,对于价值、话语、实践和商品,人们丧失了批判性思维能力,失去了批判视角的人们的主导利益使得话语范围变窄了,唯有批判视角才能使人们与对传统的"商品"做出的判断保持距离。他还指出,在资本主义统治利益中,人们认识不到可以替代常规的基本选择。人们被引导着从消费角度去界定快乐的含义,这些人在刺激生产的同时也将自己束缚在体系服务的惯例中,拒绝挑战日常生活霸权化的惰性。受虚假需求的支配,人们背离了自己对自由的真实兴趣。他们一成不变地维持着资本主义消费和惯例的枯燥乏味的生活。本·阿格沿用了马尔库塞"虚假需求"的概念,进一步提出:"在马克思时代,虚假意识呈现出来的形式实际上是对现实合理性的虚假文本断言(如宗教和资产阶级经济理论)。今天的虚假意识还才开始,以一种看上去似乎残忍的真实性来书写和解读人们经历的、一成不变的资产阶级日常生活。换言之,今天的人类经验具有超越的不可能性和社会变革的不可能性的特点。"③他认为:"需求之所以虚假不是简单地因为其内容有害——如暴力电视节目、有辱女性的电影、环境污染以及肇事车辆等等。尽管这些都是糟

---

①③ Ben Agger: *Cultural Studies as Critical Theory*, p. 140, p. 144, London, The Falmer Press, 1992.

② 赫伯特·马尔库塞:《单向度的人》,张峰、吕世平译,重庆出版社,1988年版,第2页。

译者序

糕的事情,但它们代表着消费者的选择,事实上,考虑到广告的主流影响、社群化和同辈的压力,这些选择早就为消费者准备好了。人们根据目前水平和可及的方式来定义美好生活,而不是根据有本质差异的最大限度的社会正义标准和人与自然的和谐关系来定义美好生活。"① 因为在资本主义制度下需求是由外界强加而来的。人们上当受骗来消费文化商品,既为商家提供了利益,又转移了注意力,窥不到全貌——我们循规蹈矩的顺从只是加剧了社会和经济的不平等。本·阿格看到了当今资本主义社会的这一深刻矛盾,因此他"……建议某些实证的人类需求的虚假性应该成为文化评判的标准,看起来,我似乎想要鱼和熊掌兼得。在文化成为奴隶的地方,需求就是虚假的;在文化赋予我们以多元方式进行创造的地方,需求就是真实的。至少,这就使我不必提供在一定程度上比其他可能的产品和实践更有价值的文化产品和实践的权威清单"②。因为,"在资本主义社会人们从来没有进出市场的自由,他们只能靠出卖自己的劳动力来换取工资。文化自治的神话是自由主义不可或缺的一部分,也是后现代主义最新进展的重要部分。人们之所以无法自由选择,是由于我们被模仿程式化,去文本化的模仿散落在漫不经心的日常感觉中,难以从它们自身的优点来进行评价。为了以不同的方式思维和表达,规避文化商品化的语言游戏强加给我们的先决意义,我们几乎不可能逃离现行的话语体系"③。

大凡一种理论都需要有一个支点,即所谓的阿基米德点。但本·阿格认为文化研究却应"去阿基米德主义"。他反对西方实证主义的文化研究,但同时认为某些实证的人类需求的虚假性应该成为文化评判的标准。因为在文化成为奴隶的地方,需求就是虚假的;在文化赋予我们以多元方式进行创造的地方,需求就是真实的。他不完全赞成法兰克福学派的文化精英主义立场,但他认为文化批评有助于培养差异和挑战,揭露晚期资本主义中"幻想的客观语境"。文化研究特有的任务就是表明经验和存在的不同模式的可能性,它们不受文化工业自律倾

---

①②③ Ben Agger: *Cultural Studies as Critical Theory*, p. 144, p. 150, London, The Falmer Press, 1992.

向的束缚,但是文化研究有不同的形式,有的更为政治化。本·阿格倡导这样的文化研究,因为这种研究有助于对后现代性经验去神秘化,有助于解构后现代,因而实现现代性方案。

六、批判理论的未来就在于它作为
　　文化研究与实践意图的结合

同样是站在西方左翼理论家的立场,特别是伯明翰学派的原则立场,本·阿格提出:"文化研究需要放弃其浓厚的学术行话,并取而代之地发展一种更为广泛、更为公共的俗语;否则就不可能将文化研究当成有力的、政治化的意识形态批评模式来植入到日常生活的兴衰中。让文化研究埋葬在少数学术批评家的理论图书馆里则违背了文化研究的政治功效,而这种功效是参与的、关联的文化研究方式的重要特征之一。"①本·阿格还以美国著名学者詹姆逊为例,批评道:"尽管我不想拿詹姆逊来说事,但是他极度技术性的写作实例(我们都想复制他的这种写作,崇拜他深邃的观点和学术的光辉)对批评性文化研究的主流化确实不是一个好兆头。詹姆逊肯定能够以让成千上万的读者,而非只是百来个读者能理解的方式来写作。对他而言,人们也许注意到像他这样的人难以在英美主要报纸和杂志上发表其作品。"②他也同样不赞成布鲁姆和赫希等人对于美国大学课程假定的左翼统治的批评,因为这些学者认为是大学里文化研究的课程设置导致了学术水平的下降和文化水平的衰落,但他们确实就美国大学和美国知识分子生活普遍的技术本质提出了一些重要问题。教职员工的生产力一度由项目资金来衡量,而不看观点,欧洲知识分子对流行文化和公共问题的参与成了美国人纷纷仿效的事情,这一点难以令人乐观。美国知识分子极不可能在流行经验和话语中找到立足点来将自己推进到当下主要问题的重要讨论中来。本·阿格对文化研究行话去学术化的目的并不是要让文化

---

①② Ben Agger: *Cultural Studies as Critical Theory*, p. 186, p. 177, London, The Falmer Press, 1992.

研究平庸化，他的目的是公共启蒙和广泛基于社会变革运动的创新。"晚期资本主义的话语调整要求对专家语言的民主化，要求对那些令人生畏的技术性和排他性代码去专业化。我们需要批评的公共语言，它有助于建立民主政治组织，而这种政治组织应由有学识的但是非专家的读者和作者组成，他们能够公开讨论当下的重大问题。流行文化是文学政治经济和迫使作家针对特定读者群进行程式化书写的学术写作阻碍了这种政治组织的创立"①。在本·阿格看来，文化研究的学术化注定了文化阅读的晦涩难懂，文化研究活动只是停留在学术期刊专栏里，不然影响文化研究对社会政治的参与度，"没有文化批评公共话语，就丧失了文化阅读的政治化作用。当文化研究被囚禁在期刊、专著、会议和课堂里时，简直难以想象文化研究应有的作用"②。

马克思在《黑格尔法哲学批判导言》中指出："革命需要被动因素，需要物质基础。理论在一个国家实现的程度，总是决定于理论满足于这个国家的需要的程度。"③马克思主义告诉我们：人们的社会实践决定了人们与思想理论的关系。显然，本·阿格也受到了马克思这一论述的启迪。他也提出："理论的政治风格对于教育人们接受文化的方式也密切相关，认识到这一点也很重要。理论的政治风格渗透在每日报纸、杂志和电视的大众文化批评中。这里我不想给文化批评赋予广阔无边的责任，只是提出建议，如果文化研究的目的是为了避免复制它声称反对的等级的话，就必须以易懂的公众术语来开展文化研究。"④

由此，本·阿格提出了耐人寻味的问题：如果文化研究能够成功地将自己定位在日常生活当中，帮助转变对表述的接受，那么这些研究文本将会怎么书写？"对于这些问题的对答案就在我提议的两种文化研究的区别之间，这两种文化研究分别是：一是沉迷于理论性，而不参与公众话语的狂热崇拜的文化研究；二是勇敢地参与文化和政治争论，使用手头的实用工具来让人理解的文化研究。批判性文化研究面临的挑

---

①② Ben Agger：*Cultural Studies as Critical Theory*, p. 188, p. 187, London，The Falmer Press，1992.

③④ 《马克思恩格斯选集》第 1 卷，人民出版社，1995 年版，第 11、190 页。

战是既要帮助人们理论性地、政治性地阅读文化,而又不让文化研究论文程式化的阅读理论,或者对阅读理论化;相反,从理论上说来,激进的文化研究必须教会人们怎样超越在景观社会里复制的文化工业规则去阅读、去生活"①。他敏锐地提出文化研究的挑战就是要保留其理论性而同时又要创立一种可以教导人们如何解构性阅读的公共话语。如果我们不更多地注意以生活世界为基础的文化研究的政治和修辞问题,同样不可能实践这种激进化的文化研究。这并不是说文化研究必须得说着当下的行话,而是说文化研究必须认识到为了提出修辞和阐释民主的可能性而使用高雅的理论话语之间的反讽。

本·阿格文化研究的理论路径是试图发展出一种更为马克思主义的后现代主义(阿格,1990、1991a、1991b),它在历史唯物主义内批判官僚制度化,而历史唯物主义又为官僚资本主义和官僚社会主义的废除铺平了道路。照我看来,这正是批判理论的议程,而且应该坚持如此。为此,他在敦促精英文化民主化和去等级化的同时,也设想对流行文化的救赎和整顿。这些事情是密不可分的:在流行文化在生活经验和文化工业层面令人难以置信地霸权化的时候来倡导流行文化,这在政治上是不负责任的。他甚至认为:"批判理论的未来就在于它作为文化研究与实践意图的结合。"②

由于本·阿格站在景观社会视阈,因此他意识到了原先那种以政治强制和经济手段为主的统治方式已经让位,文化意识形态的控制接着堂皇登场,经由日常生活的传播,景观创造出一种伪真实,一个笼罩人之日常生活的伪世界。因此,文化研究的任务就是要在日常生活中揭露景观的异化本质,进而摧毁景观,指引人们重回真实生存的瞬间,指引人们证伪景观布展的虚假欲望,解放人本已的真实欲望,建构全新生活情境,实现日常生活的革命。本·阿格的文化研究积极地投身于解蔽和改造晦暗的社会现实的革命实践中。他继承了伯明翰学派的理

---

① 《马克思恩格斯选集》第1卷,人民出版社,1995年版,第191页。

② Ben Agger: *Cultural Studies as Critical Theory*, p.196, London, The Falmer Press, 1992.

译 者 序

论遗产,并沿着德波的理论路径继续前行,试图唤醒景观中入迷的人们,彻底改造当下的日常生活,改变人们对世界的看法,变换社会的结构。经由人的解放,改变权力关系,进而改造社会,他的文化研究方法帮助人们摆脱以往思考和行动的习惯性方式。这些拒绝的姿态突出了他的左翼立场,特别是马克思主义的立场,同时也显示了他理论上创造性的表征。本·阿格文化研究理论甚至可以被看做是对当代北美以及其他西方世界中伴随消费主义的出现而萌芽的资本主义社会新的现代化的统治形式集中批判。

1992年,罗伯特·克里特嘉(Robert Klitgaard)进行了一项研究,针对文化与经济发展的关系,他提出一个问题:"如果文化很重要,而且对于文化的研究已经有一个世纪,为什么提不出很好的理论与实际可行的指导原则?研究文化与决定经济发展政策的人,为什么无法将专业知识结合在一起?"[1]这是一个尖锐而又耐人寻味的问题,多少让文化学者有些难堪,但同时也说明,文化研究任重道远,我们目前的知识水平有限。从这个意义上说,本·阿格的研究至少从一个侧面告诉了我们:何为文化研究。

张喜华
2010年仲夏于北京定福庄

---

[1] Lawrence E. Harrison & Samuel P. Huntington: Culture Matter: How Values Shape Human Progress, p. 4, Linking Publishing Company, 2003.

致中国学者和读者的信

我是本·阿格,出生于美国俄勒冈州尤金市,父亲曾任教于俄勒冈大学,教授政治学。我 17 岁时移居加拿大,在加拿大多伦多约克大学获大学学士学位和硕士学位,后于多伦多大学获得博士学位。我的教育经历涉猎多学科,包括社会学、政治学和政治经济学。这个跨学科的基础为我步入人文社会科学的学术生涯打下了良好的基础。我重点研究马克思主义和法兰克福学派,同时也研究存在主义和现象学。我对后现代主义尤感兴趣。我在撰写社会文化理论的时候,将这些学术传统融为一体,最终使我走上了文化研究之路。我吸收了霍克海默和阿多诺的思想:文化是具有政治性的,尤其是在我们这个全球媒体文化的时代。我从福柯和德里达等后现代理论家那里学习到了如何阅读和阐释包括大众媒体和流行文化在内的各种文化话语。在我的文化研究工作中,我坚持认为,文化研究方法要遵循法兰克福学派的传统,必须具有政治性和理论性。我目前从事互联网和快速信息、通信和娱乐技术对自我、社会和 21 世纪文化的影响的研究。现在我正着手写作一本名为《喋喋不休乌托邦》的专著,书中提出了阅读和理解儿童书写,尤其是短信、博客和电子邮件的文化研究方法。我编辑的电子杂志,名为《快速资本主义》,详见网站 www.fastcapitalism.com,这是一本文化研究和批评社会理论的刊物。

我的关于批判文化和社会理论的研究也许会引起中国学者和读者的兴趣,因为我的研究和马克思关于亚洲生产模式的书写方式相同。

我的研究也许能引发一个问题：是否有亚洲文化生产模式？人们可能想知道中国对全球化的文化动力的参与是否能帮助中国走向调整和重整。当代中国对文化的学术兴趣热潮表明：中国理论可以与法兰克福学派和早期卢卡奇的研究重点并驾齐驱，因为他们修正了第二国际之后马克思主义思想中更为经济决定论的风格。换句话说，我的工作可能会让中国学者感兴趣，因为文化研究有助于中国人士在文化和经济全球化中正视他们的核心作用。也许这将有助于促进有鲜明特色的中国文化研究的发展。

本·阿格
于德克萨斯大学阿灵顿分校
2010 年 6 月 20 日

仅以此书献给沙拉·罗斯·阿格-谢尔顿

（出生于1991年8月3日）

致 谢

我由衷感激在这个项目中帮助我的人。道格拉斯·凯尔纳和蒂姆·卢克通读了全部书稿。他们的工作使我更好地理解了文化研究的可能性。瑞·莫柔关于文化研究的作品首先给予了我这个项目应用批评理论的信息。我从约翰·奥尼尔的研究中受益颇深，他为《字母产生之前》的文化研究作出了重要贡献。

福默出版社的雅辛达·埃文斯和艾弗·古德森为此项目给予了一如既往的莫大帮助。玛格丽特·克里斯蒂做了大量的修改编辑工作。纽约州立大学水牛城校区的本科生凯特·霍斯贝克及时外出搜集整理了相关资料，为本书做了细致的检查校对工作，她还为我的《社会理论当今视角》的文化研究专刊做了大量的准备工作——这是一项与本书并行的项目，也为此书的撰写提供了不少的信息。

我的同事和搭档贝丝·安·谢尔顿为此项目给予了很大支持。每当我把书稿的一些精彩部分大声念给她听时，她总是耐心地倾听。我们关于马克思主义与女性主义关系的不断探讨和书写是我的批评理论的重要支柱。

本·阿格
水牛城,纽约
1991 年 7 月 24 日

第一章　什么是文化研究？

美国和英国大学校园里充满了各种新型跨学科研究的勃勃生机。尽管这些研究活动异彩纷呈、焦点各异，大体而言，却都可以归纳到文化研究的总标题之下。近期在《高等教育纪事》上的一篇文章(《文化研究：兼容和争议混合的研究引发一场新运动》，1990年1月31日)吹起了日益高调的跨学科研究号角，把跨学科研究描绘成一种重要的学术发展趋势，这种趋势可能会在未来多年留下不可磨灭的影响。《纪事》里后来的一篇文章(《由新领域争论引发的文化研究会议上的声明》，1990年5月2日)报道了一个大型文化研究会议上发出的各种激烈纷争。无论是英语系还是社会学系开展的文化研究都在向传统学科的学者们挑战，这些传统学者们一直耕耘在相对孤立的文化研究领域里。本书是一本关于文化研究的专著，即描绘了文化研究的综合价值，又讨论了一种适应某种智识和政治议程的文化研究方式。

本书前两章不仅讨论了文化研究升温的历史、社会原因，而且探讨了文化研究的多种形式。接下来的五章里我研究了不同的文化研究方法，包括马克思主义的文化研究理论、法兰克福学派、伯明翰学派、后结构主义与后现代主义、女性主义。最后三章结论章节陈述了本质非政治文化研究和关涉政治文化研究的分支情况，在意义和阐释论点方面后者更为直接地参与政治竞逐。在关涉政治文化研究方面，我融合了前面提到的各种不同的理论方法，这些理论方法共同组成了文化研究的跨学科方法。

全书中,我拒绝把"文化研究"变成一种空洞的口号或者一门全新的学术学科的趋势,尽管批评性见解和实践的制度化常常带来这种趋势,但它也存在去除这种危险的潜在因素。尽管我自认为是一个文化研究者,为广泛的文化研究和关涉政治的文化研究做出了一些成就,但我还是为一种与日俱增的趋势感到沮丧,这种趋势就是:为了解读没有真正政治根基的文化文本,把文化研究变成一种空洞的方法论。这正是后结构主义在美国大学文学院系被变成解构主义的命运。确实,我一贯回避文化研究方法,很大程度上得归因于这种美国化了的后结构主义,我对这种文化研究方法感到失望,因而,在结论章节里我详尽阐述了一种更具政治实质性的文化研究方法。

文化研究的中心见解之一就是没有单一的文化研究形式。在某种意义上,没有程序化的文化研究,没有固定的方法论和明确的批评话题。在高雅文化和流行文化的区别日渐消减的晚期资本主义社会里文化无处不在。因此,文化研究拒绝对其关注的文化产品经典化,从科学到科幻,没有经典,只有异质文化形态。这股强大的力量能够帮助扭转把文化研究变成一门独立于其他学科的学科趋势。鉴于其跨学科的本质和拒绝经典的特征,文化研究作品在出版领域四处可见——如本研究引用的书籍和跨学科期刊《文化研究》、《文化批评》、《社会文本》、《加拿大政治社会理论》、《社会理论当今视角》、《表述》、《话语》、《泰勒斯》、《新德国批评》、《大众传播学批判研究》、《萨马艮狄》、《传媒》、《文化与社会》、《符号》、《女性主义研究》等等。

如果文化研究被视为一种类属研究方法的话,人们在认识到实际文化研究中共性和多样性形成对比的同时,还可以概括出文化研究至少有11种共性。很显然,文化研究中没有先决方法论。我从作者们的阐释实践中重组了这11种假定。其实,这又与去中心的观点相斥,理论上,文化研究的兼容并蓄传统规约了基本的假定或政治议程(邓金,1991年)。这正是本书意欲弥补的缺陷。我绝不认为文化研究应该就其不明确的理论的、政治的和方法论方面的内容进行明确界定,因此,也料到会有人指责说文化研究只不过是一种没有严格理由的文化阐释混杂方式。在一定程度上,认识到文化研究的学院化能使文化研究致

第一章 什么是文化研究

命地偏离政治参与,我试图整理文化研究就是试图给予文化研究在大学的知识合法性。

1. 扩展的文化观念

文化研究的支持者或从业者或暗示或明示"文化"与他们所接受的各种各样的文学或哲学经典高雅文化是不对等的。相反,就广泛的人类学意义而言,文化是任何贡献社会知识的表达活动。文化研究学者对文化观念的扩展既影响了流行文化的概念化方式,流行文化被概括为日常实践活动的一个庞大整体,这些日常活动是不在狭义定义的传统官方文化规定的范围之内的,又影响了科学概念化为文化话语本身的方式。文化研究使得科学本能地在后实证主义方式中变得松散,同时又进行着一种元经典化的活动,赋予文化分析各种理解的可能性,如从会话分析(见梅汉和伍德,1975年)到电影、电视批评(如赖安和凯尔纳,1988年;米勒,1988年;凯尔纳,1990年)。

随着文化研究对人类学论述话题和人类学家研究对象的关注,以及对文化是如何自下而上的构成方式的关注,人类学的后结构转型为文化研究提供了巨大的动量(如马尔库斯和菲舍尔,1986年;马尔库斯,1988年)。在社会学领域,尽管不是来源于后结构主义,这种趋势却产生于哈罗德·加芬克尔(1976年)的社会现象学的人种方法论观点,他强调日常生活中交际意义的构成方式。自从有了美国的后结构主义阐释,社会学就开始把后结构主义的观点转换为科学本身框定的、反映社会学数据的方式,从而带来比古尔德纳(1970年)和弗里德里西斯(1970年)推荐的更为深刻和更为有条理的自我反思(如莱默特,1979年;布朗,1987年、1989年;阿格,1989年b)。

很显然,文化概念的扩展和文化关联性的强化背后的主要动力来自第二次世界大战后信息技术的彻底转型,尤其是那些影响了婴儿潮人群的信息技术转型,这群人既是文化生产者又是文化消费者。电视一代从情景喜剧、各色表演和政治灾难报道中接受文化信息,这一点我会在第九章中进一步论述。电视、电影和摇滚乐与日俱增形成的影响与传统家族观念对孩子们价值和行为的日渐消退的(或好或坏的)影响形成鲜明的对比。流行文化显得前所未有的重要(见罗斯,1989年)。

残余的传统高雅文化,比如古典音乐,要么是由于40岁以下的人群很少光顾而行将消逝,要么就转换成了"流行"节目。

较之以前,更多的事物被归结到了文化的名下,因为电子媒体已经把地球变成了麦克卢汉(1989年)假定的"地球村"。虽然应该抵制技术决定论和现代主义影响的论点,但是仍不可忽视作为晚期资本主义关键政治因素的电视化民众生活。单纯的文化爆炸与哈贝马斯(1984年、1987年b)所说的与日俱增的生活世界殖民化和全球公民心理一致。本雅明认为用来促进政治教育和解放的机械再生产正在给精英文化釜底抽薪。我认为本雅明把一般的文化机械再生产与特定类型文化潜力解放混为一谈是错误的——无论是马克思的《共产党宣言》还是毕加索的《格尔尼卡》。然而,要改变当下社会,我们却不能以对流行文化的理论化和干预来规避广泛的电气化流行文化领域。

2. 流行文化的合法性

正如我上面指出的,后结构反思性与大量拓宽了的文化分析密切相关,包括迄今被传统美学理论所忽视的研究议题和研究方法。文化分析拓宽的另一个因素是作为批评活动和批评干预载体的流行文化日渐增长的合法性。当然,这是一个鸡和蛋的现象:作为专题的流行文化日益增长的合法性又因为文化分析者愿意考虑广泛的批评议程而得到了强化。在此,崛起的新闻电视批评仅是一个相关的例子。宝琳·凯尔发表在《纽约人》(*The New Yorker*)的电影批评已异乎寻常地扩大了文化经典的内容,提升了影评人自己的地位。

我们不妨把对资产阶级高雅文化的去经典化看做是一种解构,是高雅文化因其本身的"高度"发展趋势所带来的必然结果,相比之下这种脱离生活世界的"高度"历来被看做是崇高的。不妨这么认为:文化领域里,在瓦尔特·本雅明称之为机械再生产的包围趋势下,早期浪漫主义概念的高雅文化必然会有所削弱。这些趋势(这一点,与阿多诺不同,本雅明赞扬他们的解放潜力)与崛起的"文化工业"(霍克海默和阿多诺如此称谓(1972年)(见第四章))密切相关。他们认为,崛起的流行文化既反映了资本主义的崛起,又再生了资本主义的崛起;文化的普及使大批反对自身异化的群体镇静下来,同时又有助于研究利润率下降趋势所引发的文化生产和文化消费,如电视、录像和电影业本身就规模宏大(席勒,1989年)。

与原始法兰克福学派成员、与霍克海默和阿多诺不一样,大多数文化研究支持者,特别是现代主义者,拒绝在文化研究领域贬低流行文化的价值,和高雅文化的早期形式相比,他们认为流行文化不具固有劣势(见胡伊森,1986年)。他们坚持认为流行文化是一个合法的学术问题,因为文化很重要;文化是严肃产业(见第二章),因此应当认真考虑。这种观点中有一定的民粹主义,拒绝像原始的法兰克福学派一样接受官方的高雅文化。本书中反复出现的一个主题是法兰克福学派的文化批评理论家阿多诺和马尔库塞所提供的文化批评与后法兰克福理论家和文化研究者的文化研究方法之间的相互作用。法兰克福文化社会学与文化研究是息息相关的,因为它通过卢卡奇表述了对马克思主义文化理论的第一次重要修订。人们可以把左翼文化理论分成这么几个阶段:首先,马克思和他或多或少作为经济体系附带现象的文化模式;第二,法兰克福学派理论家(通过卢卡奇)赋予了文化一种马克思远没有料到的相对自治权;第三,当今一代的文化研究倡导者进一步推动法兰克福文化理论以涵盖更广泛的领域,视流行文化为学术调查和政治干预的合法领域。

在一定程度上,这种分段过于简化了模糊的过去。马克思的文化理论比一般推定的正统的经济学马克思主义者和后马克思主义后结构主义者的文化理论更为辩证(例如,见霍克海默和阿多诺,1972年)。法兰克福思想家们,尤其是马尔库塞(1968年、1969年),受流行文化救赎可能性的影响比乍看起来更为深刻。阿多诺《现代音乐哲学》中的现代主义观点(1973年c)在某种程度上抵消了他二战期间和战后在广播电台(1954年)、电视(1954年)和新闻报纸(1974年b)公开的精辟言论。最后,某些文化研究方法保留了现代主义与后现代主义的意义连续性,拒绝完全抛弃马克思主义(例如,伊格尔顿,1976年、1983年、1984年、1986年、1990年a、1990年b;胡伊森,1986年;赖安,1989年)。一如既往,为了便于概括,分段简化了细致入微的现实。

本书的主要论点是当今文化研究被分成了两种形式:一种是墨守

成规的、舒适安逸的,以方法论方法而著称的文化阅读(见第八章);另一种是更为批判的形式,它可以直接追溯到法兰克福学派思想,尽管其富有来自不太官方的文化见解,尤其是伯明翰学派的文化观点(见第九章和第十章)。墨守成规的文化研究仍然是非理论和非政治的。更为批判的文化研究形式认识到文化接受,包括文化研究本身,必须成为一种新社会里去除等级的文化生产形式。我相信文化研究应该在一个让人容易理解的框架内集中分析日常生活中的话语和普通文化主体(见勒菲弗尔,1971年;布朗,1973年)。我认为最佳意义的文化研究是一项批评理论活动,它直接解码生活经验中无处不在的、从娱乐到教育的、霸权化的文化产业信息。这点像雅各布(1987年)一样,但措辞不同,我想把文化研究去学术化,拒绝把它归入完全脱离政治现实的另一套课程、方法、期刊和会议中去。

在这个意义上,来自相关领域学术调查的流行文化的合法性的压力有助于使非政治的文化研究形式合法化。毫不奇怪,在此,我们认识到流行文化的非政治性特性是对旧式现代主义者的"主义"的超越(例如,贝尔,1960年),旧式现代主义者的"主义"具有资本主义某一阶段的特点,期间高雅文化和流行文化界限泾渭分明。许多文化研究运动是使流行文化非理论和非政治分析方法专业化的努力。文化研究是人们为了使他们对大众文化的迷恋合法化而常常使用的技术术语,文化研究给予他们一定的学术权威,看似避免了更为激进的术语,如"意识形态批判",这是马克思主义者认为适当的文化分析和干预方案。

也许,要婴儿潮期出生的,流行文化孕育下长大的学者们既把"文化研究"当成一种获得教职的方式,而又能继续观看电视是一个严酷的建议。然而,却有众多的文化研究学者拥由大量的视频材料构成的资料库(见赖安和凯尔纳,1988年,强烈政治化的电影批判)。为了把自己关注的流行文化转变成受人尊敬的学术活动,他们经常光顾剧院、视频商店和音乐会。出于同样的原因,我们中的一些人为把自己想象成激进的、自命清高的文化理论家而过于沾沾自喜。毕竟,我对发表在《暗室》(*Camera Obscura*)杂志上关于电视剧《三十而立》(*Thirty Something*)的文章也很感兴趣(托雷斯,1989年)。至于流行文化研究怎样才能成为政治实践模式，我将留到最后一章论述。像所有二元性一样，文化研究的保守与激进二分法是经不起仔细推敲的。这不是一个"我们"对"他们"的问题。两种文化研究都面临着某些共同关心的问题，我正在概述的文化研究理论的11大特点就是如此。

文化研究对于我们这些与电视和大众电影一起成长并承认有歪曲、欺骗和建议力量的人来说是极为诱人的。在某种程度上，我们屈服于诱惑，正是因为今天文化前所未有的重要，它既深化了奴役（当然，广告就是一个模范实例，见威廉森，1978年），又暗示了解放的前景。哈贝马斯（1981年b）称之的"新社会运动"全都是围绕妇女，尤其是有色人种的文化政治。但是，文化研究有其缺点：世界不单纯是一场表演或一个文本，虽然所有的表演和文本，包括文化研究在内，都是世界本身。重要的是要保留文化批评和文化表演的区别，甚至认识到文化批评本身就是一种干预。

3. 文化就是我们

正如我指出的那样，我们婴儿潮期出生的人对文化研究兴趣很浓，因为我们从文化中了解到了我们的身份。虽然我们会让自己远离那些明显标志着我们几代人经历的电视节目、电影和杂志，以一种玩世不恭的后现代的方式摆脱它们的影响，但在一定程度上我们认识到，我们的经验是由媒体构成的。因此，不能忽视或否认媒体政治，这一点吉特林（1980年）在他"新左派"的电视化分析中已经表明。但是，这不仅是一个战略问题，在更深层次上，我们就是流行文化，我们不仅通过我们那一代意义重大的事件来确定我们的身份，而且通过文化形式，如电视，对这些事件的生产和接收来明确身份。事实上，这些事件和媒体模糊在一起：正如我在第九章进一步论述的一样，肯尼迪遇刺事件的世代经验由我们怎样观看电视上这一不和谐的事件来定义。对发生在眼前的、永远标志着我们一代身份的事件，观众是如何认定和被认定的，就此，文化研究会对肯尼迪遇刺事件的文化政治进行仔细分析。

在这个意义上，文化研究使得世界可以理解，同时，视觉和文学接受也使得文化研究可以理解。地球村，像所有的村庄一样，是一个熟悉的地方，这里有众所周知的习惯背景、行为规范、外观假象和芸芸众生。

我们很多人对哥伦比亚广播公司之眼的熟悉程度和早期到美国的欧洲移民对自由女神像的熟悉程度一样。在国际新闻报道背景中我们都认识白宫或唐宁街10号。里根饱经风霜的容貌和迈克尔·杰克逊浓妆艳抹的面孔对于亿万观众来说都已司空见惯。文化研究致力于熟悉的场景、想当然的知识和平凡琐事。它实际上是对日常生活的研究,尽管常常是对名人富贵的日常生活的研究(尽管在本书撰写的时候,美国最流行的一个电视节目正在播放普通市民摄制的家庭录像)。

"我们"是靠电视养育的第一代,出生在1947年至1960年婴儿潮期。婴儿潮的巅峰在1957年,当时美国妇女人均生育数量最大。虽然英语世界的文化研究正式开始于理查德·霍加特的(1957年)《识字的用途》和随后1964年形成的伯明翰当代文化研究中心(1968年以后由霍尔主持),很显然,文化研究不仅仅针对电视,由大规模电视所带来的各种各样的社会和个人的变化是文化研究新方法的出发点。

人们对自身迷恋不已,尤其是在这个心理学家的年代。从事文化研究的我们发现自己正在关注电子媒体。我们拒绝媒体为我们设定的被动和非反思的角色。相反,我们努力关注由于我们接触新时代媒体所带来的微妙变化。当我记起早年的美国太空计划时,我记得的不仅是事件本身——约翰·格伦的轨道飞行、阿波罗计划的初始阶段、人类第一次登上月球——更多的是我在电视上观看这些事件的方式。在小学里,我们被召集到教室里,围着电视机观看第一次火箭发射,参与到"空间竞赛"的新兴文化中来。正如肯尼迪遇刺事件,也许最显著的事情就是我们一起观看的方式——我们的集体经验框定了我们对这些媒体化了的事件的参与。

文化研究把这种反思态度系统化,试图从我们自己观察历史的经验中学习。从某种意义上说,看电视的做法是一个有益的隐喻:通过研究我们自己在屏幕上的反应,婴儿潮期出生的人们注意到自己在观看电视。然后,我们把这些见解融入到文化研究工作中去,因为我们把这种"注意自己观看"的经历变成我们研究计划的实际方法基础。我强调对于我们这些婴儿潮期出生的人来说,20世纪60年代主要的本质经验不是我们通过电视和电影看到的历史,而是我们认识到了自身;我们懂得了历史,如鲍德里亚(1983年)称之的"模仿"是可以被那些想要改变它的人所操纵的。

4. 作为实践的文化

接下来是方程式的另一边。观看历史被电视展示的我们清楚地知道文化接受(屏幕理论技术意义上而言)导致了文化生产,甚至明显的政治转型。电视观看者也是潜在的文化创造者和历史主体。例如,组织和参与了1968年芝加哥民主大会各种活动行动的人(见吉特林,1980年)清楚地理解全世界在电视和印刷媒体方面现在如何密切关注,将来还会如此密切关注。"新左派"在流行文化的屏幕上上演了政治活动,其成员认识到了已经形成的和因此转型的媒体的力量以及与这些媒体如影随形的文化力量。"新左派"认为文化就是实践,它打开了一扇大门,通往此前被否认的、纯粹的文化刺激的"接受者们"的历史。

许多伯明翰文化研究(我们将在第五章见到)挑战传统的刺激——反应交际模式的传播理论。相反,接受本身,尤其是在将它理论化的地方,被认为是非常强大的符号建构力量(像上文提到的那样,关于电视化太空计划的影响)。后结构主义(第六章)的观点大致相同,一方面表明伯明翰文化研究中一些常见的根源;另一方面说明了在《如是》(Tel Quel)集团和巴特的工作中的后现代和后结构文化方法。具有讽刺意义的是,尽管电视使文化消费者变得前所未有的被动,电视挑起观察者"观察自己观看"的反思性也导致了转型的文化干预。

文化研究的真知灼见之一就是文化是消费者和生产者之间(通过分销商)的交易。它不是简单地由上而下摊派给个人,尽管在资本主义文化里,文化由精英分子有差别地控制和播散。文化研究承认接受者不可避免地参与了文化意义的建构,他们本身富有权力。在不同语境里用列宁的话来说,文化从来都不是简单地无中生有。在这个程度上,即使控制在全球资本主义的地球村中心,文化还是可以重新制造的。文化研究中因消费者参与建构的文化意义和信息的程度不同而重点各不相同。越是传统的马克思主义文化研究,越少强调消费者在决定文化意义上的积极作用。

在这个意义上,文化研究也许与原始法兰克福学派的文化批评主题形成对比,而更符合来自于拉康、德里达、巴尔特和阿尔都塞的后结构见解,阿尔都塞在他论意识形态国家机器的重要论文(1971年)里表明意识形态是"生活实践",而不是简单地从外部强加。虽然现代主义法兰克福思想家们认同某些文化干预可能会产生政治影响,特别是现代主义(例如,贝克特、卡夫卡,勋伯格与阿多诺),他们很少注意大众文化本身的自我解构和自我价值重估的可能性。他们(例如,霍克海默和阿多诺,1972年)对文化产业的分析表明来自于好莱坞与纽约的主导文化思潮很少遭遇实际的、普遍的抵制。在诠释流行文化方面法兰克福文化研究视角和后结构文化研究视角之间对比鲜明。法兰克福视角提出略为顺从的文化政治,而后结构主义期待更为投入的、本身作为文化干预的文化研究方式(尽管后结构主义文化研究分成了有关方法的和政治的两种形式,我将在第九章讨论)。

文化是实践的概念对文化分析者的研究内容具有很深刻的含义(对合法为官方文化的内容也一样影响深远),这是我在前面讨论文化扩展时接触到的一个主题。文化研究已经帮助对文化去文本化,将文化分析融入文化建构中,这种建构不会导致传统的文学结论,尤其是所谓的伟大著作。文化研究者们把文化的概念扩大到利维斯所界定的传统"文学"之外的各种口头的、声音的和视觉的表现方式。这使得后现代主义者把建筑当成一种"文本"(例如,巴特:"这座城市是一段话语"),也允许女性主义者致力于由男性进行的媒体化的女性表述(见罗曼和克里斯汀·史密斯,1988年)。与认为非文学文化不合法的主流文化分析的褊狭相反,这种文化研究方法允许电影和电视成为重要的批评主题(见米勒,1988年)。最重要的是,也许,这种文化意义和实践概念的扩展给文化研究方法的支持者带来了长久的革命。在大学严肃的英语系不可能再无视意义深远的电影及媒体研究(尽管有些仍然在尝试!)。文化研究已经重新评价文本性的整个概念,或者说得更清楚,在娱乐和新闻行业以一种学术界不可忽视的方式的影响下,文本性概念更为宽泛了(见社会学家戴维·阿什德和斯诺,1979年;阿什德,1985年)。

5. 文化是（关于意义的）冲突

源于霍加特（1975年）对工人阶级话语的原始分析，雷蒙德·威廉斯（1958年）的文化与社会视角、新马克思主义文化理论和女性主义文化研究方法的各类文化研究倡导者认为文化不是用来整合社会的无差别的体系（例如，追随德克海姆的帕森斯，1951年），而是一块严肃竞争和意义冲突的领地。出于这个原因，文化研究支持者们不谈论单一的文化，而是考虑众多的阶级、种族、性别、民族等经常交叉的文化。事实上，人们把在经济领域里被狭义定义的文化政治看成是传统阶级政治的重要补充。

这种分析推理的大部分灵感归功于葛兰西（1971年），霍尔和伯明翰学派文化研究方式就是以葛兰西为中心的（霍尔和华奈尔，1965年；霍尔和杰弗逊，1976年；霍尔，1978年、1980年a、1982年、1985年、1986年、1988年）。大部分文化研究视角仍然以葛兰西关于霸权与反霸权的著述和他关于知识分子角色转换的言论为中心。葛兰西和随后的西方马克思主义者一样（见利希海姆，1961年；阿格，1979年），超越了马克思对意识形态的机械理解，把文化或者是"霸权"理解为是关于资本主义经济本身的经验和实践的相对自治区域。事实上，正如法兰克福思想家证明的一样（如霍克海默，1972年），辩证的马克思主义很快就抛弃了对文化和经济关系的单向的、随意的理解，而赞成一种更加统一的、他们称之为批评理论的视角。葛兰西和后来的西方马克思主义者的霸权指的是统治方式不仅通过资本的庞大结构产生于日常生活外部，而且也来自于那些或多或少把人生当成消费单位，而不是思考主体的人们的日常生活内部。

法兰克福学派关于文化霸权的视角和具有伯明翰学派特点（以及后结构主义的观点）的葛兰西视角的关键区别之一在于新葛兰西学者们强调文化的辩证性质，特别是导致真正政治变化的文化冲突的趋势（见莫柔，1991年）。和那些把文化当成单一模式的法兰克福理论家不同（如"文化工业"和"统治"这些术语），后结构主义者和新伯明翰文化研究的新葛兰西学者强调文化冲突具有导致启蒙甚至转型结果的潜力。法兰克福理论家倾向于淡化文化本身内部的冲突，认为冲突会是强调集权和极权性质的资本主义的一种历史模式(例如,见阿多诺,1974年a)。

这里的转折是至关重要的:我不相信文化问题可以通过推理解决;文化是实证问题,就必须按实证问题来解决。而阿多诺、霍克海默和马尔库塞谈到文化的"整体管理"(total administration)或"单向度"时,他们实证性地声称资本主义不受激进挑战的影响,而没有投身于思辨。今天的资本主义是不是同样的单一,这是一个开放性的问题,也是我在本书中所讨论的问题。我早期的一些著述强调导致审美、政治抵制甚至全盘社会变革的文化内部的冲突潜力。我努力仔细证明这个观点,而非投机武断。当然,即便如此,数据本身无法做到不言自明,还必须既要建构又要阐释。

至于如何给人类的存在、表现、经验进行价值分配,文化研究强调文化是关于意义的冲突。霸权文化试图根据立法、生产主义和消费主义自身系统的需要来从上而下地定义文化。反霸权文化抵制这些定义,而提出了美好生活的替代陈述。守旧的文化概念(例如,帕森提出的结构功能社会学,见亚历山大,1982年、1985年;亚历山大和塞德曼,1990年)强调价值观和意义共享。文化研究支持者倾向于强调没有公值一致的问题,而强调价值观和意义在资本主义的、男性至上主义的种族社会里的冲突性质。他们还补充说明,这些冲突不只是社会变革的症候,还是强有力的发起者,是不可消除或抑制的。

此外,文化研究倡导者还在一些令人惊讶的地方寻求文化冲突。赖安和凯尔纳(1988年)在其关于美国主流电影的政治一书中强调许多流行电影背后的对立意图和影响,说明了很多电影观众经历的不满。与法兰克福学派相悖,它不是简单地认为文化是整体管理(或阿尔都塞的术语里的(1970年)"结构优势"),相反,文化的异质性和多样性不可简化为官方关于文化的叙述。那些对于单一价值和意义津津乐道的人忽略或忽视了在一些令人惊奇的地方涌现出来的并以异端形式呈现的对立文化。女性主义文化研究尤其有助于指出官方文化方法的霸权化含义,那种方法把男性文化等同于整体文化,因此忽略了有效挑战男性霸权的重要的女性文化(例如,德提斯,1984年、1987年;墨菲,1988

年)。正如我在第七章中讨论的,女性主义对文化研究作出的最重要的政治贡献之一在于它对被男性文化压制的文化实践和传统(包括男同性恋的文化)的主题化研究。

从这个意义上说,文化研究挑战忽视其他文化形式的主流文化,许多工作本质上都是描述性和叙述性的:妇女研究学者和黑人研究学者,例如,揭示被主流捧为圣典的合法的文化实物和文化实践所忽略的、现存的、对抗的妇女、同性恋者和有色人种的文化。这往往采取的是口述史的形式,亲历其中的妇女和有色人群种对他们那个族群成员经历的文化传统、实践和意义具有发言权(但主导文化使他们缄口不言)。从这个意义上讲,这种少数族裔的文化研究方法解构了传统文学研究的文化合法话语,在经典化的白人文学之外发出了他们的声音,秀出了他们的形式,而且,就他们的情况而言是重要而又完全合法的。然而,这种口述史和叙述有点淡化政治,不再支持关于压迫社会结构的强势的男性理论。对这个问题我将在第七章中进一步讨论。

6. 制造空间:文化的去中心和去经典

正是因为扩展的文化概念迫使致力于表述和经验的非文本或元文本形式的文化研究也要相应地扩展,所以文化研究有助于对文化意义和文化实践去中心化。在某种意义上,这就是一个硬币的两面:在此,文化研究致力于文化表达的非传统形式(比如说电影),所以我们也必须要以一种根本挑战精英主义的方式来为文化合法性去中心。这是一个直接的政治方案,我以不同的方式在先前的作为冲突的文化的讨论中注意到了这点。凡是文化研究考虑到了非传统模式和文化表达场所,从电影到虚构小说的地方,它就通过否认传统文化的道义合法性和批评注意力的单一性宣言,含蓄地给这些表达方式赋予了价值。文化去中心化是一种政治行为,极大地促进了权力和财富的去中心化。它是对主导秩序的根本挑战。

我们将在第八章和第九章看到,不是所有的文化研究方案都被认为是政治干预。对主流文化的去中心和去经典不是诸多文化研究方法的意图,这些研究方法认为自己主要是在延伸了的文学——批评学术活动和大众传播研究范围之内有所学术贡献。到底是更为政治化的文化研究(例如,赖安和凯尔纳,1988年;卢克,1989年;赖安,1989年;阿格,1990年;邓金,1991年)还是更为方法论方面的文化研究,倡导者双方之间尚有纷争,更为方法论方面的倡导者认为文化研究是简单的文化社会学、文学批评和传播研究的传统学术议程表述(例如,伍斯诺,1976年、1987年、1989年;贝拉等,1985年;格里斯沃尔德,1986年;拉蒙特,1987年)。第一组认为文化去中心化要有公开的政治目的,给文化上被剥夺权力的人表述行动和政治行动;第二组认为文化去中心化只是为了扩展文化经典以便给予学者们在价值中立文化阐释的一般模式之内更多的批评话题(例如,所谓的美国耶鲁解构学派可能是这种去政治化的、方法论的文化研究方面最为突出的例子)。对于前者,文化去中心化为政治目的服务,而对后者的文化去中心化可使新的阐释技巧行之有效,如运用解构方法,以免于价值评判的方式来解读文本和文化实践。在下文我会讨论解构,解构一旦并入另一种文学批评方法,就会因为屈从于同样的客观主义而违背自己的初衷。新批评中就有如此悲叹(兰塞姆,1941年)。在德里达之后,解构令人信服地表明所有的阅读都对韦伯的意义"感兴趣"。有人可能会问:为谁去中心?为什么去中心?

和一切政治事务的界限一样,这两种看似对立的文化去中心化的界限理论上比实践中更加分明。方法论的文化研究解构方式虽然只想要扩展因官方大部头书籍制约的文化视阈和批评经验,但在本质上也作出了某些政治贡献,尤其是在对官方文化的去经典化方面。甚至连某些暗示,如一些非主流的人物和作品已经被排除在文学经典和分析经典之外,都成为了异端邪说,布鲁姆(1987年)一书证明了这一点。新保守派对蓄发的、时髦的20世纪60年代的"左"倾留任者(人们认为就是他们摧毁了传统的文科课程)的攻击蓄势待发:以布鲁姆(1987年)和希尔施(1987年)等人思想武装起来的管理者和全体教职员工领导的高校将要"回归基本"。但是,这种新保守主义对"左派"(和中心)的猛烈攻击正遭到拒绝重回往昔的教师、学生和管理者们的有力反驳,昔日的文科经典仅仅由老白人男性作家和艺术家组成。他们认为,文科应该比过去广泛得多,应涵盖来自妇女和有色人种——鲜为人知的或者反经典的作品、作者和创造者。

企图扩大经典,无论自我意识的参与程度如何,本质上都是政治行动。至少,它在挑战主导经典的优势地位及其管理的教育机构。它把课程变成了竞逐的领地,这是本书中提倡的文化研究方式的中心贡献之一。事实上,下文中我将表明文化研究的生产地主要是高校。文化研究的支持者企图挑战传统课程和学术评价模式,以便为不同的声音和方式制造空间。这种制造空间的活动有助于将大学对那些迄今还被拒于校门之外的人开放。这种制造空间的活动本身就是某种大量文化研究工作支持的政治工作。

关于这种学术解构到底应该广泛到何种程度出现了分歧。正如我在下文所讨论的,一些文化研究支持者不会只停留在课程去中心和去经典的层面上;他们将力争大规模地对学术部门和专业进行去学科化。他们主张在学术结构的广泛变化之外,重建课程无关大雅,这还只是一个开始。事实上,他们认为由大学指派非主流的声音相对应容易些,大学可以把这种非主流渗透到主要课程里去,以适应妇女和有色人种。更激进的文化研究人士认为文化研究对大学的影响实际上应该比围绕阅读清单而开展的课程论争政治的影响要大得多。文化研究可能成为一门新的跨学科批评理论的基础,这种批评理论把文化研究推向一个更高的、更政治自觉的水平(见克莱恩,1990年)。这里我先提及了最后一章的论点。

7. 生产、分配、消费

由于英语系课程已经开始依据文学去经典和文化去文本在改革,所以社会科学已经开始对新兴的文化研究产生影响。这种影响主要涉及连锁分析,包括生产、分配和消费文化商品的文化机构的相互依存(例如,见席勒,1989年)。我(1990年)较早前关于文学、政治经济学的书中提出了这类研究的方向,该研究中我考虑了贸易出版和学术书写的政治经济学如何对我称之为"话语衰退"产生重要影响。把文化作为实践的文化研究有助于我们在复杂的社会和经济空间内定位文化产品,复杂的社会和经济空间调节甚至决定创造活动。

这一新的实证和理论活动影响了一些学者反思的方式。为了研究学术话语的修辞功能,布洛基(1987年)和我运用了文化研究的见解和多种方法(1989年b、1989c、1990年)对布洛基称之的"作为社会实践的学术研究"做了研究。运用到我们写作中的大量反思方法(也见理查森,1988年、1990年a、1990年b、1990年c、1991年)来自于后结构主义话语分析的主要影响。正如我刚才所说,这样的反思性正在学科内部和跨学科间进行(见麦克洛斯基,1985年;马尔库塞和菲舍尔,1986年;阿格,1989年a;克莱恩,1990年)。所有这些工作表明文化研究的关键贡献之一就在于它强化了训练有素的、把自己的随笔和研究性写作看成是空洞形式的学者们的文学自我意识。相反,我们意识到学术写作是一种参与权力交易的特殊语言游戏(维特根斯坦,1953年),其中作者的自我意识不是被压制,就是在科学写作中被边缘化。要让文化表述脱离语境是不大可能的,尤其是在文化产业强大的地方。此外,解构也让我们明白语言本身就是某种语境,把某些特定的决定意义强加给那些企图使用语言的人(但是,最终他们会反过来被利用)。文化研究扩大了阐释视野,涵括了作品语境的文本外因素(或者像我所说的通篇、语境)。这样,既辩证地规避了新批评和其他文本细读方法的客观主义,又是一种经济的简化论。

从这个意义上说,文化研究的最佳作品在很大程度上受到新马克思主义和西方马克思主义对传统马克思主义文化分析的创新影响。葛兰西和法兰克福批评人士就是这方面的例子。所有这些人都认为文化辩证地与资本主义的经济功能交织在一起,以至于无法实质区分这两个领域。这和阿尔都塞强调的、表面上看似和西方马克思主义文化研究方法一致的文化"相对自治"形成对比。在第三章中我将进一步论述,西方马克思主义的文化理论拒绝将文化与政治经济割裂开来,甚至不可能谈论二者的相对自治或者相互独立。相反,新马克思主义者要分析文化和政治经济的复杂关联方式,拒绝因果地决定各自的主导贡献(见赖特,1985年)。事实上,大多数作为二元论者的新马克思主义者拒绝这种马克思主义的多元方法。文化不是一个分离的领域,不是一个独立的变量。

除所有的理论投入之外,即使是资产阶级文化社会学也必然面临着麦克卢汉时期新的挑战,也不可能忽视文化的整体特征,包括其分布路径。任何话语衰落的分析都强调大型连锁商如沃尔登书店和弗利兹小规模的、独立的书店的替代影响,这些大型出版商将赌注押在重磅人物或大事件上,而抛弃了那些原本是出版商主要收入来源的书籍(柯蒂斯,1989年)。电视和电影制片厂依据专题、作者的想象力和演技的影响来发行电视电影。这些都不是马克思主义的狂野观念,虽然马克思主义理解它们。它们推销当今的大多数文化研究方法,特别是深受左派政治议程影响的方法。

8. 流行文化和民粹主义

文化研究的支持者并不为他们从电视肥皂剧到大众市场电影的文化批评新话题感到尴尬。去经典化(见纳尔逊和格罗斯伯格,1988年)是本书所讨论的各种各样文化研究的绝对中心目标。去经典化可以措辞积极,在此,文化研究不仅研究流行文化的低俗和操纵性,而且把流行文化当成解放动力的源泉(见罗斯,1989年)。有一个关于文化研究强大的民粹主义,它抗拒各种形式的精英主义,有时还反对自身利益。可以认为去经典化将会解放那些被遗忘、被压抑声音,让他们说出在阶级、男权和种族主义高雅文化框架内不可能说出的真相(见赖安,1989年)。换言之,某些文化研究方法不愿意把流行文化等同于文化堕落和意识形态奴役。这些文化研究着眼于流行文化的救赎作用(见格罗斯伯格,1986年)。

许多文化研究,特别是伯明翰和女性主义文化研究,是对法兰克福学派高雅文化精英主义和现代主义(见凯尔纳,1989年a;阿多诺,1984年)的官方主义的反对。流行文化等同于平民文化,这是德里达和前新左派人士的中心积极价值(见费斯克和哈特利,1978年;费斯克,1987年、1989年a、1989年b、1990年)。在文化研究运动中,人们不能夸大民粹主义和民粹主义文化评价标准本质上的重要性。当然,显而易见,阿多诺可以成为这样一个现成的批评目标:据说他藐视20世纪60年代青年文化的激进行为和奢侈,把爵士乐当成法西斯进行曲随意解散。我不是阿多诺(1973年c、1984年)武断审美判断的捍卫者。但关键是不要隐瞒围绕流行文化问题的不同文化研究方式之间的真正差别:法兰克福学派的文化研究就流行文化的救赎可能性方面的耐心比伯明翰学派、德里达和女性主义方法要少得多。这并不是说，法兰克福理论家们缺乏对流行文化的分析，正是他们对文化产业的分析（霍克海默和阿多诺，1972年）使我们知道文化研究的可能性。当时，他们拒绝认可偶尔繁荣的流行文化。总之，他们不是民粹主义者。

这里民粹主义不是唯一的问题，我们将在第六章关于后现代主义和后结构主义中看到德里达几乎也不是民粹主义者。然而，他赞同否定阿基米德的审美标准，这是典型的日耳曼文化评价方法，如法兰克福学派的方法。德里达（例如，1976年、1978年、1981年、1987年）激进的相对主义具有和美国民粹主义相同的重要特征，两者都强调审美标准的不可确定性和不可还原性。在这个意义上，在某些妇女权益运动中运用德里达反形而上学计划的后结构女性主义者的作品中，德里达被美国化了（见弗雷泽，1989年）。无论是对古典主义专制主义、文科运动（例如，罗伯特·哈钦斯）还是对法兰克福学派而言，文化专制主义都是他们共同的敌人。由于这些专制主义忽视对后现代社会中可能的文化主体地位的异质性而遭拒斥（见拉克劳和墨菲，1985年）。

事实上，后现代主义是后结构主义某些见解的文化应用，这点我已在别处论述过（1990年）。民粹主义与后现代主义都承载着文化研究强有力的形式，反驳所谓的精英主义和原始法兰克福学派的官方主义。在这个意义上，法兰克福学派的理论家对于后来的文化研究至关重要：他们既开创了文化工业中极为广泛和深刻的文化研究（例如，霍克海默和阿多诺，1972年；阿多诺，1945年、1954年、1974年b），又为许多后法兰克福文化研究方法提供了关键的铺垫，尤其是他们对大众文化的批评方式给流行文化带来了更为民粹主义的研究方法（见扎雷特，1992年）。

要说文化研究含蓄地以法兰克福方式为轴心一点也不过分。可以肯定的是，伯明翰学派（例如，威利斯，1977年；霍尔，1980年a、1980年）很少直接援用法兰克福传统，他们与葛兰西联系更加密切（博格斯1976年；还见皮肯，1983年，葛兰西能很容易地被同化到批评理论中去）。然而，法兰克福理论家为资产阶级文化社会学以及自马克思以来的利维斯时代的文学理论提供了最为持久的挑战,但不认可日丹诺夫主义的还原论和正统马克思主义文化分析和解释的权威。无论对所谓的法兰克福官方主义怀有多大敌意,文化研究都不能忽视法兰克福学派。

民粹主义者与德里达派和法兰克福理论家论争的核心问题是流行文化是否包含某些解构因素因而在政治上有进步趋势(见詹姆逊,1972年、1976~1977年、1981年、1984年a、1984年b、1991年)。法兰克福理论中,霍克海默和阿多诺谴责作为晚期资本主义的整体管理巅峰的文化工业,而文化研究的支持者大体上认为这一尖锐的指责没有太多的差别。相反,他们认为,正常人不仅看透了消费主义和实证主义的霸权阴霾,而且一些人还以他们自己的日常生活作为值得仿效的语境积极斗争,以创造一个新的文化世界。在大多数情况下,法兰克福理论家对日常生活根本不予理睬,除非注意到日常生活受到明显的外部和内部的必要事件的操纵。这是马尔库塞弗洛伊德化了的马克思主义的全部要点:他通过他称之为"剩余压抑"的路径来分析具有自我中和、弄巧成拙趋势的"心力投入",致力于研究晚期资本主义在他们自己的统治领域调动人民的方式。他关于弗洛伊德(1955年)的书为他后来(1964年)单向度的,也可能是最为尖锐和最为方便的法兰克福的文化霸权地位的论断做了铺垫。

正如我在第四章中探索的一样,马尔库塞对马克思主义的弗洛伊德化使他(1969年)接触,甚至暂时拥抱作为新世界预示代言人的20世纪60年代人群的"新感性"。马尔库塞拒绝把革命成果和革命进程分开,他认为真正的社会主义一定始于此时此地,始于投身于创造一个更美好世界的人们的日常生活世界中。哈贝马斯后来将(1984年、1987年b)"系统"的殖民化需求(由金钱和权力来体现)与自我复制和真实的"生活世界"进行对比,从中将共识注入去殖民化的世界(也见皮肯,1971年;奥尼尔,1972;阿格,1991年a)。

但马尔库塞对美国新左派反知识分子的措施,尤其是其反文化部门的耐心稍纵即逝。到1972年,他已基本推翻他对新左派变革能力影响的乐观判断,新左派尝试创造一种新的可以经得起理性管理和自由民主挑战的日常生活(见马尔库塞,1972年)。他认为,哈贝马斯对民粹主义或德里达的日常生活主题没有多大用处(例如,见哈贝马斯对后结构主义的回应,1987年a),在他的著作中,生活世界更多的是作为"系统"的概念性对应物来起作用,而不是作为文化资源来起作用。

我将在第四章充分讨论法兰克福学派的文化研究方式。这里我承认把法兰克福文化研究和伯明翰文化研究、后现代和女性主义文化研究分割开来是断层的。青睐任何一种文化研究方式都可能落入被德里达有效解构的虚幻二元性泥淖。事实上,我认为我们可以鱼与熊掌兼而得之:作为一个与法兰克福晚期资本主义分析的总体思想密切联系的人,我希望以一种政治上有效的方式来分析和介入流行文化。的确,文化研究的特点之一是其理论的折中主义。这种情况是否成立,很大程度上取决于我是否能够以一种能够保持他们立场的基本分析逻辑的方式将法兰克福学派对流行文化的反感语境化,我认为他们的分析逻辑是强劲有力的。同时,我也主张民粹主义和后结构主义的文化研究方式。我相信,这不是自相矛盾的说法。

9. 去学科

文化研究本质上是跨学科的。它必须是跨学科的,因为传统学科不以融入批评理论、文学理论、话语分析、妇女研究、社会学和政治经济学的方式来研究流行文化。传统的学科束缚人们去追求文化研究学者们讨论的各种问题,如从电影理论到书籍出版的政治经济。当然,跨学科是一种时尚,至少过去10年前就已经是一种时尚。跨学科的研究中心、期刊和课程与日俱增。虽然很多都只是停滞不前的学术界鸡毛蒜皮的改头换面,但是,没有理由拒绝文化研究跨学科的努力尝试,这是目前酝酿着的最富有成效的跨学科项目。

文化研究的跨学科焦点不是简单的因为传统专业学科对错综复杂的文化生活缺乏足够广阔的视野,还是因为,在一定程度上,文化研究赞同由福柯和某些法兰克福思想家提出的学科社会批判见解(见福柯,1977年;奥尼尔,1986年;波斯特,1989年、1990年;阿格,1989年b)。这种批评拥有专门学科,负责全面统治,拒绝世界资本主义、性别主义和种族主义时期迫切需要的整体观念。有人认为知识产权专业化对主题和基本互补的方法论的错误分割助长了霸权的生长。这在文化研究领域尤其毋庸置疑。这里,社会学家们研究流行文化的公共机制,文学理论家从文本的角度来看待文化。缺乏共同的声音挫伤了他们同时从生产、分配和消费的角度来审视文化的积极性。事实上,几乎没有文化社会学家利用欧洲大陆最新发展的话语理论,其实这些理论能够有助于他们以一种重要的方式超越或避开文化的机构分析(如,狄马乔,1986年)。对他们来说,文学理论这族群往往避开政治经济问题,只是因为他们常年接受了这样的训练,要把文本看成是一个自我封闭、自给自足的世界。这些盲点更多的是因训练过多而丧失了以整体方式来观察世界的能力,而不是故意的愚钝。

而即使是谈论整体性也使后现代主义者惴惴不安(如:利奥塔,1984年;克洛克和库克,1986年)。后结构主义和后现代主义反对以主体为中心的宇宙观,根据启蒙哲学的观点,人们通过对自然科学和经验社会科学的主观推理来合理地、彻底地理解这种宇宙观。"整体"被看做是"暴政"的代名词(如波斯特,1989年)。因此,一直以来,后现代主义者中存在着对跨学科的重大阻力,而具有讽刺意义的是,他们却接受福柯的对学科领域的批判。也许这就是说,有不同类型的跨学科:哈贝马斯的整体化跨学科致力于可以解释一切的足够综合的跨学科唯物主义,而不是与学术专业和学科身份基本一致的跨学科。大多数情况下,左派文化研究者赞成整体化的跨学科研究。然而,还是有人认为文化研究不是一门新兴的元学科,而是在人们考虑的学科框架内,通过基本实际和方法假设可以追寻的学科的一门子学科。之所以一些人反对文化研究的整体性断言,正是因为他们后现代主义者对所有整体化的普遍不信任。超级专业化的学科以一种特殊方式适合后现代主义的去整体化议程。

一般说来,大多数文化研究支持者都反对福柯意义上的学科领域。他们认识到知识的分裂和专业化导致其等级化,因此,他们就在福柯的观点中努力研究学科为历史统治再现所做的贡献(例如,在福柯[1977年]对犯罪行为社会范畴的兴起具有里程碑意义的研究的《规训与惩罚》一书中)。近来更多学科开展的批评和自我批评的例子都针对美国社会科学中盛行的实证主义(如阿格,1989年c)。但是,正如我刚才所指出的,学科批评有不同的形式。有些文化研究人士更多地为学科的灵活性和相互促进而争辩:他们认为,文化研究倾向于成为学科领域内的一块飞地。更为激进的文化研究人士反对适得其反的、霸权化的学科边界:他们认为,文化研究只是哈贝马斯笼统称之的跨学科唯物主义的一个例子。

激进的学科批评提出了一系列与实际和知识有关的问题。应该撤销或重组学科/系、部吗?会怎样影响大学,包括出版、研究生培训和教学机构结构?伯明翰模式之后我们应该启动文化研究项目吗?像女性研究、黑人研究和美洲研究这些边缘系、部和研究项目应该成为文化研究的主体吗?学科和学者的重组只是洗牌,而没有改变体制的游戏规则吗?官僚作风盛行的大学内的文化研究能够有所差别吗?作为学科的文化研究背后统一的理论和方法是什么?

我对这些问题的回答只能是个人观点,我想放到最后一章再来讨论这些问题,因为我不相信对学科的激进批评能够有效地忽视文化研究方法的各种贡献,尽管这些研究方法也许支离破碎。我怀疑创立文化研究项目或者系、部到底能带来多少差别,然而,我赞成延伸到学院之外,成为日常生活模式的文化研究方式。这并不意味着我们学术界人士可以摈弃学科研究的实际的、理论的和方法方面的内在含义。毕竟,大学扮演着文化霸权再生产和权力、财富、科技积累的重要角色。无论是改革的还是激进的学科批评方式都有点错位——改革派把文化研究作为学科内的分支领域,而激进派确保文化研究本身是一门货真价实的学科(或仿学科)。

政治上最有效的文化研究工作是从学科内部解构学科,撇开别的学科去质疑其本身存在的权利。这种内部发掘尤其在人文社科领域可以采取文化研究的视角,挑战各种占主导地位的,但又各不相同的从文本客观性到科学实证主义哲学的假设。这个类型的议程设定还是留待最后一章讨论。这里是一点忠告:文化研究拒绝成为僵化的程序,它的多样性和灵活性是其认识论标志。因此,没有单一的或静态的文化研究,文化研究同样适用于跨学科或学科内部,但这也是文化研究利弊相从的所在。

10. 文化研究与阿基米德问题

许多从法兰克福传统分离出来的文化研究方式反对高雅文化的官方主义和精英主义(例如,列文,1988年;米勒,1988年),在形式上表现为对批评者角色特权的后结构反感,法兰克福批评特权强调批评必然是阅读和书写文化产品的制高点。第八章和第九章中详细阐述的改革派和激进派文化研究的断层表明:与源于法兰克福学派的文化研究方式相比,源于后结构主义、后现代主义和后结构女性主义的文化研究方式更多的是相对主义者的方式(通过拉康、德里达、巴尔特、福柯和法国女性主义者)。

让我这样来叙述区别:法兰克福评论家认为批评是评价文化产品和基于它们实践的必要的制高点。与此相反,后结构的文化研究方式主张批评不是享有特权的制高点,从而减少了官方文化批评者更为普遍的断言。虽然有大量基于这两个对立立场的重要论证,我们可以归结为是关于错误需求的辩论(见,例如,马尔库塞,1964年)。法兰克福学派的立场认为文化批评家可以判断某些文化产品和做法本身是"虚假的",也就是说,它们再现统治(they reproduce domination)。考虑到批评家们批评语言的不可确定性和世界的"差异/延异"特征,后结构主义者认为文化批评家并没有可靠的理由来做出这些判断。

在某种程度上,这种争论并没有文化研究双方划定的文化批评制高点的共同假设那么重要(如果有,对法兰克福学派而言则是一个必要的和理论上的特权)。各种文化研究都拒绝接受新批评的客观主义,这种观念把文化文本或文化实物孤立于社会语境之外,其实文化文本或文化实物首先是一个社会文本。英国文化研究是出自于霍加特(1957年)关于阶级的修辞准则方面的著作,他拒绝使用脱离工人阶级语境的语言。无论是霍加特、霍尔,还是他伯明翰中心的同事们都不会假定他们可以逃离政治和社会"偏见"。事实上,霍尔和他的研究小组自觉致力于政治党派的文化分析和批评,他们的分析与批评戳穿了传统文学批评与文化解释的虚假的客观性。

这里虚假的客观性指的是利维斯时代批评家的假设,以及认为读者可以把自己的批评兴趣完全排除在外的新批评家的假设。后结构主义的强烈观点是每一次阅读就是一次写作,这就是说,读者在考虑本质文本意义方面作出了很多贡献。康德的本体论认为没有只有自身意义的文本或著作,每一次阅读都是服务于某种批评阐释和政治兴趣的书写。例如,对《了不起的盖茨比》的女性主义阅读就会从某种女性主义政治兴趣的制高点去质疑费兹杰拉德的性别世界,去询问为什么长岛男性和女性有那样的行为方式。对文化研究学者和女性文学理论家而言,那些问题迄今看来都很明显。但是在几十年的客观主义阅读面前,这些问题就不复存在了,他们认为人们(去性别的、去主观化的先验读者)不需要依靠读者和作者在阅读和写作实践中的兴趣就可以简单地挖掘出费兹杰拉德作品的意义。文化研究否认去主观化阅读的可能性,每一次阅读必定有一个立场。除此之外,后结构主义者认为批评不是特权优势,而法兰克福批评理论认为尽管绝对判断不可估量,但批评还得有立场。从某种意义上说,这种分歧更多的不是本质问题,而是一个强调的问题。可以说,后结构主义者往往不是从先验的解释特权性质来否认特权,而是强化政治自我意识的有条不紊的反思性,从读者的真实需要来否认特权。

我会在结尾两章再次讨论这个问题,在那两章中,我研究了方法论化的、学术化的文化研究和更为政治化的、去霸权化的文化研究之间的区别,前者归功于绝对论和阿基米德主义的后结构批评;后者归功于法兰克福新马克思主义,法兰克福新马克思主义赋予批评特权的同时又没有忽视全知的批评本身的内在局限。认识论相对主义和批评实践的复杂交织尚在争论之中。如果一个人否认阅读特权,那么最终可能会陷入毫无真理和正义根据的无休止的阅读中去。尽管尼采(1956年)一书似乎与文化研究毫不相干,但一方面讨论了我(1990年)称之为的尼采问题——阅读尼采的方式使认识论相对主义合法化(例如,利奥塔(1984年)的拒绝马克思主义宏大的"元叙事"等);另一方面提出了启蒙主义的整体化批评(例如,原法兰克福学派)。尽管尼采学说的严格运用不能决定问题本身,重要的是要注意到后结构主义和法兰克福学派之间在对尼采的接受问题上的严重哲学分歧。在法、德两种绝对分裂的理论化传统中有一个重点就是尼采的中心地位。德国人追随着霍克海默和阿多诺的领导(1972年),认为尼采是马克思主义文化批评家,而法国人把尼采当成后现代预言者来解读,后现代是一个政治判断让位于任何绝对价值宣言的时代。

11. 拒绝绝对价值

话虽如此,看起来似乎自相矛盾,我认为各种文化研究形式就什么可以算作合法的文化表述和评价基本上都是多元兼顾的。作为黑格尔形式的绝对理想主义者去阅读法兰克福的批评理论是很吸引人的。如果我们在塞纳河边上阅读,随着法国对尼采及其伴随而来的后马克思主义的接纳,这样绝对理想主义的阅读几乎是不可避免的。但法兰克福理论家们以他们(马克思主义)对理性的崇拜,似乎只有提及法国后结构主义、德里达或拉康时,才显现出绝对论者的特征来。事实上,原来的法兰克福理论家们认识到被阿多诺(1973年b)称为"非同一性"的领域促使了法国德里达派坚持的政治的不可确定性民主的产生。赖安(1982年)的论点表明阿多诺和德里达的思想悄然融合。霍克海默和阿多诺(1972年)的启蒙批判反对绝对论和实证科学的客观主义,证明在确信实证的政体下神话和启蒙辩证交替作用。他们认为科学是最整体化神话,在这个神话中,科学自认为是不受主观兴趣和视角影响的唯一的思想体系。

法兰克福学派的科学批评是他们批评理论的中心,这使他们能够解释晚期资本主义惊人的复苏,就马克思主义19世纪中期的乐观主义而言,这种复苏至少是令人惊奇的。晚期资本主义科学技术机构的力量既来自资本积累的直接贡献,又来自意识形态化功能和民粹主义者的推理难以挑战的合法化的专业技术知识。法兰克福学派反对以各种德里达的中心主题为名义的启蒙时期科学的绝对论,如透视性、不可确定性、差异、延异。但是,与后结构主义者不同,法兰克福理论家拒绝抛弃启蒙的一般方案。法兰克福尼采使得不依赖于资本主义和学科兴趣的"崭新的"或者"快乐"的科学成为可能(见阿格,1976年),但法兰克福尼采几乎又不适合这种科学。事实上,利奥塔的尼采拒绝科学项目,利奥塔(1984年)只推行怪异新奇的"嘈杂"理论,将之作为人文科学的可行性选择。

只有辩证地阅读法兰克福批判理论才会发现他们对主观和客观推理、特别和一般之间的关系辩证视角。为了避免带有黑格尔和后来权威的马克思主义者的同一性标志,他们以非同一性的怀疑来调节普遍推理的整体化宣言。法国理论家不欣赏这种德国批判理论的微妙之处的原因之一是他们将马克思主义的单一概念作为一种同一性和一个整体理论来接受。一如既往,这与从前法国共产党的知识霸权很有关系,也与背离1968年"五月运动"的理论倾向的传统方式有关系。法国理论家们如果生活在德国,可能会成为批评理论家,把他们独特的后现代理论方式时尚一番,以回应法国共产党头脑僵化的斯大林主义,福柯就是一个恰当的例子。因此,他们兴高采烈地参加"五月运动",更多的是反对(正统)马克思主义革命,而不是将它延伸到一个新的、辩证的方向。同时,他们对德国批评理论的回避进一步加剧了他们理论的孤立。他们不能阻止新保守派将马克思主义等同于古拉格群岛①模式。

在这个重组与改革的时代,不能将古拉格与民主的、解构的马克思主义分裂开来更是令人不安。当又一家麦当劳分店开张的时候,苏联人正在莫斯科大剧院自我陶醉,实际上西方人,包括媒体,都不可避免地庆祝马克思主义的结束。柏林墙的倒塌……②尼加拉瓜桑地诺选举失败和波兰、罗马尼亚和东德共产党统治的颠覆都是民主的缩影。文化研究大显身手,把这些媒体运动解构为它们真实的意识形态策略:任何一个一知半解的马克思主义者都认识到,大家公认的"共产主义的崩

---

① 古拉格(Gulag)是前苏联政府的一部分,负责管理全国牢狱营。俄语全称为"Главное Управление Исправительно—Трудовых Лагерейиколоний",简称"ГУЛАГ",意即"苏联劳动改造营总管理局"。古拉格这个词意味着不只集中营管理,也意味着所有形式的苏联奴役制本身。根据安妮·艾波鲍姆的著作《古拉格:一段历史》中之叙述,"古拉格"是苏联内务人民委员部的分支部门,执行劳改、扣留等职务。这些营房被囚人士中包括不同类型的罪犯,日后成为镇压反对苏联异见人士的工具,被囚禁人士数以百万计,其俄语音译"古拉格"一词也透过亚历山大·索尔仁尼琴于1973年发表的著作《古拉格群岛》传到西方。

② 此处译者略有删节。

溃"在很大程度上更多地反映了中央集权下的经济体制和耗资巨大却自我毁灭的军备竞赛语境中的中央计划的非理性,而不是马克思主义理论的生存能力。重组改革说明了国家资本主义的失败,而不是社会主义的失败。当然,纯粹的资本主义本身早在20世纪20年代就已消亡,当时,政府的监管职能不得不大势扩展,以便让"民主"政府使(不民主的)资本主义不至于触及危险的危机礁石,资本缺乏逻辑性引发了这样的危机,对这一点马克思在《资本论》中早做过详细论述。

因为西方媒体霸权而指责法国理论家,这有点牵强附会。据我所知,德里达一直忙于解构我前面提到过的媒体运动,但是在对马克思主义充满歇斯底里敌对情绪的气氛中,无论是作为"宏大叙事"(利奥塔)还是"话语/实践"(福柯),法国理论家未能克服自身对马克思主义的抵制也不足为奇。佩戴着当今最流行的社会哲学后现代主义的标志,反马克思主义(有时措辞为后马克思主义,见丹达罗,1992年)变得越来越时尚。但唯独德国批评理论抵制对马克思主义的妖魔化,甚至在如哈贝马斯(1984年、1987年b)尝试的作为传播理论的历史唯物主义的知识体系的重建中也是如此。在现代社会哲学家中,唯有哈贝马斯坚持整体化理性理想,而要解构傲慢的、具有启蒙特征的主体哲学(尽管结局同样是令人不满意的主体间性的形而上学,主体间性是他交际实践的救赎理念核心,例如,"理想的话语情境")。

我想把受法兰克福学派影响的文化研究方式与绝对价值假定区别开来,这种绝对价值已经在西方社会肆虐千年。我们文化研究者,包括新法兰克福派,拒绝接受启蒙主体哲学的嚣张气焰。但是,这并不意味着我们可以就此省去主体性或主体间性的概念和实践,后结构主义者对主体的解构既提供不了价值论指导,也无法给予战略指导。法兰克福文化研究没有绕开这个有问题的、独创的主体性。与德里达等人一样,阿多诺和霍克海默承认西方哲学独创的主体背后使得许多人遭受最为严重的灾难。同时,拒绝绝对价值并不意味着拒绝一切价值,尤其是那些引导社会重建任务的必要价值。本书中,我倡导一种既避免后现代相对主义和虚无主义,又避免绝对论的文化研究方式。这会涉及我上文提到过的真/假需求论争的判断,对这一话题将在第八章中讨论。

　　第二章讨论了整个文化研究(无论是"左派"还是"右派")中的四个强烈反对。随后,我专门以五个章节来讨论五个各不相同、有时又重叠交错的文化研究品牌,包括传统马克思主义、法兰克福学派、伯明翰学派、后结构主义/后现代主义和女性主义。在这一点上,我会回到众所周知的后结构主义和法兰克福文化研究方法争端的中心所在,即价值和需求问题上来。尽管我反对后现代文化研究的相对主义和虚无主义,我还得毫不犹豫地承认法兰克福文化研究还有很多亟待完善的地方,尤其是最初对流行领域的漠视。借助于伯明翰学派、后结构主义/后现代主义和女性主义文化研究理论的启示和理论实践,而又不掩盖这些方法的基本分歧,我本人的新法兰克福文化研究方法纠正并完善了法兰克福研究方法。

　　本书有两个目的:它针对文化研究领域的新入行人士,第三章到第七章将为这些读者提供足够的描述背景,外加上开篇的框架设置。此外,本书是对特定文化研究方式的综合研究和尖锐论证——也许在当今各种批评实践中这还是一个远未被人意识到的研究。可以这样说,这本书把文化研究方法表述为文化研究,这种姿态冒着无限倒退的危险。无论如何,文化研究是理论和阐释干预最肥沃的跨学科领域之一。没有单一的"文化研究",任何人文学和温和的社会学的作为都称不上文化研究。没有简单地界定称之为"文化研究"的调查领域,我对其他研究方式展开分析,进行质疑,以此来举例证明文化研究方法。当然,这是一个辩证过程,最终,读者将能够更好地判断究竟什么是文化研究,什么不是文化研究,还可以判断哪些是这类研究最好的变体。这种辩证的发展正是阅读和写作文化实践的本质,也是当下文化研究的中心议题。

第二章 作为严肃产业的流行文化

在继续讨论和分析各种文化研究方法以及对第十章中提出的政治化文化研究做出结论之前,我想先讨论文化是如何在20世纪末跻身到政治争论中心位置的(参见列文,1988年;西阿克,1991年)。问题的答案对熟悉文化批评理论的人来说是显而易见的,但对以下四类人却不然:流行文化的消费者、传统高雅文化的捍卫者、正统马克思主义者和文化反乌托邦者。由于前两类占的比例最大,我将重点讨论,而正统马克思主义仅存在于大学校园中遥远的角落和某些政治派别中。尽管文化反乌托邦者的思想值得仔细推敲,但毕竟他们不是主流。第一类人包括以观看《娱乐今宵》电视节目和阅读《人物》杂志当做娱乐的人。流行文化将人们的注意力从严肃的地缘政治、环境破坏、流离失所等问题上转移开来。第二类人包括高雅文化的捍卫者,他们坚信高雅文化会通过提供道德和公民教育来提升大众品味。第三类或者第四类群体则是一些或左或右的边缘人物。

本章将对以下四种主张分别做出回应:第一种主张认为流行文化基本是没有内涵的娱乐,它为人们提供了工作以外的消遣,但是除了日常的电视和电影评论家的评论外,经不起任何细致考验;第二种主张认为流行文化与传统文化价值背道而驰,因而应当予以教化;第三种主张认为流行文化是完全符合马克思主义经济学原理的商品经济的产物;第四种主张认为流行文化是自上而下被灌输的,有不可分割的整体性。尽管流行文化有娱乐性和盈利性,但文化研究显示它的价值远远不止这些。

作为消遣的流行文化

把流行文化归为失误的主要观点如下：超级巨星事迹以及他们的名车、高薪只不过是人们茶余饭后的闲谈话题，没有任何重要意义。今日之星很快就会成为昨日黄花。电视节目和电影伴随稍纵即逝的公众兴趣一起烟消云散。文化或许是一种必要的消遣，甚至也会引发一些奇谈怪论，但它并非学术分析或批评的实质内容。流行文化没什么值得去赞美或吹捧的，它只不过是那些发达国家人们拿着遥控器控制的，聊以消费、放纵或跳过的夜间娱乐节目而已。

上述否定的思想表明只有尖酸刻薄、无所事事的知识分子才会花时间来"解构"这些变化无常的闲言碎语。的确，这是我第八章中在不同语境下讨论的论点，在第八章中我将文化研究的方法论化仅仅当成一种对文化产物进行无休无止、毫无理论根据的细读的自我再生产技术。我下这样的结论并非我相信流行文化是一种失误，而是认为文化如此重要，值得我给予它应有的充分关注。

流行文化的捍卫者不仅包括麦迪逊大街上那些通过媒体来销售产品的广告大亨，以及那些制造这些"产品"的演播厅和网络，还包括那些偏好民粹主义和后结构主义、反对法兰克福学派官方主义做法的文化研究人士。捍卫流行文化的文化研究人士在艺术中寻求某些特定的知识和政治救赎，如前文提到的瓦尔特·本雅明（1969年）在机器大生产时代对艺术的辩护。与本雅明一样的理论家认为，不管喜不喜欢，流行并非被束缚或无意识领域，事实上，流行文化是各种有价值的对立研究内容的跳板。持有这一观点的文化研究倡导者花费大量的时间钻研大众传媒，希望能把握住无规律可循的分歧的脉搏，同时也致力于使流行文化从属于以文化研究的政治性为特征的意识形态批判。

对流行文化的辩护在一定程度上与文化消遣论背道而驰。文化消遣论限定了对流行文化的知识分析。那些承认文化消遣作用但拒绝对其进行系统分析，更别提进行解构的人，与将文化和政治联系在一起的流行文化辩论者是不一样的。《电视指南》的出版商会发现《暗室》期刊过分关注娱乐。对他们而言,电视节目是用来观赏和娱乐的,而不是用来在思想上或其他方面来经受详细审视的。然而,这两份期刊也有许多共同点:它们都严肃地对待娱乐,不同的是,一个传播它,而另一个挑战或者启迪它。无论是《电视指南》的编辑还是《暗室》期刊的编辑都不会因其杂志与电视密切相关而感到歉意:他们认识到电视很重要,尽管是以不同的方式。但是主流的电视评论对这种文化形式的知识化和政治化并没有耐心。电视记者和评论者认为这纯属娱乐,围绕着纯粹娱乐而做的研究只是学术愚昧。

作为价值颠覆的流行文化

这种理论认为过分关注大众市场电影、书籍、电视和报纸将会导致文明价值的腐蚀,也会导致以昙花一现的娱乐现象代替本质道德教育的后果。当然,这是自埃德蒙·伯克①以来保守主义者的观点。亚伦·布鲁姆在他的《美国精神的封闭》(1987年)一书中很好地阐述了他的新保守主义观点。他将传统文化的衰败归咎于青年文化和左派学者。不仅有人责备流行文化直接导致公众智慧和集体道德意识的衰退,更有甚者,认为流行文化的批评家加剧了这个问题的严重性。文化批评的作用应当是救赎性的(持这种立场的"左派"应该就是先锋派)。

目前,保守派和新保守派对流行文化的攻击是众所周知的,并且使"左派"名誉扫地。显然,流行文化非常重要,它影响了亿万人,尤其对青年人具有不可抹杀的影响。流行文化是意识形态的主要载体。值得论证的是,流行文化为激进的质疑和争论提供了舞台。但就我看来,对

---

① 埃德蒙·伯克(Edmund Burke,1729年1月12日～1797年7月9日),爱尔兰的政治家、作家、演说家、政治理论家和哲学家,他曾在英国下议院担任了数年辉格党的议员。他最为后人所知的事迹包括了他反对英王乔治三世和英国政府、支持美国殖民地以及后来的美国革命的立场,以及他后来对于法国大革命的批判。对法国大革命的反思使他成为辉格党里的保守主义主要人物(他还以"老辉格"自称),反对党内提倡革命的"新辉格"。伯克也出版了许多与美学有关的著作,并且创立了一份名为 Annual Register 的政治期刊。他经常被视为英美保守主义的奠基者。 ——译者注

流行文化的保守攻击之所以被怀疑,是因为它坠入了典型左派分子想将自己的意愿强加给大众的圈套。每个在英语文化研究或比较文学研究部门的人都能数出一打或更多在利维斯文学批评时代或新批评时代成长起来的"正直"学者。这些对文化左派用来夸张自己的数量和重要性是极具诱惑的。文化工业受到由学者和批评家组成的高雅文化的残余势力的攻击。他们坦言提醒人们观看哥伦比亚广播公司的节目,更要观看教育类节目,并且对现代艺术博物馆的最新展览以及外国电影极为推崇。

即使文化精英在理论和批评方面都已过时,他们依然不可能消亡。希尔顿·克莱默一派(1985 年)将艺术批评的建立称为关键论调(参见卢克,1991 年)。《纽约时报》发布救赎性的文化批评,为来自于电视、商业小说和枪战电影中的文化大众经验提供重要的深度。最近《纽约时报》(1990 年 3 月 11 日,第 30～33 页)一篇关于现代艺术博物馆艺术栏目新领导的文章就是这种立场的典型例子:柯克·瓦恩多因其在现代主义和更加时髦的后现代主义之间找到了微妙的平衡而受到褒扬。他因忽视法国批判理论、马克思主义和女性主义进而与意识形态划清了界限而受到赞誉。文章在他于 1990 年 10 月在现代艺术博物馆第一个主要展出"高雅文化和流行文化"之前发表,正如《纽约时报》正确的评论一样,这场展出因其承认流行文化而在老古董批评中引起了诸多争议。

这并不意味着在高等学院进行的研究以及高修养的文化批评理论书籍对公众有过多的影响。在本章中我重点介绍四种对文化研究的主要驳斥。值得考虑的是,为什么对于流行文化霸权化和解放力的有条不紊的研究方法竟然聚集了如此多的力量,以至于权威学者和评论家,更别说制造者和消费者给跨学科、政治化的文化研究施加如此程度的阻力。尽管我可以毫不羞耻地说我是一名文化研究激进派成员,但值得注意的是,传统文化批评和所谓的后现代主义在风格和批评上一样的摇摆不定,文化工业促使传统文化批评推陈出新(见第九章)。

学术派文学和文化评论家逐渐达成一种共识——后结构主义和后现代主义走得"太远",这两种主义过度否认文化批评的救赎和教育作用,以至于将批评实践当成是填充个人简历和谋求职业的技术性锻炼。

大卫·洛奇(1982年、1984年)的学术小说尖锐地披露了解构批评方法论的倾向。在他的小说中,解构成了学术界鸡尾酒会上的谈资,而不是像解构本身一样严肃的文化干预。文学和文化阐释理论的强烈反应和新保守主义反对19世纪60年代盛行的淫秽现象的声音并行(参见马修《纽约时报》,1991年2月10日,第43、57、59、69页)。大学出版社登出的每一篇解构文章都冒着被无数反解构主义者攻击的风险。这些反解构主义者不仅激起一批不同的批评方法,并且向作为另一种文化价值颠覆的解构宣战(比如,纽曼,1985年)。

这种对理论的反感在《纽约人》、《纽约时报》及自视甚高的电视节目等流行评论中尤其盛行。我怀疑这种现象反映了被拒在学院门外的一部分流行评论家的嫉妒心理,对他们而言,解构主义是一门太难掌握的学问。因此,他们嘲笑它,但同时又在自己的文章中加入一些解构主义的玄妙术语。本土文化评论家抛弃"德里达"和"解构"以向学术界表明自己是可以与他们匹敌的。但是作为对流行文化的背离,他们也明显地抵制批评学术化,并骄傲地将其作为自己平淡无奇评论的借口。当然,在这一过程中,他们详细反映了文化的不可知论:自欧陆哲学试图以日耳曼化的建构和错综复杂的含义统治我们以来,实用主义在美国学术生活中占据了至高无上的统治地位。

虽然在美国的学院中进行着一场理论复兴(在第一章涉及),但是也有一股增长的反对势力,他们长久以来试图将文化去政治化,并将文化秘密添加到提升道德和精神的活动中。有人可能会将这种活动的源头追溯到浪漫主义,浪漫主义中出现了对文化抵制和文化批评可能性的批评理论视角。高雅文化的捍卫者攻击他们所认为的蒙昧主义的理论化,因为这种理论化未能将误导的文化品味引入正途。讽刺的是,这些捍卫者却也揭露高水平的理论中精英分子对平实语言的厌恶,指责平民百姓的品味太平庸。相反,细致("客观地")地阅读狄更斯的作品就能领会到他亘古不变的真理。他的作品既不过分迎合大众也不像高雅文化理论那般高高在上。

大多数解构成为一种风潮,更确切地说是一种技术性的痴迷。我将在第六章讨论这个问题。但是解构不是,也不应该是文化批评的全部。解构之所以如此风靡,正是因为它将自己定位为利维斯时代的批评以及新批评的主要对手。文化研究的解构方法大多属于院校的人文系和文学系,而受法兰克福影响的文化研究方法在社会科学系和哲学系更为流行。这并不能说明法兰克福学派的术语,不论是阿多诺还是哈贝马斯的术语,都格外明了易懂(尽管我在别处(阿格,1989年a)提到过阿多诺简明扼要的句子容易被理解为浅显且有说服力的论证)。

这里主要的问题不是文化研究措辞使用的语言风格。文化新保守派拒绝将大众文化看做是理论干预和批评干预的合法话题,因为他们偏爱占有一席之地的资产阶级高雅文化。耶鲁的解构是否比新批评更加晦涩,兰色姆(1941年)是否比德曼(1979年、1984年)或费什(1980年)更明晰,都有待论证。不可理解性要么是烟幕,要么是更糟糕的情况:它通常反映了本土学院派对他们既不熟悉又受到其威胁的大陆学派语篇的抵制。显然解构在美国学院派中陷入了敌对立场,仅仅因为它是一场不同的、晦涩的游戏,掌握福柯和巴特理论的研究生难以吸引欧洲大陆训练出来的熟知福楼拜和浮士德的大学教员(见德曼,1986年)。

新保守派敌视文化研究的最后一个问题与话语风格有关,且更加深入和广泛。现有官方人士出于某种清教主义抵制华而不实的欧洲化的文化批评和文化理论。德里达和阿多诺繁杂的语言如同使用俚语的人群的语言一样冒犯了语言平实的人们的道德情感。新保守派对欧洲化的文化研究的厌恶就是对不良语法和不良行为方式的厌恶,反映了在这个猥亵、堕落的时代,对普遍公认礼仪的侵蚀。这不仅仅是阶级偏见,法兰克福学派批评也同样蔑视大众文化。更有甚者,不论是巴特式的玩弄文字或是马尔库塞满足的理性,都反映了一种清教徒式的对色情化表述的厌恶。这又回到了先前提到的尼采问题上。蔑视资产阶级道德的尼采也许是各种文化研究形式唯一的、最为重要的统一基准(除女性主义)。此外没有任何一位哲人像惊人的尼采一样,因为其疯狂的想象和强烈的预感而受到英美清教实用主义哲学家的蔑视。

第二章 作为严肃产业的流行文化

作为利润和掩饰的大众文化

虽然我将在第三章对马克思主义文化研究方法做深入的分析,但是还是有必要在这里指出,一些依赖于对马克思进行特定经济学阐释的马克思主义者并不赞同这种方法。(见斯莱特,1977年)这种马克思主义方式拒绝文化研究,因为他们认为马克思主义已经清楚地将文化解释为以经济力学为基础的直接产物。正统马克思主义者蔑视文化研究,他们认为文化属于上层建筑的范畴,具有意识形态上隐蔽资本主义的功能。但他们也认为简单、单纯的文化商品,不论是大众市场的小说、电影、电视或者新闻,都值得分析。当然,他们的这两种观点都是正确的,但是我不赞同上层建筑等级,这使得正统马克思主义者将文化现象机械地归类为所谓的资本逻辑的衍生。意识形态理论比简单的商品文化要复杂得多,文化(我认为马克思就是如此)比这种简单的模式更为自治(见霍克海默,1972年)。

诚然,这是一种左派文化研究方式,特别是在法兰克福学派的体系下提出的意识形态理论。毕竟霍克海默和阿多诺(1972年)认识到文化已经成为一种产业。不同于正统马克思主义者,他们自觉地从体制特点和主观意义上将文化意识形态的实践与产物理论化。他们认为单纯地将意识形态表现归结为资本主义运行的需要是远远不够的。因为资本主义不是单一的,而是充满各种碎片和断裂的复杂结构体系。尽管作为马克思主义者,他们承认文化在当下是大产业,但他们从自己的角度去分析文化产品和实践,坚持分化。比如,他们认为没有单一的"文化",只有各种各样的如高雅文化、低俗文化、区域文化、性别文化、种族文化、民族文化、社区文化等等。要将以上列举资本单一逻辑表现出的各种文化同质化,则犯了经验主义的错误。相反,各种文化必须根据它们的相对自治和不同组群的不同表现方式与意义分别研究。

因此,新马克思主义文化研究企图将文化研究作为晚期资本主义时期重塑意识形态理论的契机。他们还将原有马克思主义的文化生产、分配和消费的经济循环发扬光大,以此更新马克思主义。他们十分严肃地对待文化,拒绝将其看做一种附带现象而来加以铲除。新马克思主义者无论是根据相对自治(阿尔都塞,1970年、1971年)、霸权

（葛兰西,1971年）还是根据文化对整体管理作出的贡献(阿多诺,1973年b、1974年a)将文化理论化,马克思主义的文化政治研究方法拒绝接受文化和文化政治在某种程度上与政治和学术不相关的事实。仅仅将文化商品看成一种商品是不够的。因为马克思理解商品形式包含物化和意识形态化成分,尤其是商品拜物教——社会关系变成了物与物的关系。单从金钱的角度看待文化工业是远远不够的,大众文化对物物关系的虚假意识的深化理解有重大影响。

正统马克思主义者出于和文化新保守派一样的原因鄙视文化研究:他们都是一群清教徒,抵制"柔性"文化和文化研究,而偏爱"刚性"马克思经济学(文化新保守派偏好马克思主义经济学中所谓传统价值的坚实和崇高)。将他们称之为清教徒并非要贬低他们的重要性。我不知道,也不在乎这些正统的马克思主义者是否有过问题童年以至于使他们厌恶进而抛弃文化表述。然而,文化新保守主义派和正统的马克思主义者一样将流行文化视为无关紧要的追求领域,正统马克思主义尤其注重经济行为。如霍克海默(1972年)所言,正统马克思主义者一开始就断言文化和经济学界限分明,这一论断从诞生之日起便被看做是臭名昭著的错误。

在经济和文化理论化之间做抉择的马克思主义者不断重复研究着非此即彼的资产阶级社会。正统马克思主义的潜在生产主义只是效仿了资本主义经济学理论的生产主义。劳动光荣,休闲可耻:卡尔文主义①对此持观望态度,忽左忽右。文化分析被看成是政治作品的转向,这种批评针对法兰克福学派的思想(如施拉特,1977年)。但是,法兰克福学派理论家也认为文化既是商业也是政治。因此,他们将文化政治理论化,并倡导一种文化或文学政治经济(见阿格,1990年)。忽视文化就是忽视资本主义物化的源头以及存在于商品形式本身的虚假意识,这是马克思主义分析的关键所在。但是左翼清教主义允许正统马克思主义者忽视文化,而只把文化当成资本积累过程的另一组成部分。不幸的是,问题并没有这么简单。

机械文化

第四个也是最后一个反对文化研究的理由是流行文化是一片自上至下或从里到外创立的贫瘠的荒原,因此是不可能自下而上来改变的。尽管这种反对有时与法兰克福学派本身联系在一起,但是,我在第四章中认为这不是真正的法兰克福学派立场,法兰克福学派因为战略原因而措辞悲观。左派和右派学者中都存在机械文化这种论断。但它还是一种独立于两种学派之外的典型的技术性反乌托邦主义者的观点。它可能来源于文化新保守主义者的极端研究方式,这种方式坚信有一伙

---

① 卡尔文认为所有人必须工作,甚至连富人也不得例外。因为工作是上帝的意愿。人的义务就是在地球上担当上帝的使者,按照天国的风格改造世界,并成为上帝创造世界持续进程的一部分。人不能贪恋财富、财产或舒适生活,而应把劳动的收入重新投资,为进一步发展事业提供资金。将收入如此反复投资,无限下去,直到时间终止。

卡尔文主义者认为选择职业并尽可能从中获取最大利润是一种宗教义务。卡尔文主义与中世纪基督教的截然不同之处就在于它不仅宽容而且鼓励追求无限利润。与路德不同,卡尔文认为寻求能带来最大利润的职业是合理的。哪怕这意味着摒弃家庭贸易或行业,变动仍然行得通,也是尽宗教义务。新教徒改革中与工作相关的准则是基于路德和卡尔文神学学说。它鼓励抱服务上帝的态度,在所选职业中工作,把工作看成是上帝的召唤。不要认为某份工作比另一份工作有更高神圣感。它赞同勤奋工作以获取最大利润,然后再把利润重新投资到事业中。它认为应允许改行,没必要非得从事父辈的手艺或行业。它还把事业成功与可能成为上帝选民相连。——译者注

文化平均主义者同谋聚集在一起来压制集体情感；它也可能来源于新（后）马克思主义者关于在晚期资本主义时期，体制是怎样将每一个人冻结在固定的地方，以免偏离正轨太远的论断（见德波，1970年）。

机械文化论断融合了上文中提到的三个反对文化研究的理由。在流行文化有意义的地方，流行文化被接受和被商品化为政治争论的舞台。显然早前的法兰克福学派思想家，如阿多诺，赞同这一看法（尽管马尔库塞在他美国化了的二战后时期作品中提出了不同的看法（1969年））。毫无疑问，他们曾是马克思主义者，但是，他们是拥有弗洛伊德、韦伯和维特根斯坦的世纪末文化悲观主义的马克思主义者。他们的悲观主义与法兰克福学派的悲观主义不同的是，后者拒绝以本体论的观点看待文化，相反，他们将自己的政治悲观主义与消除和平息对抗的资本主义演变过程中的实证情况联系起来。然而，要理清他们貌似从本体论角度对资本主义的实证解读有时是很困难的（见阿格，1991年a第二章），这种本体论完全否认在明显的非政治文化地带进行政治干预的可能性。

正如我在第四章中论证的一样，很显然，法兰克福学派用美学理论阐述政治理论（见马尔库塞，1978年；阿多诺，1984年）。他们并不甘心接受普遍话语的终结，而是表明政治已经被表面上的非政治领域取代。因此，他们认为必须在对表面非政治化的东西进行重新政治化的前沿领域进行政治努力。公共话语的衰退（见阿格，1990年）使得这种重新政治化势在必行，尤其是对此前被经典马克思主义者忽视的流行文化领域的政治化，这些经典马克思主义者信守马克思过时的、毫无疑问处于政治经济对立位置的社会学。但是必须理解的是，文化政治经济不仅揭露了商品化和积累的过程，同时也披露了霸权和物化。

机械文化理论派别并不将高雅文化看成是解决问题的方案；事实上，机械文化概念表明没有任何解决方案：情况实在太糟糕，难以解决。但是机械文化不回避高雅文化，尤其是现代主义形式的理论表述及文化批评。阿多诺的音乐思想本身就可以看成是一种审美姿态。他通过影射和间接的手段努力克服实证主义思想的简单性和直线性，为的不仅仅是取悦自己和他有限的读者圈，而是要严格地从实证主义桎梏中解放思想。

人们可以有效地区分两种机械文化论点。一种观点彻底否认流行文化是批评和解放的媒介。持这一观点的人将大众文化视为大众麻木状态,在这个意义上,他们属于精英分子,他们断定精英文化对道德教育和公民提升是十分必要的。另一种观点则更微妙,典型代表就是法兰克福学派关于文化工业的悲观主义。有时很难将阿多诺的悲观主义和本体论的消极性区分开来。因此我更倾向于相信批判理论是实证理论,只是不幸的是,这种经验理论有时与关于社会变革可能性的更为本体论的怀疑论混淆在一起。

通俗文化价值重估

以上四种对文化研究的拒斥使我觉得有必要对作为政治和批评活动重要领域的流行文化进行再评价和再理论化。只有在此基础上实际的文化研究工作才能继续。本书致力于对文化政治和政治理论相关领域的流行文化进行价值重估。我对流行文化的定位基于我自己的文化研究方式。后结构主义文化研究在捍卫流行文化相关性的方法上是不同于法兰克福学派导向的文化研究的。因此本章接下来的部分将直接导向结论章里讨论的内容,在结论章里,我将阐述我的文化研究计划,借鉴马克思主义、伯明翰文化研究、后结构主义、后现代主义和女性主义的各种策略,因为这些策略能够补充和扩展法兰克福研究。但是最后一章以早先的结构为前提,并总结了我对四种反对文化研究观点的回应。简而言之,我必须捍卫流行文化系统研究的政治和学术相关性立场,以消除这四种反对批评带来的悄然质疑。

1. 后结构主义触发了一些关于流行文化和高雅文化边界的严肃问题。高雅文化和低俗文化的区别问题在文化机械复制的时代日益凸显出来(参见本雅明,1969年;列文,1988年)。因此,文化研究拒绝将其解释性和评估性的视野局限在"粗鲁"或"大众"的文化形式内,当然精英文化除外。就所谓的高雅文化而言,文化研究能够与电视和大众市场电影的分析采用完全相同的理论方法。一旦高雅和低俗文化的边界在质疑中慢慢消退,一切分析性和政治性的机会则会随之产生。

尤其，通过把所有的文化形式归在同一类别下，文化研究否认高雅文化高雅而大众文化平庸的论断。这两者在20世纪末尤其重要，两者都可以用同样的理论和技术方法进行研究。后结构主义文化研究范围的拓宽正在极大地解放和抵制某些论断的方式，这些论断认为精英文化本质上比流行文化优越。

这个问题是一把双刃剑。有些批评家拒绝法兰克福学派假想的阿基米德主义和精英主义，并将流行文化等同于民粹主义，因此将流行文化理想化，这些批评家遭到了后结构主义的挑战，然而也正是后结构主义给予了这些批评家批评的权利。尽管后结构主义文化研究解构了高雅文化和低俗文化的区别，但它又倾向于自相矛盾地赞成流行文化的特权地位，这一观点翻转了文化新保守派青睐的等级秩序。但是这种解构必须拨乱反正，这样，流行文化就不会仅仅因为它比精英文化更流行（或更多在理论中遭到忽视）就享有特权。电视在文化、政治和经济方面很重要，但这并不意味着它比歌剧更为重要。后结构主义严谨的解构逻辑表明所有的等级观念都是执迷不悟——流行文化高于精英文化的等级观念和精英文化高于大众文化的更传统的等级观念都一样如此。正如我在第六章中将探讨的问题，以解构为导向的文化研究者常常忽视这种解构的反讽，没有充分地将他们对精英文化高于流行文化的霸权地位的愤怒上升到理论的高度，因而也没有从中吸取应有的教训。

后结构主义对广泛的文化研究最大的贡献之一是对文化等级制度的质疑以及对各种文化的评价。但是这里提到的文化研究分成两个派系，在方法和学说上根源于美国的解构主义（见德曼，1979年、1986年）的一派，他们抵制一切理性中心和精英文化评判。与法兰克福学派一样信奉马克思主义文化研究方法的另一派则承认文化评判，但抵制文化新保守主义的理性中心主义（不论是通过德里达的阅读，还是通过阿多诺的阅读都无关紧要）。这里有一个矛盾：后结构主义协助一切形式的文化研究解构高雅或低俗文化的边界，并不一定排除文化和政治判断。但是后结构主义也反对利奥塔（1984年）所称之的决定真理、美、自由和正义的"元叙事"。

第二章 作为严肃产业的流行文化

这种表面上的矛盾反映了一强一弱两种文化研究方式的区别。它们本质上首先都源自德里达对高雅或低俗文化区别的认识论的和评价性的不合理性的洞见。但是由美国文学解构主义者提出的弱式方案（见卡勒，1982年）只是德里达对理性中心主义、不可确定性和差异/延异指责的众多可能推断之一。弱式方法将对高雅文化和低俗文化的解构等同于对一切文化评估的拒绝。重估一切文化价值的解构的文化研究反映了我在上文中提到的对尼采的接受。

强式文化研究接受德里达对高雅、低俗文化的解构，而不排除文化评估的可能性，并允许参考某种形式的历史哲学、哲学人类学以及交际话语的普遍语用学（见邓金，1991年）。换言之，文化研究有可能接受精英文化和流行文化间并没有明确的边界的观点，而同时也赞同某些可能区分文化比较和文化评估的"真实"需求和价值。在第八章中我将根据人类需求的不同立场来阐述这两种文化研究形式的区别。

这种强式立场从后结构主义借用文化判断的不可确定性，并超越后结构主义，朝马克思主义方向发展，马克思主义为不确定的不可确定性概念本身提供资源。如果只就某些情况而言，相对主义的相对性使得明确的判断成为可能。政治的文化研究方式拒绝尼采式的后现代犬懦主义——一切皆有可能。这是理性元素和政治道路交汇的地方——左翼文化研究想要通过解释和分析干预改变世界。这就要求文化研究支持者要发展一种能把文化表述和判断置于一个更大的政治方案中去的成熟的美学政治。很显然，毕加索的《格尔尼卡》①有一定的政治意向和影响。电视和商业小说具有重要的政治意义，就当今现实的"电视化"而言，电视也许更为重要（见卢克，1989年），只是不易察觉而已。

---

① 被践踏的鲜花、断裂的肢体、表情扭曲的呼号者、锯齿般的灯光、濒死长嘶的战马……支离破碎的黑白灰色块中散发出无尽的阴郁与恐怖，和对人类苦难的悲悯。1937年4月26日，西班牙历史名城格尔尼卡被纳粹德国空军夷为平地，愤怒的毕加索用半年时间创作了大型油画《格尔尼卡》，作为对法西斯暴行的控诉。70年过去，这幅杰作已经成为警示战争灾难的文化符号之一，也使格尔尼卡的悲剧永远留在了人类伤痕累累的记忆中。这是西班牙艺术大师毕加索1971年10月13日在法国城市穆甘留下的肖像。——译者注

审美地再现和复制政治抵制就更不易让人察觉了。尽管这样的例子并不多见,但他们足以用来支撑暗指的非相对需求理论和左翼文化研究方式。

2.流行文化只是昙花一现,因此不值得持久关注。这一论断忽略了流行文化曾一度被纳入意识形态而且还正在被纳入意识形态的事实。大量迅速成长的文学作品(如吉特林,1980年;拉克林,1988年;哈林,1985年)表明大众传媒是詹姆逊(1981年)提出的意识形态单位的重要组成部分,意识形态单位是隐藏在文化表述中的政治和社会建议碎片。由这些碎片组成的拼图构成了我们所知的整个流行文化。同时,在很大程度上,它们也包含了已成为霸权的世界观。比如,广告(威廉森,1978年;威力克,1983年;莱斯、克莱恩和雅哈里,1986年;戈德曼和帕伯逊,1991年)不仅为我们提供了不同的消费品,也提高了我们的消费欲望,因此拉动了资本主义的发展;小说和杂志上对女性形象的描绘表明了适当的性别关系和女性表述;社科领域的学术写作(在大众教育时代也是流行文化的一部分)暗示了一个"刚性"自然科学模式上的不变的、律法似的社会世界。

所有这些文化形式都通过日常生活的重要组成部分——语言游戏(维特根斯坦,1953年)来传播、接受和制定。他们是否有潜移默化的影响似乎有些离题:如果政府发展并建立了一种相对狭窄范围的政治经济可能性,能够拓展需求并且满足人们的需求的话,那么这些文化形式就会在政治上构成经验(凯尔纳,1989年)。到底是保罗·麦卡特尼推销维萨卡,还是观众忽视了正在出售的东西——麦卡特尼的巡回音乐会、他的现实、摇滚音乐、维萨卡、信用卡和/或购买信用卡?尽管消费者可能区分广告中各个层次的台词和潜台词,但以上各种推测都可能就是问题的答案。观察者忽视了广告提出的具体要求,一味地吸收广告信息,依据广告行事,将广告视为无限可能。现实整体表述的意识和知觉覆盖了广告的真实性宣言,正如麦卡特尼的音乐是社会回归,或者购买信用卡对消费者来说是危险的陷阱一样都无法让人否认。

文化研究的特殊形式之一是媒体研究,媒体研究重点关注由霸权利益建构的媒体和被霸权利益建构的媒体,这些媒体曾一度创造出观

第二章 作为严肃产业的流行文化

众和消费者,并对来自国家和政府权力中心的行政必要性做出回应。卢克(1989年)提出的"权利的屏幕"包含着一系列的媒体实践,这些媒体实践都是批判性文化分析的话题。媒体研究关注媒体文本,认为媒体文本有深度、有内涵。然而,批判性媒体研究却不像媒体分析那样去接受媒体文本本身,相反它认为媒体文本具有掩饰性,使人看不见著者的身份。其实,著者已经从自己的利益角度进行了书写的事实是可以感知到的。批判性媒体研究在显而易见的谎言上并没有花费太多功夫(尽管这种分析也占有一席之地),而更多的是关注那些实证主义媒体提供的、貌似未经媒体化的、去作者身份的新闻和娱乐节目中隐含的微妙的虚假和谎言。

这一类文化研究的主要任务之一就是通过表明文化文本的可改正性在原则上与科学或虚构小说并无差异,来达到重建作者的目的。科学是一种虚构,它试图说服读者坚信它的可靠性;小说与科学唯一不同的地方是它不需要借助外在的方法论和信任话语来证明它的真实性。文化研究从意识形态方面来处理各种文本,参与到晚期资本主义媒体化的生产、分配、接受和消费各个环节的权力话语中来。文化研究认为流行文化应该是意识形态批评分析的一部分,流行文化研究的意义在于其意识形态分析,而非人潮涌动的情景剧和新闻周刊杂志等表象。

事实上,正是由于流行文化的日常性才使得它在权利交易中如此有分量。斯图亚特·霍尔(1980年a、1980年b)和他的伯明翰团队开辟了非实证主义的媒体研究。这项研究不依赖于大量的观众研究技巧来探求大众媒体的政治力量。相反,他们将媒体进行理论化研究,这些媒体根植于晚期资本主义日常生活制度化实践中,与其他观点和权力来源密不可分。在这方面,福柯(如1977年;也见,奥尼尔,1986年),尤其在犯罪学和性别的重要研究领域,就如何解构地分析权利的日常性提出了独到的见解。这个问题不仅仅是意识形态书写的信息单位,也是对我们生活方式产生巨大影响的媒体实践的社会整体。

也许这里最显著的事实不是人们在电视、视频和影院花费了多少时间。尽管调查研究表明"消遣"时间的变化是很重要的,但这是批判性媒体研究强调文化是一种工作。批判性媒体研究模糊了生产和再生产的界限,正如左派女性主义者指出家务活儿也是一种生产劳动,只不过它的特点是没有工资(参见谢尔顿和阿格,1991年)。文化是生产也是再生产;事实上,从解构主义的观点来看它们的关系应该是再生产也是一种生产;两者的界限模糊到实际上难以区分的程度。文化研究解构了本身在文化领域内的明显局限,表明文化涵盖了原本被排除在外的"他者"领域,这样的文化研究才是真正作用显著的文化研究。同理,工作领域也是文化领域,在这个意义上,媒体化需求有助于将工作领域组织到整体管理的范围中去。迈克尔·摩尔的电影《罗杰和我》使生产和再生产之间相互渗透的辩证关系既相互交织又清晰明了。摩尔在电影中同样将两种相反的主题交织在一起:反映通用汽车公司在弗林特和密歇根的公民庆祝主题和反映工厂关闭及其对下岗职工带来影响的更为直接的经济主题相互交织。

有人也许会说流行文化是政治话语,甚至话语中的会话者权利并不均等。现代大众传播的主要实验层面之一是发送者和接收者的关系既是单向的又是高度倾斜的。尽管如此,人们还是在构建他们所接受的话语,正如话语也在构建他们一样。虽然"解决方案"来之不易,人们并没有抛弃批判性的媒体研究;单单呼吁更多更好的公共电视也许并不实际,晚期资本主义的媒体化问题并不能通过单一的方式来解决。然而,这不是一个整体管理的政体,我怀疑原法兰克福学派关于"论域终结"的描述(马尔库塞,1964年)一开始仅仅定位于偏向性分析。他们清楚地意识到只要打破和解构单一性,批评理论也就具备内在的可能性。

3. 就政治方面而言,人们对流行文化进行再度媒体化或者去媒体化几乎无能为力,这一观点正确与否尚待商榷。文化对于对抗挑战的不可渗透性是一个实证问题。在没有完全摧毁之前,尤其是在高度发达的工业社会,单向度有可能被逆转过来。这并不是一相情愿的想法,而是就解放可能性进行的冷静考虑。尽管我对文化的看法不如赖恩和凯尔纳深刻(1988年)(他们的例子是流行电影),他们强调观众对霸权的抵制,但是"观众"并不是毫无个性的铁板一块,而必须区别对待。

同理,在后结构主义已经模糊了高雅和低俗文化界限的地方,流行

第二章 作为严肃产业的流行文化

文化的产物根本不会消退,作者写作的事实就是足够的理由来料想文化世界依然还在接受批评干预。尽管当下关于政治领域的构成内容引发了激烈的论争,一些艺术家和作家还是具有政治性色彩的。后现代主义的论争表明这些论争本身就是文化活动。由现代艺术博物馆和商业区建筑"牢牢"确立的后现代主义与变体的批评社会理论的后现代主义相悖甚远(见贝斯特和凯尔纳,1991年)。本质上,人们可以把后现代主义当成是文化与政治的关系来解读。无论从哪一个角度来看,这个问题都没有终结。事实上,试设想一下,如果文化论域的快速终结能成为一个本身会自我实现的预言,那么,关于政治终结的后现代描述就与政治终结的庆祝混杂在了一起(比如克洛克和库克,1986年)。

4. 文化新保守主义建立在所谓普适主义(编入大部头著作的)基础上的对流行文化进行的批判是不诚实的。文化新保守主义用一种视角代替另一种视角,而正如后结构主义所说,视角论是不能逃离文化和政治评价领域的。尽管像我一样的新法兰克福主义者同意文化新保守主义者的看法,他们认为首先要规约某些基本价值,再为之辩论才有意义(如社会主义优于资本主义),但我们与那些宣称以创造性阐释行动超越视角的新保守派是不同的。视角性在绝对论者宣布它死亡后还存在了相当长的时间(见罗蒂,1979年、1989年)。整体性总是具有消解异质领域、不同特征的人类生存和语言的危险性。这并不意味着我们要以某些后现代主义者的方式(如利奥塔,1984年)抛弃整体化的构想——社会变革。相反,绝对主义者排斥相对论的时候应当意识到自己的可修正性,以免使绝对主义失去讽刺意义,而为另一种形式的独裁主义鸣锣开道。

文化新保守主义是一种虚假的普适主义。布鲁姆①(1987年)对前新左派尼采式的学者(如马尔库塞和他的追随者)的厌恶以常见的施特劳斯②方式反映出来:希腊人被定位为永恒真理的宣告人。但这也

---

① 布鲁姆文化新保守派,马尔库塞则为文化激进派。
② 列奥·施特劳斯是美国新保守主义之父。

引发了一系列基础主义①问题。为什么希腊人能得出真理？人们是如何判断的？施特劳斯派（新保守派）希望布鲁姆拥有什么样的方法论特权，而这些特权又是否为别的政治派别暗自否认？毫无疑问，文化新保守主义者在批判流行文化白痴般的短暂热度和相对主义方面是十分可取的。马尔库塞对残酷的去崇高（1955年）和虚假需求（1964年）的分析与布鲁姆对封闭的美国心灵的分析在很大程度上是衔接在一起的。但布鲁姆却攻击马尔库塞，说他是言论自由和道德公正的敌人。然而文化新保守主义者却走不出他们争论的局限，总是围绕某些"正确"的价值、书籍、文化形式和政治结构进行争论，在实质性的政治理论上却缺乏根据。

因此，名著和名作被文化权利重复地用作公民复兴的资源，这其中存在着一种专制性。课程建设政治依据传统重建，而不考虑文化研究支持者所研究的文化和政治之间关系的论争。当然，自埃德蒙·伯克以来，这已经成为保守主义的一种倾向。这并非武断，而是在保护现状。伟大的白人男性经典曾一度在权力精英腹背受敌的时候被当做文化食粮。右派分子力促的回归文科教育的目的清晰可见：他们试图退回到知识和文化优先、男女有别的过去。结论是显而易见的，文化新保守主义信奉的文化政治远比看起来更要缺乏普适性；当大部头著作中以"人们"指代全人类时，那么这些大部头是在说服读者：人应当被控制。通过培养一些所谓不朽的作品，右派分子授权学院派文化卫道士保护这些假定的普适性。

作品是否能经久不衰或成为名言警句完全是实证问题，这个问题只能通过追溯历史才能得到解决。文化表述的持续性与文化知识社会息息相关，而与其内在价值毫无关系。专门的希腊本质论反映了希腊文化霸权多年来的持续性，现在关于文化权利的辩论卷土重来。我们误以为希腊文化的标准是不朽的，仅仅因为它太古老，人们把过去吹捧

---

① 所谓基础主义，是指一切认为人类知识和文化都必须有某种可靠的理论基础（或阿基米德点）的学说。从认识和方法论上说，基础主义往往表现为把现象与本质、外在和内在分裂或对立起来的本质主义。

成了亘古不变的永恒。在肤浅且变化无常的快速资本主义(阿格，1989年a)世界中为持续的价值观和标准的稳定性寻求立足之地迫在眉睫。来自后现代的方案似乎如流沙一般靠不住(见哈维，1989年)。但是，为寻找这样坚实的基础，我们没有必要回到过去，尤其是回到可能解构希腊文化本身的地方去(比如，将妇女和奴隶驱逐到城邦之外)。

因此，我想引出文化政治这一概念，它不会因为仅仅反对文化新保守主义的虚假普适性而被解读为虚无主义。拒绝退回到历史中去寻求文化标准并不代表赞同无标准。正如左派乌托邦的布莱希特和萨特一直坚持的那样：如果以不同的方式存在的话，这些标准存在于未来，而且凭借此时此刻的标准是可以预见得到的。设想未来的"末日审判"和设想文化标准存在于古希腊都是同样错误的，文化老古董们为了宣扬他们的教育力量才提出了这些设想。

5. 在对文化产业的分析过程中，不必因为文化产业注重文化商品化就放弃意识形态批判。马克思主义二元论者与非马克思主义二元论者在非此即彼的资本主义文明的问题上都陷入了同一个陷阱。文化商品化与文化商品拜物教紧密相连，因此文化表述不可避免地变成了一个冷冰冰的场景——一个充斥着麦当劳餐厅、恐怖电影、无聊电视剧以及他们所传递的价值世界。卢卡奇(1971年)的物化在当下的管理社会(霍克海默，1973年)中达到登峰造极的地步，鲍德里亚(1983年)认为难以区分现实和描绘现实的模拟。晚期资本主义的文化危机和心理危机带来了表述危机，这就迫使流行文化通过提供完全以形式取代内容的现实模拟来弥合差距。

在此情况下，意识形态的内涵完全发生了变化，也使得要将利益和权力与虚假意识区分开来变得前所未有的困难。文化工业模糊了它们的界限，一度通过模拟消除潜在的革命分歧，促进资本积累。布尔迪厄(1984年)文化资本的概念是关于这一切的过于机械的表达：他提出文化资本(如对世界的真实认识、学历证书、行为举止)只是按照真正资本积累的方式一样堆砌起来的。尽管此观点严格说来正确，但它暗示文化只是一个客体而不是像阿尔都塞称之的有生命的实践：一个生产、分配、消费的过程。和鲍德里亚的观点相比，我更喜欢阿尔都塞的术语，因为仅仅认为意识形态是由现实的模拟构成的是远远不够的。相反，意识形态渗透在日常生活的各个角落，分散在以往的意识形态著作中，如被马克思当做靶子的宗教和资本主义的经济理论中。

这些分散的文本成了语境，成了充满文化意象、每日从电视和教科书中消费的日常实践。我们对这种"被灌输"的适应习以为常，不假思索。它不需要像那些宗教追随者或资产阶级经济学拥护者那样付出专心的学习与研究。因此，文化的唯心层面和唯物层面儿乎重合。文化商品化和文化的物化不可避免的在各种文化生活世界联系在一起，这些文化生活世界包含国际资本主义地球村以及霍克海默和阿多诺所说的文化工业。语境的另一个名字就是维特根斯坦（1953 年）所说的语言游戏，即当地的交际和消费场所，人们通过这个场所再现他们存在的唯物的和唯心的条件。虚假意识对人们的作用与标志着快速资本主义捉摸不定特性的书写和被书写之间的选择作用是不一样的。麦克卢汉（1967 年）认为媒介即是信息。

在这种情况下，将流行文化的经济层面与它的意识形态化语境分开是没有意义的。鲍德里亚尝试符号的政治经济学，尽管他后期关于模拟的作品不如早期作品激进，但是就文化的唯物和唯心层面却有了更为统一的方法。鲍德里亚现在风靡一时（参见克洛克和库克，1986 年；批评见凯尔纳，1989 年 b）因为他关于模拟的理论使我们迈向一个后资本主义、后马克思主义的分析框架，根据这个理论框架，生产方式不再重要。用波斯特（1989 年）的话来说，我们已经迈入了一个信息模式的时代。但这正是贝尔（1960 年）意识形态终结论和其他关于"技术社会"分析中的理想主义（如埃吕尔，1964 年；图莱纳，1971 年）。我们并没有超越资本主义，尽管在经济和文化领域之间的界限被进一步模糊的当下，我们的资本主义可能与马克思的资本主义有着本质上的不同。因此，意识形态的语境或场所已经发生了改变：意识形态已经从纯文本的领域分散到现实世界中，并植根于与大众生活息息相关的各种语言游戏中。意识形态已经成了本体论——一种以不同的人道方式执行的真实理论。

从马克思主义的角度来说，模拟理论的后资本主义框架内似乎需要尖锐的批判,但这种批判不应退回到马克思关于观点和实践之间的辩证认识背后。机械主义是唯心主义的另一副面孔,两者都回避使社会变革成为可能的非同一性。如果世界不是一幅巨幅广告(鲍德里亚),那么它也不可能只是一个工厂。后结构主义马克思主义有助于质疑这两个领域之间微薄的边界并解构(而不是消除)它们的差别。只有通过文化研究这种区别性分析,我们才能避免唯心主义和机械主义,这些都是整体化过程中非辩证尝试的错误。文化研究提供了一种文化的非同一性,这种理论表明意识形态和物质实践相互依存,因此为旨在彻底转型的文化政治铺平了道路。

6. 后结构主义强调的差别和不同不应当成为一种绝对言论,以至于相对主义将其供奉为本体论。我坚信文化评价是可能的,但是要通过道德评价以外的标准。文化评价只有在一个整体社会理论框架下才有可能实现。我十分赞同法兰克福学派的文化研究方法,更喜欢他们非同一性的整体化,而不赞同后结构主义文化研究的反整体性姿态。我不同意利奥塔对元叙事的怀疑,因为只有通过这种历史哲学的元叙事,我们才能将异质的阻力凝聚到整个社会变革的环境中。在这个意义上,我坚信文化评价不仅是可能的而且也是必要的。文化研究不必因为害怕绝对主义而避开评价。正如我提到的,将文本转为语境的历史化自我意识能够调节绝对主义。

语境、历史化、整体化本质上都是一些口号。它们在批评理论中具有特定的含义,可是,这些口号从自身去除了什么却迫切需要例证。多数的文化研究工作如果不是彻头彻尾的方法论迷信,就是过于描述性的工作。文化解读极少以一种有益的方式理论化,这种方式应能够表明对世界的整体化理解作出的贡献,以及通过文化政治实践创造新整体的尝试。像解构一样,文化研究可能会成为没有任何理论和政治中心的家庭手工业。整体性尤其需要把握一种去中心的理论和政治。这一点可以轻易地从根据女性主义思想来写作批评理论的男性作者身上看出来(见康纳尔,1987年):他们对自己的领地倾向太风声鹤唳以至于他们实质上向女性主义理论家交出了性别领域,因而以一种无意的男权至上的方法来本土化他们自己的普遍理论。当然,准确说来,这正是后现代议程:对启蒙运动的厌恶太过强烈以致我们又回到了杂乱的"主体地位"(拉康,1977年),这些杂乱的主体阐明不了其他主体地位,如妇女或是有色人种的地位。因此后现代社会理论讽刺地再现出由资本主义繁衍的宗派主义,受宗派主义教育的人们害怕由整体化体系带来的整体性,而这种整体化体系极力想要消减来自去中心反抗形成的联盟。

　　文化研究也常常是在阿多诺和哈贝马斯等大师们的阴影下写作的、沮丧的批判理论家的退避之所。如果不能在自己的领域获取广博的知识和综合才艺,文化研究领域的人们会退回到文化文本的区域来解读,这些文化文本通过一系列的解构活动再造他们自身。媒体研究、电影理论和女性研究都属于这种专门化、区域化的活动。围绕一个个文化批评主题设立课程、创办期刊、组织会议,这些课程、期刊和会议给人的印象是:他们就左派的理论和方法达成了实质性的共识。然而几乎没有人同意后现代主义服务于统一的主题,成为后现代就意味着要避开试图使一切有意义的统一宏大叙事。谦逊和反讽替代了欧洲理论家的自信。文化研究反映了法国社会理论和德国批判主义在英国和美国的大学和文化团体的刻板规范中的归化。尽管读过德里达(更别提马克思)著述的人数极少,但几乎人人都在"从事"解构。

　　如果反对更为广阔的社会理论,一种在更加明晰的政治理论和策略范围内运用文化理论的社会理论,那么真正从事解构会让人筋疲力尽。太多的文化研究都是一种避免理论的研究——理论研究是把电影理论、媒体研究、文学分析和科学社会学紧密联系起来的思维活动。如果这些研究工作依然零散,那么他们就达不到政治高度,而只是一些学术有闲阶级乐此不疲的业余爱好。过去,欧洲理论的迅猛发展使得文化研究成为可能,而当今,文化研究却又可能脱离这些理论的发展,在学术界天马行空。我反对这一趋势,因为我相信文化研究能胜任重要的理论和政治工作,尤其在大众文化的去霸权和重建方面,文化研究能大有作为。

　　通过文化研究,我们可以理解并推翻文化对我们的操控。文化研究本身通过民主化和去专业化为文化重建作出贡献。我将在结论章节中提到,最终文化研究将会变成一种日常生活模式,将文化消费者典型的被动角色转化成更强势的重构性阅读和书写的角色。但是这只是我研究的一个专题。现在还不足以断言文化研究成为政治实践的可能性。同时我将在接下来的五章中探讨和评论不同的文化研究方法,我认为只有在人类需求理论框架下才能有文化评价方式,人类需求理论有助于我们决定对不同文化形式究竟该持赞成态度还是反对态度。

后现代主义文化研究方式,它不是栖息在大学校园,而是散布在街道、店铺、商场、剧院、杂志、报纸和广告行为中。文化在某种程度上甚至是公共领域中最为政治化的领域,因此,文化研究需要放弃其浓厚的学术行话,走出理论家的图书馆,直接参与到流行文化的政治功能中,并取而代之地发展一种更为广泛、更为公共的俗语。批判理论的未来就在于它作为文化研究与实践意图的结合。

第三章 马克思主义文化理论

卢卡奇现实主义中连贯文化政治的缺失

尽管文化研究是随 1964 年霍加特在伯明翰大学建立伯明翰当代文化研究中心而明确兴起的,但事实上社会文化研究却早于 1964 年。我打算把文化研究的源头追溯至马克思主义的文化社会学,而随即注意到这种文化研究方法却有一大堆不同的形式(见豪塞,1982 年)。本章我将列出马克思主义文化理论的主要设想和方法论方法。此讨论将引入我下一章对法兰克福学派的思考;法兰克福美学政治理论的形成正是为了回应一些机械马克思主义和新马克思主义导向的文化及文化政治。

请让我以一个大胆的断言作为开始:总的说来,马克思主义文化研究者没有文化政治,或者说得更清楚点,他们的文化政治观与占支配地位的马克思主义的经济主义相对应而产生,因而与之稍微有点矛盾。对于马克思主义者而言,连有文化政治的概念和实践都是奇怪的:经济马克思主义的文化应该是附带的,基本上是由经济需求所派生出来的经验和表述领域。必须承认的是,现在几乎没有能够发表重要理论意见的真正的马克思主义经济学家。实际上,正如我在前一章所言,马克思主义被许多文化研究者完全忽略,造成两种本应相互交流的传统之间令人奇怪的沟通缺失。

然而,卢卡奇和戈德曼之后的马克思主义者们已经形成了高度自觉的文化研究方法,这一事实表明:在某种程度上,文化对他们很重要。

在我们面临表述危机的时候(譬如实证主义的观念:词语和形象能毫无疑问地描绘现实而又不至于歪曲现实),卢卡奇(1962年、1963年、1964年、1971年、1974年、1980年)的现实主义可能不是一种有效的文化干预。不过,不可否认,卢卡奇是能够认真对待文化问题的首批马克思主义者之一,他们建议作为社会和政治调查重要领域的文学和艺术应相对自治。尽管卢卡奇没有有效和辩证地将这种相对自治理论化以体现政治经济和文化的相互渗透,但是他对文化研究的充分关注致使"左派"在随后关于文化政治的争论中不能不提到他和后来的卢西恩·戈德曼。

卢卡奇意欲竭力详尽阐述一个连贯文化政治观的做法表明他忠诚于正统马克思主义艺术观,这体现在布尔什维克时期日丹诺夫主义(社会主义现实主义)中。虽然马克思过去是否赞同将社会主义现实主义作为文化相对自治的充分理论化尚有待商榷,但是社会主义现实主义的存在即表明自从马克思以来的马克思主义者感觉到了建立一种文化理论的必要性,这种理论不能简单地包含在马克思主义经济理论中(见菲舍尔,1963年、1969年)。毕竟,1923年卢卡奇帮助把意识形态研究置于马克思主义者的议事日程上,此举引发了后半个世纪各式各样西方马克思主义尝试活动。在《历史与阶级意识》一书中,卢卡奇(1971年)以一种失而复得的方式回应了马克思主义在政治和学术方面的失败。书中卢卡奇从政治和理论层面关注了艺术和文化问题,这一点绝非巧合。虽然今天看来,卢卡奇在文化研究上的影响微不足道,但他关于阶级意识和文化表述的研究对最初的西方马克思主义方案却具有变革性的影响,如果低估这种影响则犯了一个严重的错误。他重新介绍已成为西方马克思主义(如葛兰西、法兰克福学派、巴黎左派存在主义等)中心内容的唯意志论、意识论和实践论等主题,将马克思主义从停滞状态中解放出来。尽管其中一些主题主要与他的现实主义文化理论相抵触,但是他将马克思主义黑格尔化的影响却经久不衰。

诸如卢卡奇和戈德曼等人为使马克思主义摆脱经济约束所做的努力在正统马克思主义中掀起轩然大波(如,见雅各比,1981年)。第二国际和第三国际(里希特海姆,1961年)主导的科学马克思主义研究表明：与马克思原著相比，自恩格斯以来的马克思主义科学主义和机械主义的程度变得令人难以置信。当然，忠实于马克思是一个模棱两可的问题：有一千个马克思的读者，就有一千种马克思主义。马克思在许多文章中对社会理论化的实证观念表示赞同。其中包括还原理论和实践建构作用的客观主义表述理论。这些文章能够填补一些书中的空白，特别是《经济哲学手稿》一书。在该书中，马克思认同社会结构和经济结构、主体和主体间机构相互作用的辩证模式。

学术界对马克思的援用源于读者在阅读马克思著作时拥有的政治利益（如阿尔都塞和巴里巴尔，1970年）。后结构主义明确指出，没有通往权威"马克思"的大道，只有不同的、异质的方式。这并不是意味着我们能幻想拥有与马克思文本意义毫不相干的阅读；我们玩味马克思文本，或者任何文本的程度肯定受到置于这种阐释夸张上的无情的物质限制。对马克思的阅读按阐释兴趣来归类比起担忧怎样才能找到真正的马克思更为重要，如果要描述性地展现马克思，就会犯错误，就会误解他的思想，因为马克思是无法准确地被表述出来的。实际上，后现代主义挑战单一的、超验读者的观念，他们的挑战方式对非实证主义文化研究的发展有着重大影响。

那些假装只阅读不写作的实证主义者建构了实证主义马克思。但是写作并不能使作者完全沉默或丧失著书兴趣。最终，大家都明白，潜文本跳出页面、解构论证的流畅性（德里达，1976年）。马克思著作中的矛盾之处和不同特征仅仅证明了从实证主义来分析他并不容易。阿尔都塞（1970年）试图找到马克思认识论上的断裂以满足他对马克思从少年哲学家到成年科学家的所谓成熟过程进行时期划分的兴趣。但是断裂的认识论是不能从外部强加给作品的。作品，甚至连自成一体的科学作品也不能进行线性理解。相反，它们到处渗透，使研究生们提交至大学出版社的臭名昭著的博士论文难以出版，这些被蒙蔽的毕业生们相信学术研究能够帮助他们了无生趣地从书页上获取人们的生活和思想。

仅仅写作的不确定性就使得文化研究，尤其是马克思主义的文化研究方式成为可能。如果我们能够证明马克思的经济主义是浑然一体

第三章 马克思主义文化理论

的话,那么文化分析就只是资本的分析逻辑向文化商品化领域的延伸,文化分析将只会是资本逻辑分析的延伸。尽管文化分析是一项重要的工作,但是这还不够,因为正如我在上一章所言,它没有理解商品化和商品盲目崇拜(或者意识形态)间的相互渗透以及非同一性。文化马克思主义将马克思主义经济学彻底颠覆并不是为了推翻公认的经济基础决定上层建筑(现在文化最终占有主导地位),而是为了给文化赢得一片理论上和政治上的自治领域,这一领域否认对马克思进行经济化阅读(见罗斯,1989年)。

最终,这些由后结构多元阐释所带来的修正主义要解决的问题就是实证论证和论据。即使马克思曾经确信文化附带地源于生产方式,现在他也可能犯错了。我碰巧想到:作为一个辩证论者,马克思总是认识到经济和文化的辩证非同一性。但是我们现在的问题是文化是"文化公司"(席勒,1989年),还是在推进葛兰西的霸权和作为剩余价值源泉方面永久主导的关键因素。非正统的文化马克思主义者认为文化可能两者兼具。他们坚持这种观点,以这种文化批评理论的实际应用来证明这种观点,文化批评理论增加了马克思政治经济的精妙和深度,是保守阶级的政治观朝右转向时必不可少的(如,见凯尔纳,1990年,《论电视》)。

承认应该有一种马克思主义文化理论本身就表明了传统马克思主义的不足。但是马克思主义经济主义的浓重阴影掩盖了为发展系统的左派文化理论所付出的努力,这种文化理论实际上是马克思意识形态理论的一种推断。将文化重新赋予相关政治场所特权的做法始于卢卡奇,但卢卡奇并没有完成这项任务。他没有充分打破马克思主义二元性的霸权,来赋予文化独立地位,文化既是一个统治领域又是建立社会主义的斗争中的主要政治战场。最初由于极具势力声望,马克思主义经济主义势不可当地把所有文化问题变成政治经济问题,这就使得马克思主义文化理论注定要失败。即便卢卡奇在《历史和阶级意识》(1971年)一书中将马克思主义意识形态理论黑格尔化也不足以使马克思主义摆脱科学主义和经济主义的模式。直到法兰克福学派的出现,左派理论才形成足够独立的文化理论,该理论本身与政治经济重新关联,成为一种强有力的新型分析机构,分析不断出现的垄断资本主义矛盾(见洛文塔尔,1961年、1975年、1984年、1986年)。

卢卡奇的现实主义认识到资产阶级霸权采用了各种各样重要的文化形式。和传统的马克思主义相反,他认为特定意识形态形式和实践的发展能够有效地阻止社会主义革命,而发展这种意识形态形式和实践有两种方法:一是不真实地描绘社会世界,二是暗示消除激进社会变革需求的非唯物主义的超越的可能性。但是他仍然利用艺术来表达马克思主义及紧随其后的马克思主义者所提出的政治教育和政治评论。文化是政治斗争的武器,唤醒工人阶级推翻资本主义的斗志。文化不仅是意识形态效力关于社会现实宣言的总和,而且是未遂心愿的表达领域,尽管从这方面而言文化是相对自治的,但是对现代主义和后现代主义的完全突破进行表述,以此来深化理解的方法,卢卡奇并没有将之理论化。

因为这样,卢卡奇为了阶级真理而阅读资产阶级文学(如《现实主义论》,1980年)。他对这些真理的意识形态解构依赖于自己的反事实主张。他旨在表明对资产阶级世界的审美描述表达了一种特殊的而非普遍的阶级立场。他认为资产阶级文化曲解了世界,似乎人们既能表述世界而又不至于歪曲世界。卢卡奇以这种方式来对文化进行语境化,突破日常生活中的习惯接受,否定高雅艺术的麻痹作用,他能够揭示出虚假的普遍性。卢卡奇对文化批评进行了历史化,文化批评的目的是揭示隐藏于所谓普遍艺术中的阶级立场。从这种意义上说,文化批评和意识形态批评的功能一致,将文化表述作为以欺骗为目的的阶级文本来阅读。

尽管这种文化批评的模式极为强硬,它仍接受了实证主义完全表述性的阅读和书写的可能性。后结构主义怀疑那些从假定的普遍性角度——卢卡奇世界历史的集体主体(1971年)来揭露阶级排他主义的文化阅读的可能性。用排他方法解决排他的问题,哪怕是某种大言不惭地表明各种利益基础的排他主义。在《历史和阶级意识》(1971年)一书中,卢卡奇遇到了同样的问题。书中,他追随着马克思,将无产阶级作为历史的同一主客体来神化。为什么他的解读比那些把资本当做历史普遍物的具体看法更加普遍?在此,他的神化在论证上缺乏反思基础。正如我刚才所言,马克思同样遇到过这个问题,卢卡奇就是从他那里接过该问题的。结果,卢卡奇表明了一种无产阶级的文化评判标准——所谓的现实主义,他认为现实主义不仅能揭露资本主义的排他性,而且能为社会主义未来的文化创建和评判指引方向。

现实主义因为消除文化创建的浪漫色彩,把文化简单地当成政治而经常受到攻击,但实际上并不需要如此。卢卡奇的现实主义不同于日丹诺夫的社会主义现实主义,后者将苏维埃工人誉为文化创建的主体。然而卢卡奇的现实主义政治色彩不够强,因为他没有重视文化和政治的非同一性;他能够发现资产阶级艺术错误的一般概念,但是不能发展一个切实可行的、足以与之抗衡的美学方案。卢卡奇能够阅读文化,但是不能书写文化。因此,他关于马克思主义文化理论的看法比大多数其他马克思主义者和新马克思主义者的看法形成得更早。所有这些看待文化政治的视角都没有利用文化和政治的非同一性(以阿尔都塞的术语,文化的相对自治),仅仅是寻找文化中暗含的政治,而不是有远见地、思想解放地使文化创建政治化。换句话说,尽管卢卡奇在自己的批评中将资产阶级文化工作历史化,但他早期的文化研究方式仍然脱离历史和政治。像大多数的马克思主义文化理论者一样,卢卡奇没有认识到批评本身就是一个文化建构和重构的过程。

直到法兰克福批评理论和后结构主义的出现,批评本身才被认为是文化和政治建构行为,虽然通常是否定性的建构(如阿多诺,1973年b)。卢卡奇原来的批评方案揭露了资产阶级文化,但是他并不知道通过自己的批评实例却预见了非资产阶级的文化背景。作为现实主义者,卢卡奇批评家就是专业学者;批评是一项深奥的学术实践,而不是文化日常生活本身的一部分。从这种意义上说,批评和文化的关系只能是外部关系。有种形而上学允许马克思主义批评从客观利益方面把自己定位为对资产阶级文化矛盾的清楚解读,而批评必须解构整个表述的形而上学,这一点却不为人所理解。卢卡奇从未明白自己文化研究的实证实践具有的讽刺意味,他的文化研究允许文化保持在政治经济上的本质性的决定作用;他很好地揭示了隐含于欧洲现实主义中的资本主义存在的矛盾(萨特的福楼拜研究也是如此做的(1981年))。然而,他没有意识到对现实主义的现实主义批评屈从将文化置于政治和经济之下同样的表述性。因此,仅仅只保持了文化的他治(非自治)和不自觉地保留了经济高于文化的因果关系,这种因果关系是资本主义制度的重要部分。

作为真理和/或超越的文化?

马克思主义文化社会学正在崩溃,因为它既不了解批评家的建构作用,也不了解艺术家本身的建构作用。这是因为实证马克思主义文化社会学认为文化在本质上是一个贮存间接真理言论的宝库(如关于资产阶级世界观的优越性,或者是艺术中所谓的著者视角的缺席)。这并没有错误,只是从文化研究的角度来说还是远远不够的。正如法兰克福学派理论家所言,文化既是一块真理言论的领地,本身又是一项超越和建构的方案,法兰克福学派使得对文化的纯粹认识论调查从一开始便狭隘的片面化。这是法兰克福文化研究的看法与众不同的关键之处。在卢卡奇和戈德曼方式之后,法兰克福学派提出了一种文化批评模式,也例证了这种批评模式;这种模式不仅考虑到表述的建构而且考虑到批评的建构,不愿被狭隘的、认识论的传统马克思主义批评模式所约束。

此种认识上或者表述上的文化批评模式主要关注文化作品中的真实内容。因此,卢卡奇能够从马克思详细说明的无产阶级共同利益的角度来证明资产阶级现实主义错误地表述世界。无可否认,马克思建立了这种批评表述模式,在诸如《德意志意识形态》(马克思和恩格斯,1947年版)之类的书中形成了一些意识形态批评术语。总的看来,文化,尤其像哲学和经济理论一样,是可以当成提出伪造真理言论的文本来解读的。资产阶级意识形态文本自称个别阶级真理实际上是一般或者普遍真理,因而隐藏了客观利益的阶级立场,欺骗性发展的这些文本正是来自于这种阶级立场,在此,资产阶级意识形态文本就会犯错。意识形态是众所周知的《暗室》,以资产阶级统治阶级的利益来颠倒事实。因此,文化批评和文化生产的发展都应着眼于建立反事实论断,来揭穿包含在各种各样批评及文化表述中的资产阶级真理的虚伪性。文化能够被伪造，"真实"文化能够重新创造，如代表人类真正利益的文化、如无产阶级的世界历史集体主体的文化。

作为一个勉强称得上的马克思主义者，我可以毫不费力地理解在自由、公正、审美等之中存在着某些客观的共同利益。要成为马克思主义者就要求人们应该花些时间和精力来关注这些超越历史的理性主义观念。事实上，后结构主义、后现代主义与马克思主义的区别正是这个客观理性的普遍性概念。但是，断言存在某些真正的社会和个人利益并不意味着可以简单地把文化当成不可反驳的真理的陈列室一样来看待和实践。那就是我称之为文化表述模式的问题，这种模式被大多数马克思主义文化理论家不加批判地采用（也是一个被后结构主义文化研究方式颠覆的问题）。文化表述概念没能承认和利用文化在规划及制定定性差异上所释放的潜能，我坚持认为这种定性差异对集体解放是极其重要的。

这样便产生了各种各样的问题，我在第六章探讨后结构主义和后现代主义时将会对此进行更详尽的阐述。马克思主义以对待普遍理性的客观视角校正后结构主义和后现代主义相对论。换句话说，马克思主义有助于将后结构主义和后现代主义提升至政治批评的层面。但是，就此而言，后结构主义表明文化不仅是产物也是实践、不仅是文本也是语境，并以此来校正马克思主义。在马克思主义和后结构主义互不认同的地方，这些相互校正具有制衡的可能；几乎没有人试图认真地表现它们之间可能存在的共同点，继而把共同点发展成为理论上以及政治上的实践（见，赖安，1982年；阿格，1989年a）。

后结构主义选取表述危机对自己有利的部分：从表述危机中兴起的批评实践超越了纯粹以正确性为方向的传统马克思主义。认为文化真理就是阶级真理是不够的，激励建立一种普遍文化而不具体说明提出此建议的理由也是不够的。这并不是说后结构文化研究已经极具政治性；它还不具政治色彩，那是它对马克思主义校正具有讽刺意味的事情之一，通常这种校正看起来更像是对马克思主义的驳斥。如果真是那样，就不可能在德里达的反基础主义之外去构想马克思主义文化理论和政治。也就是说,马克思主义不能再确保关于有效性的表述问题可以容易地得到解决,尤其是在文化领域内。简单地对包含政治真理内容的伟大文化作品进行分类,就忽视了现代主义者和后现代主义者对真理断言的全部解构,这些真理断言不考虑文本的语境(和语境的文本性)。尽管在政治感情(见胡伊森,1986年)方面,我更多的是一个现代主义者而不是后现代主义者(同样,马克思和阿多诺也是现代主义者;现代性作为过时了的革命终结),传统马克思主义退化得太多,远落后于成熟表述的文化政治理论探讨,以至于在当下作用甚少,至少未修正的形式就是如此。政治化的文化研究方案之一就是重新形成一种马克思主义文化理论,这种理论能够避免具象性的致命错误,而同时又能牢牢遵守某种左翼批评实践和政治的绝对主义方式。

此项讨论重复左派与日俱增的信念,越来越多的左派人士对于什么是马克思主义者各抒己见。理论上的推陈和修正前所未有地盛行。我担心很多在后现代主义、后结构主义和女性主义标签下实行的诸多左翼反思性理论走得太远,以至完全放弃了马克思主义。后现代马克思主义可能过于后马克思主义,也可能过于后现代,这个问题我已经在别处考虑过(阿格,1990年)。对马克思主义表述性的反应可能导致原来的马克思主义丧失政治活力。迄今为止,不管西方新闻界在谈及马克思或者马克思主义时多么频繁地展现共产主义的消亡,还是没有任何其他的解放理论或运动仍像马克思主义一样能够有效地总结社会和给予人们力量。这儿的问题是:马克思主义文化理论在重新看待它的一些关于批评的客观性和文化总体表述的代表性的实证主义基本原则时,在多大程度上保留了政治敏锐性。

如果文化能够简单地像卢卡奇说的那样根据自身暗含的正确主张去进行解读,那么它仅仅只是一个当做系列传播物的政治因素。文化政治想要改变这些传播的内容,就要从隐藏的资产阶级文化的个性转向无产阶级文化的普遍性。但是,我认为文化也能根据自身的超越特征,尤其是在关注历史缺陷的方法上来进行解读和书写。从这种意义上说,当文化表述恶劣现实时,表述本身就形成了各种各样的抵制和希望。这是马尔库塞称之为"显像"(Schein)(1978年)的艺术特征,此种固有的虚幻特性保持甚至培养了叛逆,长此以往,便会导致改革。马尔库塞的美学政治(见阿格,1991年a,第9章)通过这种方式纠正了传统马克思主义把文化简单解读为一套命题,而不是把它当成一种能在一定程度上影响社会变化的反抗或者预见性的实践趋势。

根据以上观点,艺术的超越特征比阶级真理重要得多。马尔库塞(1968年)称之的肯定文化将艺术降低至仅为日常生活的反映,因此忽略了它的解放特征。在此,尤为重要的是,文化批评本身只是表述的表述,而不是像文化产物一样独立地作为干预。但是,这又回到了马克思科学主义的长期问题:将马克思主义当做无可辩驳的经济准则的人同样倾向于将文化降低至纯粹的表述。意识形态批评和文化批评可以揭露真相,古为今用。它们通过扫除清醒认识和阶级行动中的障碍为政治启蒙服务。

这种文化批评本质上实证主义模式为卢卡奇之后的许多马克思主义者所接受。根据以主体为中心的后结构批评,我们传统的知识模式是不够的。尤其是,文化批评假定文化能够不预设地被反映出来,反映过程本身不必看成是一个建构时刻。德里达对存在哲学的批评——一个呈现于无预设的、稳定的主体的世界——表明先于本体反映的整个实证主义形而上学是自欺欺人的。法兰克福的科学评论(如,霍克海默和阿多诺,1972年;哈贝马斯,1970年、1971年;马尔库塞,1969年;见阿格,1991年a,第11章)通过展示实证主义形而上学在资本主义晚期,甚至在"左派"巩固权利的方式上,给德里达的实证主义批评带来了政治转折。兴起于实证马克思主义中的实证主义文化研究(见邓金,1991年)和资产阶级社会科学的实证主义一样都具有集体无意识的特征。更糟的是,它失去了解密资产阶级神秘化和资产阶级表述的宝贵机会。

马克思主义与表述危机

请允许我进一步阐述自卢卡奇和戈德曼之后关于隐藏的马克思主义文化理论的实证主义评论。我认为这种对文化解读的表述模式的秘密研究是根深蒂固的经济主义的另一面。经济主义自恩格斯和第二、第三国际以来,一直困扰着马克思主义(现在表现在阿尔都塞主义和埃尔斯特与罗默的马克思主义理性选择上)。左派科学主义批评家倾向于忽略这种实证主义文化理论,因为他们的注意力全部集中在经济主义上,经济主义看起来是他们更重要的对手。然而,这表明了一种趋势,即对经济主义的批评仅限于经济方面,而不涉及长远看来同样衰败的马克思主义实证主义的其他方面。20世纪20年代的卢卡奇明显是经济主义反对者(如卢卡奇,1971年),但是他没有将对经济主义的批评延伸至文化理论范围。事实上,经济主义批评本应该产生一种文化非他治理论以作为一种反论断,但事实上却没有产生。正如经济主义批评带给葛兰西的东西一样(1971年;见莫柔,1991年),将文化表述和文化分析修改为政治评论建构的相对自治媒体。但是卢卡奇和戈德曼没有彻底地全面考虑表述危机,他们本可以更好地理解实证主义在20世纪深陷资本主义的程度。相反,他们在自己的表述性文化批评中只是简单地复制了文化表述,转而依靠更传统的政治启迪模式,此政治启迪模式没有从本源——启蒙主/客体二元论——上来挑战资产阶级霸权(见霍克海默和阿多诺,1972年,以一种更引人注目的方式将资产阶级霸权的深度进行理论化)。

20世纪早期马克思主义危机并没有像预见的一样,被后结构主义称之为表述危机的方式得到解决。卢卡奇认为,不管是以经济主义形式还是以文化形式,话语或多或少是揭开神秘化的直接载体。他没有预料到后结构主义对语言的实证主义哲学批评是有理有据的;在一些事例中,哲学趋势和时尚突然一夜之间发生了改变。但是奇怪的是,像卢卡奇这样的黑格尔理论家在发展马克思主义经济主义批评时如此认真地考虑意识形态和思想观念,竟然在文化分析时却忽视了重估文化领域的内在意义。确实,在某种程度上,文化大不一样——正好是解构恩格斯、考茨基和布尔什维克的机械马克思主义所需要的解放性评论和实践的源泉。正如马尔库塞(1964年)所言,需要一个依之构想批评和抵制的"第二维",即想象和欲望的领地。

文化能够表现乌托邦,同样,文化批评能够发掘文化中不明显的乌托邦潜在性。这恰好是现代主义的日常议程——如果不是把我们城市转变为雷同的、反映出资本主义霸权化的巨人症的建筑和城市规划中的主流现代主义(见胡伊森,1986年;哈维,1989年;索雅,1989年),那么至少也是阿多诺和他的法兰克福同事们的批判的现代主义。机械马克思主义者没有尽力消除乌托邦文化,因为他们未能发现乌托邦文化已经存在;他们为了阶级真理和阶级谬论来解读文化表述,却忽略了资本主义日常之外边缘世界的存在。当然,很多主流文化乐于接受自身的整合,即霍克海默和阿多诺(1972年)文化工业的含义。它不仅允许自己被出卖,而且背弃原则也不觉得尴尬。"美国世纪"因为对意味着基本的社会和学术进步的大众文化的卓越贡献而受到《时代杂志》的赞誉。一群意识形态终结者手中的流行文化的浪漫主义使得法兰克福文化研究中心解散了大众文化(如贝尔,1960年、1976年)。这群意识形态终结者去除现代主义官方主义,因其有反民粹主义的弦外之音。相反,他们奇怪地赞颂通过广告商、网络和出版集团自上而下派送来的大众文化的成就。

我认为今天的表述危机从总体上说是资本主义积累和再生产危机的产物,这一点对所有马克思主义者而言都是显而易见的。实证主义表述是对资本主义在此时期的合法性和消费主义的先进需求进行意识形态化的回应(见哈贝马斯,1975年):它重复,继而再生"当今"世界,即各种各样的文化和科学文本给予了我们这个"当今"世界。表述不再是简单的认识论或者美学姿态,而是真正的政治理论。在反映历史上短暂一刻的过程中,表述想要把目前冻结成永恒,引导人们去实践所谓本体的、从属的、被文化和科学的作家们自然描绘出来的日常生活。这是法兰克福文化产业分析的总体趋势,尽管该趋势也受惠于后结构主义对表述的形而上学的批评。

要批评卢卡奇未能根据社会和文化理论的含意预料到表述危机的到来是不公平的。事实上,正是卢卡奇通过他具有开拓意义的《历史与阶级意识》(1971年)一书最先推动了后来法兰克福学派和德里达对表述的形而上学和政治学的批评。但是尽管不应该只看过去,来吹毛求疵地批评卢卡奇,还原的马克思主义文化社会学家仍然忽视文化和文化批评的建构作用,反事实地处理文化的合法主张。虽然这种处理有趣又重要(如马克思主义关于媒体和大众娱乐对世界的严重错误表述的批评),但是这种处理方式没有将自己理论化为表述性的建构过程。因此,也就丧失了建构性基础,这种建构性能够超越表象地把错误意识推向对丰富的人类存在的日常生活的认同。

表述之所以处在危机中是因为通过批评理论和后结构主义它已经明显被政治化了,已经无法回头:我们不能再把意象、词语以及代码解读为无预设的、先于本体论存在的表现人类的屏幕。阅读就是写作,正如写作就是阅读一样。哈贝马斯(1971年)对此有不同看法。他指出,马克思主义总是缺乏一种自我反思基础,这种自我反思能够避免生硬的、技术科学的工具理性,这种工具理性把马克思主义推向了历史与历史进程的冲突之中。这是提出问题的一种方式,但是我并不赞同,因为我拒绝他的康德二元论,将工具理性和自我反思/交际行为割裂开来。在我看来,后结构主义似乎要将哈贝马斯的研究激进化,以使它不可能再对不同性质的各种行为做出明确区分,相反却要模糊界限,达到难以区分的程度。

当然,还有各种各样的其他问题出现,其中突出的是所谓的自然辩证法问题。科学和技术仅仅只是话语吗?这个问题的裁定还必须等待一种不同的处理方式,一种比我对科学文本的解读更加广泛的后结构主义对科学的解读/表述(阿格,1989年b)。在此,我的目的是指出哈贝马斯的知识与利益论点与左派经济主义批评的相似之处。他们都断定表述是建构(建构是一种表述)。把这些问题引入马克思主义文化理论的严肃讨论中会使更多的传统马克思主义者惊讶不已。他们厌倦了形而上学,而选择了物理学,即马克思(1977年英文版)在《资本论》第一卷中概括地叙述的经济危机假定原则。在奥古斯特·孔德将资产阶级社会学发展成"社会物理学"的地方,马克思主义文化批评就是一种文化物理学,从单纯的客观性角度揭穿了资产阶级文化表现的虚假表述。

费什(1980年)和詹姆逊(1984年b)已经用不同的方式指出:后结构主义表述危机首先是一种批评危机。艺术表述并不是没有疑问,所以"表述的表述"批评必须在反基本利益的基础上,而不是在黑格尔马

第三章 马克思主义文化理论

克思主义者认同的坚不可摧的理性基础上予以讨论。弗雷泽(1989年)已经从女性主义理论和批评理论的角度讽刺了反基础主义对客观理性的攻击。她对洛蒂的批评(1979年、1989年)尤其有力。但是马克思主义文化社会学家并没有从这些发展中学到经验:他们坚持推测不利批判的可能性,并从这些不利批判中根据马克思主义认识论的貌似真实的连续体来评价文化产物。但是,就洛蒂而言,对表述性的攻击通常带有政治上的反马克思主义倾向,将左派批评反思性的缺乏和马克思主义政治方案本身的所谓失败合并起来。这是逐渐出现的学术新保守主义的特征,这种新保守主义通过马克思主义宏大叙事批判的代言人利奥塔(1984年)来重复贝尔(1960年)的意识形态终结责难。后现代主义变成了另一种形式的自由多元主义,像以前一样同样受着意识形态的支配。

后现代主义否认评价本身的可能性,沉溺于多元能指扑朔迷离的游戏之中,巴特(1975年)将之称为"享受"。马克思主义文化理论试图从阿波罗式的冷静空灵的高度来做评判,这是一个目的论世界历史的超越的集体主体不可能达到的高度。后现代主义文化研究否认主体性是文化分析和文化评价因素,马克思主义宿命论的文化物理学把超越的集体主体当成是阿基米德文化形式和力量的仲裁者。然而在这个表述危机的时代,这样的客观主义姿态显得无可救药地过时了。从认识论先锋主义的特权角度去解读文化,寻求阶级真理(或谬论)是彻底的时代错误,要么导致纯粹的日丹诺夫主义,要么导致卢卡奇、戈德曼甚至法兰克福学派(如阿多诺声名狼藉的解散爵士乐队)专断的客观主义。像后结构主义一样,以完全避开正确主张的方式来解决表述危机是一码事。这只是向传说的政治终结屈服,从而确信所谓的政治终结。从阶级立场方面来假定正确性毫无疑问又是另一码事。这就重复了先锋主义的老问题,左派只有通过个人崇拜的英雄政治学才能逃避这些先锋主义的老问题。

美学政治正确性的标准

关于艺术真理的内容有三种可能的左派立场:传统马克思主义、后

65

结构主义(第六章)和法兰克福学派批评理论(第四章)。(因为女性主义理论(第七章)从属于另一个与之稍有不同的连续体,对此,我将在下文单独探讨)。后结构主义文化理论认为评价文化产物和文化表述的真理内容没有固定的依据。实际上,德里达让具有启蒙和科学主义特征的真理讨论偃旗息鼓。相反,德里达根据文化形式本身的内部困局,如不可确定性和差异关系,来估价文化形式。后结构主义要求马克思主义证明自身正确性的确凿依据,通过此种正确性,后结构主义能够以政治正确性的标准确切地衡量文化作品。在这一方面,如我在第六章进一步所阐述的,后结构主义文化理论完全规避了直接的政治形式批判评价。

传统马克思主义则认为美学政治的正确性必须按阶级观点来衡量,特别是历史上展现的据称处于领先地位的阶级。这是卢卡奇美学的大意,也依然是马克思主义美学理论的基础。在这个论点上,后结构主义是一种思想。如果细查1968年5月之后出现的与法国共产党认识论的教条和科学主义相对应的法国后结构主义,人们就可以确定这一点。德里达指出马克思主义者关于理论基础的信心是靠不住的;语言的复杂本质使文化生产者和文化批评者均陷入了差异/延异的无限倒退之中。理论成为一种来自文本内部的戏谑活动,体现了完全自我满足、对解构主义挑战无动于衷的话语缺陷。

后结构主义对传统马克思主义的批评,至少从大学里研究文化批评的一群人看来,极具说服力。后结构主义和后现代主义文化理论家占据了大量批评领域,只有新法兰克福者们和女性主义者偶尔前来挑战。对那些文化理论家而言,法兰克福者们和女性主义者甚至通常深入吸收后结构主义的挑战,把德里达的批评观点与他们自己的批评及政治实践结合起来(见弗雷泽,1989年)。但是就文化理论里绝大部分反基础主义领域而言,人们认为马克思主义不可救药地过时、傲慢和专横。在此我的兴趣是发展美学政治判断的新标准,以帮助自己在传统马克思主义和后结构主义的两难境地间确定一条安全道路。

从这种意义上说后结构主义对马克思主义文化理论的挑战既是正确的又有误导性,意识到这一点很重要。它将批评与语言生活的难点和形式结合在一起,进行解构分析,这无疑是正确的;没有任何阿基米德姿态能够消除语言的建构特征。但是后结构主义又具有误导性,它完全抛弃了美学和政治评价方案。马克思主义文化理论首先想要的是政治干预,而不是简单地取悦批评家的"享乐"练习,更不是为了发展学术事业。在萨特看来,尽管卢卡奇和戈德曼不能理解解构中不可避免隐藏的文化评价,但他们还是尽职的学者。

虽然有人认为卢卡奇从外部任意指定文化价值和政治价值,显然通过这些方式无产阶级的世界历史使命被文化表达凸显或者掩盖;所有的马克思主义者都能意识到文化在统治和解放方面均是有力的因素。政治美学的最低标准不需要对卢卡奇式的文化理论进行非解构性的文化分析。既不规避义务又不故作中立地详细阐述美学是可能的。事实上,正如我之后要表明的,那恰好是法兰克福学派在他们对现代主义政治美学(曾受到利奥塔的后现代主义的挑战,但没有成功)的欣赏和发展过程中获得的平衡。

马克思主义基础主义的后结构批评典型地导致反基础主义。还有其他一些可能性:对基础主义的批评也许赞成不同的、更加广泛的、反思的、对话的基础,这些基础与那些意识到真理本质上是模棱两可的人的谦卑与嘲讽有关(如梅洛·庞蒂,1964年;哈贝马斯,1984年、1987年b)。对卢卡奇的批评不能完全否定马克思主义美学,但是一定能够激发后结构主义、法兰克福批评理论及女性主义理论赋予的种种文化政治的新形式。那也正是我所理解的文化研究方案。

无产阶级文化派

卢卡奇错误地将无产阶级泛化为世界历史的同一主客体,从而忽略了解放运动的其他力量。但是那并不是说不存在能归总社会变化的普遍的主客体力量。后结构主义的基础主义批评把传统马克思主义声称的个别基础和一般基础混为一谈。我认为:即使不将欧美人,主要是男性无产阶级物化,人们也能成为马克思主义者——最广泛意义上的批评理论家。尽管不同于传统马克思主义者所声称的基础理论,人们仍然能够坚持基础理论。马克思主义理论的经验主义修正表明了对进步世界历史中集体和单个主体的重构,这些主体包括此前被传统马克思主义忽视的各个阶级层面和统治的受害者,其中明显包括妇女和有色人种。无产阶级文化派和20世纪90年代几乎没有关联。

为了不再无可救药地与当今时代格格不入,马克思主义文化理论必须反思马克思在19世纪中期关于国际资本主义社会变化形式和动因的设想。这并不是像后马克思主义者和后现代主义者一样要解散无产阶级,而是鉴于1883年马克思去世后资本主义在世界及精神领域的发展,要鼓励人们对马克思主义进行彻底再思考。这正好是法兰克福学派间接反映在他们现代主义美学政治中的方案(如阿多诺,1984年;马尔库塞,1978年)。法兰克福学派并没有将工人阶级作为马克思主义理论、分析和文化对抗的中心点,而是像葛兰西一样保留阶级概念和阶级实践。然而他们冒着被指责叛党的风险,拒绝保留相对一致的马克思阶级理论。相反,他们牢牢抓住资本主义的经验主义变化和引发社会变化新思考的世界体系。他们提出的是一个大胆的修正主义方案。此问题十分重要:马克思主义仅仅是或者主要是关于工人劳动力剥削的理论,还是关于所有统治、压迫及剥削问题的更为普遍的理论?法兰克福理论家认为马克思主义只是一种批判理论,而非文化理论。他们没有给予阶级统治特权,而是将统治的源头和深度追溯至划时代的主体哲学,这种哲学实现了对客观他者的征服,客观他者既是自然也有他人。这是《启蒙辩证法》(霍克海默和阿多诺,1972年)中展开的讨论,可能也是法兰克福批评理论最重要的言论。如果马克思主义只是或者主要是关于(白人男性)阶级剥削的理论,那么无产阶级文化派的观点是有意义的,即艺术和文化必须以某种方式表现阶级真理的观点。但是如果马克思主义比(白人男性)阶级理论更广泛,那么文化政治肯定比阶级理论要广泛得多。马克思主义到底是什么?我将在最后一章做出回答。在此,我们只想说卢卡奇的文化政治观远没有全面涉及马克思主义可能包含的文化政治观;实际上,他相对机械的文化抵制理论有可能激发后马克思主义者的反论断回应,从而使他的个别马克思主义和所有可能的马克思主义混为一谈。

马克思在此几乎没有做出指导;他的权威使得20世纪各种类型的

推断,特别是在文化政治领域里的推断具有了合法性。但是在一个文化传播和文化霸权通过电视再生产的世界里(见费斯克和哈特莱,1978年;费斯克,1987年;米勒,1988年;卢克,1989年;凯尔纳,1990;哈姆斯和凯尔纳,1991年)将马克思当成指南就简直不可能了。就马克思而言,事物已经变化得太多。这并不是要否认在包括卢卡奇在内的各类左派人士的前文化产业理论中能找到理论上的洞悉。但是我们不能够从那些生活在距电子大众文化如此遥远的理论家们身上派生出一个"正确"的文化政治观,因为他们几乎不能想象这些文化革新将对理论和实践产生各种各样的政治和精神含义。事实上,大量左派的文化修正主义已经考虑对大众文化进行适当的理论化。

无产阶级文化派的观点——艺术必须以某种方式为无产阶级在世界历史斗争中的利益服务——即便在19世纪和20世纪早期可能都是错误的。马克思主义者未曾遇到过表述危机;他们不曾懂得文化解读本身就是有力的书写,不仅涉及对"表述的表述"的批评,而且也包括对阿尔都塞(1970年)称之为理论实践的批评。卢卡奇宣称在无产阶级历史哲学中存在着一个牢固的基础,使得他能够站在历史之外对当时各种各样的文化产物做出判断,卢卡奇的这一言论是不可能正确的。对于解构文化研究而言,不存在什么"站在之外":文化批评不仅仅是表述性的,更是建构性的。批评家通过批评已经在改变世界,创造和再创造文化。意识形态批评如果不是充分的实践,也是一种政治实践。试图从外部提供文化启蒙的文化艺人和批评家不能简单地为无产阶级代言。文化批评和文化生产之间一直存在着一种辩证关系,这就迫使批评家不能简单地站在历史之外假定一个坚不可摧的基础,而要以一种承认历史性和可误性的方式为个人宣称的基础进行论证。

从这种意义上说,与苏维埃社会主义现实主义有关的具体评价和文化实践就不具备我认为的无产阶级文化派的特征。卢卡奇有时对这种马克思主义文化政治持反对态度,而且理由充分。无产阶级文化派是使批评远离历史的更为广泛的策略,它在某种程度上割裂批评与历史,推行站在历史之外的、为被压迫者的当地实践言说的文化实践。无产阶级文化派不仅仅是工人阶级盲从的偶像,隐藏了知识分子窥探性的鄙视;它还是一种文化评价和文化规定的形式,这种形式无法理解文化表述、文化典故和文化策略的辩证本质:如果艺术未能表述阶级真理,它就断定艺术是低劣的。虽然对艺术和文化而言,存在着显性和隐性的阶级层面;但是艺术和文化也是超验活动,虽然文化和艺术有距离、有差异,但它们都在质问当下。

如今,我认为具有无产阶级文化派特征的观点在左派学者中随处可见。但是现在的问题不仅仅是阶级,还涉及种族和性别。现在越来越多的人投身到文化评价运动中来,他们站在受害者的立场上,表述他们的遭遇,以正确的政治论断来评价文化作品的真实性。通常,艺术家也来自这些严阵以待的队伍,他们的作品被当做是无权阶级发出的声音。这就导致了从文化作品描绘的特定的主体角度出发的文化研究的政治化、专业化以及族裔聚居:女性艺术和有色人种艺术(除了阶级艺术之外,如最初的日丹诺夫主义中的无产阶级文化派)。在本质上,这些主张都认为能够从外部按政治真实性或者正确性的某种机械需求的观点来评判文化。尽管女性主义文化研究和从非白人角度进行的文化研究都将自己和马克思主义区分开来,但他们在自己的批评实践中仍然利用传统马克思主义的表述评价标准。尤其是,他们试图站在文化历史之外,从他们的政治诚信角度去评价有争议的作品,这恰好是马克思主义文化理论的最初方案。

显然,这种类型的批评活动已经将文化研究和学术生活大体政治化。我并不否认学术和批评工作已经饱含价值和臆断;价值自由和从前一样,仍是实证主义的策略。但是,就主题而言,我认为采取分离和集合立场的文化作品已经被政治化了。每部虚构的作品都是对墨守成规的日常行为的一种抗议。虽然一些小说或多或少与政治有关,但小说写作,不论内容,本身就是一种政治陈述。从外部使文化政治化否定了文化本来就与政治相关的事实。这种政治化为资本主义文化积累中的某种先锋利益服务(见布尔迪厄,1984年),同时,证实了那些马克思主义者、女性主义者或者美国黑人批评家的身份。从某种意义上说,批评家的生活通过他/她的政治信念来定义。政治信念根据人们在批评实践过程中的政治正确性的公开评判来从外部指导他/她的政治实践。

第三章 马克思主义文化理论

在最后一章中,我将证明文化研究本来就是一种激进活动,在活动中文化研究提供了一种解读方法,从而能解构文化霸权及扩大自由和想象的领地。不管是马克思主义者还是女性主义者,要根据特定的意识形态联系将文化研究政治化就意味着人们能进行无政治意义的文化研究:就像在社会主义现实主义中一样,政治也是悄悄渗入到文化之中的。这种假设认为本质上为实证主义立场的文化实践不是文化政治。我认为任何一种文化解读都是文化创造行为,忽略这一点就是将文化研究变成另一种职业化的活动,这种活动就研究话题和实践而言拥有自己的等级和统治权力。

结果,文化研究因其鼓动性的方式而在院系和研究方案中以孤立而告终(如女性研究方案),这种类型的女性主义电影批评迅猛发展。我并非质疑这项工作的政治与知识的相关性。在第七章中,我质问也欣赏这些发展。但是文化研究支持者根据文化研究与具体社会运动或者利益团体的联系而将批评兴趣区域化的做法却分化了文化研究,使得文化研究从整体理论研究变为了与文化相关的具体事情,而不是将文化研究孤立在严格限定的批评兴趣领域里。这正好是女性主义者对马克思主义文化理论家的抱怨:他们忽视女性。然而女性主义文化研究倾向于重复这种盲目,不过是朝相反的方向。

表述性文化研究的政治联系打破了整体性焦点。传统马克思主义以及任何其他一种更近的文化研究理论同样正确。就马克思主义来说,将重点置于阶级真理和阶级优势上往往会模糊一个真相:马克思主义应该是一种整体理论——涵盖一切的理论——而不仅仅是关于无产阶级这个利益团体的理论。有趣的是,伯明翰文化研究早期全神贯注于英国的工人阶级文化(如威力斯,1977年;赫布迪齐,1970年),后来却转向研究大众文化(如赫布迪齐,1988年),可能是在进行文化研究时认识到了阶级主义的局限。这是苏维埃文化研究和卢卡奇时期的文化理论未认识到的东西。相反,他们却聚焦于文化的阶级根源,这在某种程度上却阻碍了他们了解文化霸权的复杂性和差异性,包括女性和有色人种的作用。批评理论肯定会遭遇整体理论的主要困境:一方面,它们试图解释及改变一切;另一方面,在这样做的过程中,他们又倾向于把整体性还原到单轴性的层面,无论是阶级、性别还是种族,都单向度地还原整体性的差异领域。这是阿尔都塞(1970年)"去中心整体性"概念的意思(虽然阿尔杜塞充满矛盾地恢复了"最后决定论"的逻辑,坚持正统马克思主义的同时又矛盾性地否定它的还原论)。

正统马克思主义通常遭到正统的非马克思主义的驳斥。文化研究方法与社会理论中更普遍的趋势同样正确。由于这个原因,马克思主义者和非马克思主义左派人士(如女性主义者)卷入了一场无益的声嘶力竭的唇枪舌剑,这场战争真正隐藏了深层的防御性和领域性。当然,资本主义总是为了战胜对手而先分化对手。透过整体理论不同还原方式之间的相互斗争,我们确信没有哪种方式成功发展了对文化和社会的真正的整体视角。不幸的是,至今为止,在文化研究界,后现代主义对利奥塔的宏大叙事,如马克思主义,已经非常抵制,以至于达到如果不对后现代群体进行防御,几乎不可能倡导整体性的地步。文化研究思想可能是同各式各样的左派陈腐传统主义斗争的最可行的方法,对文化研究去政治化具有普遍效果。

第四章 法兰克福学派的美学政治

马克思主义"或"法兰克福学派？

对法兰克福学派文化研究方法的评价使得其和马克思主义的关系成为人们当今热议的问题。至今为止，这个问题已经有了众多的讨论（马丁·杰，1973年），相对于二者的美学理论而言，这些讨论更多集中于二者对资本主义社会的全面批判。在此，我特别想要提到的是马克思主义文化理论和法兰克福学派美学理论之间的共性和分歧。我认为法兰克福学派的作品具有马克思主义特点，同时也要提出他们和卢卡奇时代文化社会学的不同之处。

要评价异同问题就必须明确一点：马克思和法兰克福理论家的政治目标有着显著的相似之处。他们需要的都是对资本主义社会结构和日常生活彻底的价值重估。尤其鉴于早期法兰克福社会研究所（Institute of Social Science）创立者的批评理论观点（霍克海默，1972年），认为法兰克福思想家们在某种程度上背叛了马克思和原始马克思主义者的革命政治理论的论点（斯拉特，1977年；克里维，1979年）是牵强附会的。重读马尔库塞、阿多诺和霍克海默的原始论断（阿拉托和季哈黛，1978年）就会发现马克思和20世纪早期思想家的政治思想极其相似。然而，可以理解，评论家们有可能忽略这个政治相同之处，因为法兰克福批评理论的语气和主旨与马克思政治经济批评很不相同；从某种意义上说，人们需要从字里行间去仔细解读才能领略他们的政治乌托邦色彩和社会主义革命责任感。法兰克福学派的话语和马克思斩钉截铁的宣言相差甚远,因为法西斯主义的延伸、二战后世界资本主义的巩固和文化工业的广泛流行都加深了他们政治上的悲观主义。

　　法兰克福学派对马克思主义的修正既不是对马克思辩证方法的抛弃,也不是对他政治乌托邦主义的抛弃,而是对资本主义结构矛盾和危机趋势的一种全新的实证分析。在20世纪20～30年代的书写中,法兰克福批评家面临着自马克思创作《资本论》以来西方资本主义的巨大改变(曼德尔,1975年)。当然,马克思学说很大程度上在努力区分什么是原始马克思的本质思想、什么是历史偶然事件。的确,今天要真正成为一名正统的马克思主义者意味着要原原本本地接受马克思。因此,几乎没有几个正统的马克思主义者,也同样几乎没有几个人能够辩驳马克思隐约预测到的资本主义的大幅改变,这是不足为奇的。然而,由于当今学术和政治生活中流行的新保守主义,同样很容易将新马克思主义修正主义(比如,直至并包括哈贝马斯在内的德国批评理论体系)解读为对马克思辩证方法和政治乌托邦主义的放弃。这些作品都被当做后马克思主义读物,因此被当做确凿的证据来证明马克思预言的失败。

　　如果不试图评判法兰克福理论家在多大程度上是真正的马克思主义者(不管这意味着什么),而是来考虑马克思主义在多大程度上是广泛意义上的批评理论,那么这些争端就容易解决得多。阿多诺、霍克海默和马尔库塞认为马克思对资本主义的批评不够激进、不够深远,掩盖了千年来资本主义前后时期的深层结构。就像我在上节中所说,他们试图建立一个通用的批评理论,这种理论将划时代的主/客体二元作为西方文明的中心问题。他们称这个问题为启蒙的辩证法(霍克海默和阿多诺,1972年)。如果人们认为将马克思主义归入批评理论而不纳入别的理论是一个优点的话,就能更好地发展批评性的文化研究,这样就能超越上一章讨论过的马克思机械的文化理论。

　　特别要指出的是,法兰克福的理论家们相信马克思主义批评本身在某种程度上包括了社会和经济决定性,高于历史或超出历史。理论的阿基米德假想就是为了阶级真理而来解读文化艺术品和文化表述,在对这种假想去特权化的过程中,法兰克福理论家们承认理论本身就是一个文化和政治活动。正因为如此,他们拒绝将他们自己的文化批评简单地措辞为"表述的表述",即仅仅只是对文化艺术品的阶级真理内容的评判,以此,他们对后结构主义者们所声称的表述危机提出了质疑。确实,特别是对于阿多诺(1945年、1954年、1974年b)来说,文化批评,即真正的批评理论一般来说是会主动干预文化政治的,而不是一个不相干的根植于左翼客观主义的评价。

　　法兰克福理论家们想要避免将文化批评置于文化生产者、传播者和消费者身上的卢卡奇时代的文化理论,文化分析不仅仅包括文化作品内容的政治真实评估,而且在不失去批评视角的基础上根据它们各自的情况来学习这些文化作品,这才有可能承认内外差异。比方说,阿多诺关于音乐理论和音乐作品的长篇大论并没有因为音乐的高雅文化特点或者某种程度的资产阶级特点而简单地阻止现代音乐的多元发展。相反,他努力在音乐的社会内容和音乐作品内部表达和阐明这种内容的张力和延续性之间保持平衡。他相信理论家以此既能够大大了解我们所生活的社会,又能够了解文化创造所揭示和例证的先验可能性。

　　人们易于嘲笑阿多诺美学理论的官腔及其明显的脱离政治(见杰,1984年)。但这并不意味着所谓的参与程度更高的、只以先验阶级批判的客观主义立场来解读文化作品的文化批评的失败。20世纪60年代政治参与全面爆发,阿多诺却因为一度袖手旁观而受到指责,实际上阿多诺是以文化作品来寻求参与,对于这些文化作品,他拒绝只从阶级文化的机械理论角度或我以前称之的文化物理学角度来加以评价。这不仅是因为阿多诺具有整体社会理论,使得他能够将所有的文化表述方式(从无音调的音乐到收音机和电视)情境化;还是因为阿多诺(本身作为一名音乐家)拥有与生俱来的、潜心于作曲的天赋。因此,虽然阿多诺具有文化谦卑的流行形象,但他比众多的所谓更为政治化的批评家更为民粹主义。

　　法兰克福理论家经常会招致误解,因为他们本能地认为人们并不需要在马克思主义和批评理论之间做出选择;他们拒绝被标榜为放弃了原来信仰的人,背弃了过于单纯和虔诚的忠诚标准。当然,就像我

(1989年a)曾经指出的那样,任何人都能称为文化分析马克思主义者或女性主义者。但是这些辞藻成为口号,被轻率地重复着。随着时间的流逝,它们失去了原本应有的内容。阿多诺真正地聆听过勋伯格和斯特拉文斯基的音乐,就像他真的解读过贝克特和卡夫卡的作品一样。他不愿意被政治分类学的预设范畴所包围,而是选择发展一种非常谨慎的、具有文化和社会双重使命的美学理论。

对法兰克福理论家们而言,将文化和社会理论结合的趋势深深困扰着一些仍保持着还原的基础——上层建筑模式的正统马克思主义者。我们在前一章所讨论的马克思主义文化社会学拒绝给予文化相对自治,同时,又没有以一种辩证的方式整合文化和政治经济分析。法兰克福美学理论在一定程度上有效地整合了文化和经济分析,使得这些分离的范畴界限模糊,甚至融合到了一起。正统的马克思主义把文化分析从社会分析中分裂开来,将文化分析还原为对以某种方式存在于商品生产领域之外的阶级真理的寻求。但是这忽视了马克思对商品形式下的物化的原始分析的辩证统一:就像后来的法兰克福思想家们一样,马克思相信物化的文化和人际关系是资本主义社会商品结构的重要部分。在这个意义上,文化分析同时也就成了经济和政治分析,美学理论自然而然就变成了一种社会理论。

无论如何,20世纪马克思主义的理论发展趋势是否是"真正的"马克思主义都无关紧要,因为资本主义在继续发展。如果马克思当年料到了国家干预和物化的非凡程度的话,也许,修正主义问题,即放弃信仰的问题,还会有所关联。可以肯定而且显而易见,哈贝马斯与阿多诺、霍克海默以及马尔库塞的主导分析分道扬镳了,他放弃了他们乌托邦式的对全新的社会和技术关系的寻求。但是马克思并没有预见到国家干预的程度,也没有预计到作为资本主义晚期关键调节机制的文化工业的兴起。马克思主义者到底是什么的问题很大程度上集中在一点:理论家们(像哈贝马斯)是否接受马克思政治议程的全部内容,特别是社会和技术非异化社会的创立。但是这也许仅仅只是一个性格问题,不能归结为基本理论立场(但是也许不管怎样,会在他们身上反映出来)。

第四章　法兰克福学派的美学政治

文化工业论点

如果法兰克福思想家们是寻求非异化社会意义上的马克思主义者，或者他们是否是马克思主义者在今天是一个历史上并不相关的问题，极富先见之明的理论和文化工业分析是法兰克福思想家对文化研究的主要贡献，这最先在霍克海默和阿多诺（1972年）1947年的《启蒙辩证法》中就提了出来。这本书开创了左翼"大众文化"理论，这在很多方面是第一次严肃系统地表述了我们后来所称的文化研究（虽然我即将提到他们的要点有一些关键的不同之处）。文化工业的论点很大程度上是对马克思未能预见的晚期资本主义发展的回应，资本主义惊人的弹性带来了这些发展。

特别需要指出的是文化工业的争论有助于解释文化商品化，尤其是在所谓的休闲领域，是怎样通过迷惑人们进入一种催眠和恍惚状态来保持现有体制，而反对内部挑战，以此促进利润和社会控制。这在马尔库塞《单向度的人》（1964年）一书中阐述得很详尽，书中，他探讨了左右着人们意识形态的新势力。20世纪60年代的论争来源于早期霍克海默和阿多诺关于文化的讨论，论争为未经欧洲社会哲学训练的广大受众更新了文化工业，并赋予了文化工业更加系统化的形式。早在20世纪30年代，霍克海默（1972年）就为这种分析播下了种子，那时他认为既然不可能区分资本主义经济层面和意识层面，因此就应给予批评理论其自身的辩证方法，使之能够同时分析社会生活的经济和意识层面。

所有这些作品都支持法兰克福理论家们对高雅文化和低俗文化经验主义的批评分析（阿多诺的美学理论（1973年c、1984年）和他的大众传媒研究（1945年、1954年、1974年b））。他们关于资本主义的文化批评为后来伯明翰学派、后结构主义者、后现代主义者和女性主义者们阐述文化研究传统提供了很好的舞台。文化工业的论点使文化研究在左翼大受推崇。此外，文化工业论点还在政治化文化分析可能性方面提供了自己独特的观点，为后来的后结构主义和女性主义文化研究传统提供了相对照的论点。捕捉住这种辩证的反讽是非常重要的，因为它有助于我们根据后法兰克福文化研究与法兰克福文化奠基之作之间的关系,更好地解读前者。

从这个意义上说,在测定众多文化研究的政治和学术变体方面,后来的文化分析者对法兰克福文化理论的接受就变得相当重要。根据大众文化(凯尔纳,1989年a)经济和意识形态特点的这两个焦点,一些文化工业论点的读者们认识到了霍克海默和阿多诺文化商品化分析的辩证统一。他们并不把法兰克福文化分析当做是对马克思政治经济的背离,而是作为资本主义新时期的延伸来解读。读者们意识到法兰克福文化分析通过文化批评的方式,为晚期资本主义经济——意识形态分析的结合开创了一个全新的远景。此前被正统马克思主义者认为是附带现象的经验和实践的区域研究因此有了合法性。

还有些人士解读文化工业论点是为了给大众文化提出一个相当机械和潜在的精英主义解释。大多数文化研究支持者们以怀疑的态度看待法兰克福学派明显的文化官方主义,拒斥他们所认为的法兰克福学派对流行文化里解放主题的厌恶。毫不夸张地说,英国和美国文化研究很大程度上在定义自身时认为他们和法兰克福的文化工业论点是不同的,因为他们拒绝法兰克福学派对"低俗"文化的鄙夷分析的文化精英主义。从伯明翰学派到博林格林(Bowling Green)州立大学,通过强调对流行文化的理解力这一被霍克海默和阿多诺(纳尔逊和格罗斯伯格,1988年;罗斯,1989年)忽视和谴责的问题,在跨学科和学科内扩展开来的流行文化分析标志着他们与法兰克福学派的差异。他们根据自己与法兰克福学派的不同之处确立了他们在文化研究中的地位,他们认为阿波罗式的法兰克福学派鄙视诸如电视、主流音乐和耗巨资拍摄的影片等大众文化形式。

有人认为法兰克福的文化工业论点使左翼文化研究合法化,也有人认为其约束了精英的、欧洲中心的美学价值观的文化评价。两种观点也许都正确,虽然我非常怀疑以后马克思主义来解读法兰克福文化分析传统(说得更清楚一点,就是将法兰克福文化理论同质化为一个整体,让阿多诺败于勋伯格、马尔库塞毁于青年音乐)。将法兰克福文化理论解读为对流行文化的忽视本身就没有领会到阿多诺关于收音机、电视和新闻的书写。法兰克福理论家严肃对待,并用心研究流行文化(洛文达尔,1961年、1975年、1984年、1986年)。如果他们因为大众文化隐在的政治假设和催眠作用而轻视大众文化,至少他们意识到了大众文化是政治分析和评论的一个重要载体。阿多诺趋向于把现代主义高雅文化作为批评工具的事实是不切正题的:他意识到大众文化在加深晚期资本主义霸权方面是很有影响的。

不管情况怎样,在正统马克思主义者不能以足够的术语面对阐释地球村的挑战时,文化工业的论点有助于将大众文化政治化。正如马克思在他最初的商品拜物教分析中指出的那样,文化商品化包括了剩余价值和社会关系的物化。对于马克思主义者而言,只将文化作为宏大产业来关注就忽略了在文化商品化中起作用的意识形态化、霸权化和物化的力量,尤其忽视了文化商品化具有破坏公众话语真实领域的趋势。在这个领域内,人们能向主导价值观和制度发起挑战,甚至马克思在他著名的论断中也谈到了宗教的麻醉作用。对于经济主义的马克思主义者而言,忽略20世纪晚期文化经验的这个方面就严重削弱了他们关于政治封锁和政治可能性的观点。

对于文化工业论争本身而言,至少具有五个明显的实证论点。

1. 法兰克福理论家们认为20世纪晚期美国(现在是西方欧洲和资本主义亚洲)存在通用或大众文化。马尔库塞在《单向度的人》(1964年)中提到这个大众文化使工人阶级和中产阶级的人们能够和他们的老板一样获得同样的精神安慰和娱乐。在这里,人人都能够拥有录像机、能够去迪斯尼世界度假,巨大的阶级差异慢慢消失了。这有利于促进新的阶级舆论,减少20世纪早期欧洲和英国出现的阶级分化。大众文化相对来说是无差别的:贫困城市黑人和郊区雅皮士的孩子接受着同样的广告和娱乐节目。由个人主义和消费主义所主导,他们有了相似的消费愿望和共同的物质世界观。这种普通文化似乎平衡了阶级差异,因此也保护了阶级差异。

霍克海默、阿多诺和马尔库塞将战后大众文化和前工业社会差距更为显著、区域化的异质文化进行对比。哈贝马斯后来(1984年、1987年b)认为这个"体制"通过把人们的生活世界归入到同一整合和积累的逻辑里,因而殖民了晚期资本主义人们的生活世界。正统马克思主义者没有料到文化的民族化和国际化发展,在他们的文化研究方法中,他们依然保持相对死板的阶级差异。在理查德·霍加特(1957年)和E. P. 汤普森(1963年)的带领下,伯明翰学派关注的是英国工人阶级文化的独特性,但是文化研究总趋势却拒绝先定给予的勾画阶级文化的疆界,而喜欢一种更为实证的、不可知论的文化方法。

一方面,文化研究者们通常拒绝法兰克福学派对单一的、包揽一切的大众文化的笼统论断;另一方面,他们又拒绝接受马克思主义的阶级文化分类。相反,他们接受流行文化的去中心化,接受流行文化异质性和不可约性的可能性。因此文化研究也许会关注中产阶级妇女文化、欧亚文化、墨西哥美国文化等等。这些决定不是作为先决条件,但却出现在文化异同的考古学的实证作品中。虽然后马克思主义批评者夸大法兰克福学派精英主义的还原主义印象——大众文化,但是文化工业论点比众多后现代和女性主义文化研究方法更为注重流行文化的一致性,后现代和女性主义文化研究方法致力于假定激进的文化差异和他者性,以及这些差异和他者性的具体实践(尤其在女性主义文化研究实例中)。

2. 文化工业理论暗示文化在资本主义晚期已经被商品化:文化艺术品的生产是为了换得金钱。有人认为这贬低了文化的身份,减少了文化的解放可能性,甚至在法兰克福学派之内关于这一点也颇有争议。就像我早些时候提出的(1969年),瓦尔特·本雅明就称赞了在机械复制时代他所称之为艺术的可能性,谈到了重要艺术作品的技术性复制能使艺术批评洞见民主化。对此,阿多诺(本雅明,1969年)拒绝接受本雅明的乐观主义。他认为机械复制的艺术丧失了艺术气质,包含着重要的审美真实的作者个人特色有助于使这些艺术性极强的作品不流入到文化工业之中去。比方说,办公室和电梯里播放着贝多芬的音乐,用来缓解人们的异化,在贝多芬成为背景音乐的地方,现场表演的艺术家个人特色荡然无存——个人特色有助传递艺术中表达的激情和论战,它们是人类表达观点和希望的必不可少的形式。

不管怎么样,文化商品化的速度在二战后的资本主义社会里正在加剧。书籍、电影、广播、电视、新闻和广告企业组成了庞大的工业,它们紧密联合起来,形成了不可穿透的联合资本主义(柯赛、卡达辛和鲍威尔,1982年;席勒,1989年)。在这个背景下,美学和批评的标准范畴不再适用:当文化成为产业,文化创作者的角色就改变了。当电影、电视甚至书籍都由委员会制作,根据确保可替代性和收益性的方式来进行调节时,"作者"已经去个人化了。在文化成为工业的地方,文化研究必须要关注文化内容,更要关注文化生产、分配和接受。的确,这些都是密不可分的,就像麦克卢汉所说的"媒体即信息"(如果有这样的观点的话,那就是新法兰克派的观点)。

文化工业分析认为文化商品化是商品生产逻辑在商品拜物框架向貌似非经济领域的延伸。在这一点上,霍克海默和阿多诺揭穿了双重马克思主义的基础和上层建筑,或经济和文化分离的虚伪性。文化产业(the business of culture)既是产业也是意识形态,就像意识形态存在于货币交换之中,货币交换构成资本主义领域主导的符号力量(鲍德里亚,1975年;阿格,1989年a)。通过拒绝非此即彼的资产阶级社会(即经济学"或"文化),法兰克福的理论家们在第二、第三国际的经济主义的和双重的马克思主义方面有了重大的进展。统一的立场有助他们研究一系列复杂关联的、传统经济分析所不能修正的现象。例如,法兰克福文化理论同时能让人从电影和电视这些流行文化形式中解读出经济和意识形态内容(就像米勒1988年、卢克1989年和凯尔纳1990年所做的一样)。以解构主义话语来讲,这将文本分析、语境分析、文化表述分析和表述所发生的规定框架分析统一起来了。

在《启蒙辩证法》(霍克海默和阿多诺,1972年)中这种分析仍然是个纲领性的姿态。在有助于我们具体理解大众文化的商品化和物化趋势的持续文化解读中,文化工业论点警醒性和零碎性的表达方式还没有得到证明。虽然把法兰克福理论家当做方案者来解读并不常见,但在某种意义上,他们的文化工业论点只为在其影响下的特定文本和语境解读搭建了一个平台。虽然没有法兰克福文化理论,整个文化研究传统几乎不可想象,但是,在重要方面,新法兰克福或后法兰克福分析家适当地修正了法兰克福学派的官方主义,这些分析家并不简单认为大众文化具有扭转乾坤的力量,但是以一种微妙的、不同方式来解读大众文化能让他们觉察出文化表述和接受中的反霸权力量和主导的霸权力量(比方说,赖安和凯尔纳的〔1988年〕《影像政治》(Camera Politica)就是以新法兰克福视角对好莱坞电影制作方法的细微差异解读)。

很多文化研究者之间的派别差异除了实质内容之外,还涉及个人性格和政治气候。人们认为法兰克福文化理论家忧郁而又具有精英主义的特点。阿多诺的超现代主义几乎没有民粹主义的特点:贝克特、卡夫卡和勋伯格的作品不会在匹奥里亚城①演出。但比起阿多诺自己的否定辩证法(1973年b)的内在动力而言(否定辩证法在方法上试图以此突破他所称之的(1973年b,第406页)"来自内部谬见的客观语境"),这更能反映阿多诺自身的文化构成和个人情绪。对布尔什维克先锋主义的颠覆表明了一种以高雅的现代主义官方术语措辞的新先锋主义。虽然人们会根据阿多诺普遍社会理论的全面目标来赞同他文化理论的政治关联性,但是,要普通的左派来认识这类作品的煽动价值还是很困难的。换言之,用萨特的话来说,阿多诺对效忠文学作品的煽动可能性偶感失望也是无关紧要的。他自己的辩证姿态掩饰了他的悲观主义,这种悲观主义标志着在西欧和中欧,从弗洛伊德和韦伯到维特根斯坦(舒尔克,1981年)各种"世纪末情结"的文化发展。毕竟,评价大屠杀之后的全球资本主义革命可能性的德国犹太知识分子必定显现出许多文明悲观主义。在这个意义上,更加实用的英美文化研究为德国批评理论的悲观主义和不良预感提供了一个参照点。这多少有点讽刺意味,因为正是德国批评理论产生了文化工业论点,文化工业论点激发了更加实用主义的文化研究传统,这种传统却又拒绝接受法兰克福学派的官方主义(而接受一些我正在此阐述的文化工业的实证论点;对这个观点的更全面考虑,参见莫柔,1991年)。

3. 文化工业的论争表明,为了复制资本和偏离人们在整体社会转

---

① 匹奥里亚(Peoria)是伊利诺伊州小镇,居民水平颇高。在歌舞剧流行年代,全美各戏班推出新戏,会先在本市公演,如搏得好评,则其他地方卖座可期,否则就表示水平尚待改进。

型中对自身客观利益的认识,存在某些被大众文化所传播的虚假(或被操纵的)需求(马尔库塞,1964年)。虚假需求不是来自自发和理性思索的需求,而是被强加和自愿接受的需求。我在第八章中全面讨论了反映在虚假需求论点中的判断困局。不可否认,法兰克福学派关于虚假需求的假设遭到了各种各样的攻击(麦金泰尔,1970年;凯尔纳,1984年),特别是来自自由党人的攻击,他们反对"虚假"这个形容词的傲慢自大。

法兰克福学派的论断是这样的:晚期资本主义需要确保足够的消费来与生产匹配,还必须确保社会控制,在一个合理使用先进技术就能满足基本需要的世界里,社会控制几乎难以确保(马尔库塞,1955年、1964年)。结果,文化工业以表象轰炸人们(或是鲍德里亚所称的"假象",1983年),这些表象以偏概全,将具体商品等同于所有商品。这些表象既刺激了消费,又改变了批评思想:人们以休闲和生活消费方式来确认自己的身份。因此,大众文化涵盖了不可分割的经济和意识形态层面,有文化批评认为文化商品化同时包括物质和观念。好莱坞电影市场消费在获取了利润的同时也压抑了激进的想法;人们以电影人物的生活来替代性地确定自己的生活。

虚假需求的论点经常因其共谋的语气而受到攻击。但是法兰克福理论家们并不认为组织严密的好莱坞大亨或曼哈顿录音棚的头头们的阴谋小集团聚首共谋,为资本主义意识形态辩护。相反,他们以普通的方式追求他们共同的利润,试图在竞争中取得暴利,而又不过分改变观众的既定品味。文化工业的意识形态结果在某种程度上是无意识的:它们是创作者、导演、演员们关于世界本质的各种假想相互作用的结果。文化制品反应并复制着人们的品味。因此很容易得出结论,品味决策者们不仅直接决定我们将消费什么,而且还决定我们应该拥有什么价值观。文化工业的论点以需求的非自治性来评判需求的虚假性:人们不是自由产生需求,而是通过资本主义日常生活微妙的过程从外部强加于人的需求,这就是虚假需求。关键要注意的是需求的产生过程发生在资本主义市场之内,在这个意义上,这一过程回应了创作者们和导演们所主张的东西就成为了文化消费者的既定品味。文化陈腐的标准辩护是无足轻重的、虚假的真实：人们的需求是被给予的。

文化工业论点强调这些需求的相同性。人们"需要"他们以前被给予的东西，这又反过来反映了一个更加遥远的过去。这并不是说文化解围之物产生了一套原初的需求，能毫无止境地沿着文化供需路线复制下去。在资本主义社会，需求的历史是偶然的，而且应该得到这样的分析。没有任何牵强的理由解释为什么人们"需要"游戏和大屏幕电视机，而不需要其他种类的麻木的、有利可图的娱乐活动。确实，需求的恣意（莱斯，1976年）表明了作为一个整体的文化机构的恣意。我们消费着我们所消费的，因为制造商们在品味的历史决定因素内争抢市场（伊文，1976年、1988年）。我们选择观看电影《蝙蝠侠》，因为我们选择不把我们的娱乐预算花费在其他电影大片、交响乐门票或去阿拉斯加的旅行上。人类需求的历史性使文化工业成为可能，而不需要去寻求品味制造者最初的阴谋，这些制造者一劳永逸地建立了一系列文化品味，而又生产出最为有利可图、最具麻醉作用的文化艺术品来满足这些品味。

文化工业论点偏离了正统马克思主义，主要在于它没有将以利润为目的的文化艺术品的分析与服务于虚假需求的文化艺术品的分析区分开来。正统的马克思主义评价文化创造的虚假性——卢卡奇和戈德曼书写的某些阶级真理——而不是文化需求的虚假性。具体文化内容的选择，比如摇滚录像，而非芭蕾，并不能过多地揭示需求的虚假性，倒是对文化消费上瘾的、永远无法满足的消费者的贪得无厌更能揭示出需求的虚假性。有人租录像带在家里看，退还之后再接着租别的。有人使用遥控器躁动不安地更换着电视频道，看着那些反映我们整个快速发展的资本主义的无理性的节目（阿格，1989年a）。虚假需求不仅是从外部强加给我们的，而且单个的文化消费行为根本无法满足这些需求。

这点适用于所有的商品消费，而不仅仅是文化领域内的商品消费。资本主义就像是一个被计划的荒废体制和贪得无厌的消费者的胃口。像马克思所说，为了资本再生产的飞速继续，消费必须和生产相符。虽然有人认为这种说法表明经济学的最终决定作用，在文化领域和其他生产场所,实际上,马克思本人关于商品崇拜的分析令人信服地表明商品交换关系不仅包括剩余价值的生产,也包括虚假意识的创造,就经济参与者而言,他们认识不到他们身陷其中的经济关系不是自然而然产生的,而是历史性的,因此是可以改变的。在技术资本主义时代,文化消费者几乎不可能认识到电子媒体是政治机构高度媒体化的场所。我们像看电视一样打开和关掉文化、租借和退还录像片,把文化生产和分配当成理所当然的过程。在去历史化的文化生产过程中,我们受到了马克思在《资本论》第一章中所针对的商品拜物教的摆布。虚假意识的产生正是在生产过程中,而不是简单地在上层建筑的从属和附带领域。

4. 这一点在文化领域内很容易识别。"文化生产者和消费者的片面关系",也就是所有资本交换关系中特有的关系,产生了虚假需求。电视使人被动的悲叹实际上是文化商品化的结构特征:人们本能地接受自己与庞大文化艺术品的从属关系。的确,文化商品拜物教确保我们甚至不需要考虑这些媒体化的关系,因为我们把文化看做是从黑盒子里跑出来的东西,由文化消费者按动开关来操作。文化消费者对文化习得过程建构性的参与度只是一个极细微的技术性程度:我们作为消费者操纵着电子接收器的开关;我们租录像带;购买门票。从这些意义上来说,我们没能意识到文化的历史性——文化来自别处,我们都受到文化的约束,文化可能有差异(包括我们与文化的关系)。

根据马克思的观点,这是所有商品拜物教的本质。当我们把新车从经销商手中开走时,我们不会把我们已经买来的交通工具当成社会结构来反复考虑。商品拜物教内在于国际经济中(制造汽车时需要的资源),特定的福特工场机构中的内在性以及它的团体本质,这一切未经理论熏陶的消费者都是看不见的。汽车销售商们并非想刻意隐瞒这些事实,如若不然,他们会担心人们发现他们资本主义的工作人员身份。这些隐瞒行为镶嵌在商品中,也存在于我们与商品的关系中。我们想当然,认为我们购买来的汽车就像我们租来的电影录像带一样,是社会本质客观化了的一个物件,而不是一段激烈的历史,这段历史有可能因为不同的经济与体制特性而结局完全不同。

电视尤其使人麻木的论断被人们夸大化了(威廉,1975 年;哈林,

1985年;凯尔纳,1990年)。在资本主义社会,所有商品拜物教的交换关系,在结构上,都像电视一样使人麻木。其实,开车比看电视更令人麻木,单单凭一点就足以说明,电视是密集的亚文化,不仅有节目,还有信息拼贴、报纸杂志上的闲谈、电视脱口秀。相对于汽车和微波炉的生产而言,我们感觉到我们有更多的途径接触到电视和电影文本与次文本。电视文化尤其具有反思性;作为集体化的景观(德波,1970年),它长久保持了关于自身的某种共同话语。通过观众多种多样的评估方式,如纳尔森评估,定期科学地对我们的"品味"进行抽样调查,以此来决定将来要制作什么样的节目。这种明显的产品控制行为是具有欺骗性的;对于搬上荧屏的东西,我们几乎没有真正的输入。无论如何,屏幕上的东西和上一个季度、上上个季度的内容差不多。我怀疑文化新保守主义的观念,他们认为,作为流行文化的中心标志,电视是万恶之源,对此的解毒剂就是一剂伟大的经典书籍和回归到"更好的"、引人向上的电视节目中所反映的所谓的传统价值中去。

　　虽然流行文化时常令人麻痹,麻醉性在所有商品拜物教的交换关系中十分重要,在这种关系中消费者对生产者上瘾,消费者在生产者面前无能为力。马克思很清楚资本主义经济体制参与者之间的真正历史关系的困惑得归因于他所称之的商品拜物教,也就是卢卡奇(1971年)后来称之的物化。人际关系——这里指的是文化生产者和消费者之间的关系——似乎成了物物关系,据称由自然法则来操控。在这个意义上,生产和消费的关系就是片面的,通过各种各样的广告媒体、家庭、教育和宗教,生产驱使着消费。商品化文化生产的真正问题,尤其是消费从属于生产的这种方式,正是在于商品关系的片面性。

　　马克思实际上没有很充分地对消费进行理论化。他关于商品拜物教的分析不够广泛;不能够让他超越商品拜物教的经济含义,而上升到全面理解商品拜物教的社会文化和心理层面(虽然他在《资本论》中关于商品拜物教的原始分析将这些问题的一半融合到了一个辩证不可分的程度)。对于马克思来说,他有理由说他没有对消费、消费主义或消费文化进行充分地理论化,因为在他那个相对早期的资本主义阶段,消费尚未成为一种强迫症(困扰)。那时的需求普遍比今天更为"真实"

些,那时的需求是主要的而不是次要的,那时的需求是物质必需品而非奢侈品。马尔库塞认为"压抑性的去崇高化"是一个社会特征,这个社会在结构上就要求人为刺激消费(以免资本主义崩溃),马尔库塞的这种分析对于19世纪中期写作的马克思来说有点牵强。无论如何,马克思理解了生产与消费的片面关系,即便他不能充分意识到这种片面关系在后来的消费资本主义社会中所表现出的程度。

虽然马克思发展了意识形态理论,表明了意识在物质历史的兴衰中的重要性,但是他没能预见到文化工业的程度,也没能预见到文化能成为纷争领地。文化工业论点只有在后来生产能力更为强胜的资本主义阶段才能显露出来,这一阶段政府和公司不得不自觉地处理生产和消费之间的不均衡。马克思简直不可能预见到鲍德里亚(1983年)所称之的"刺激"(比方说,广告)在刺激消费和把消费主义当成一种迷人的生活方式方面所起的关键作用。马克思一定会感到惊讶最近从亚利桑那州凤凰城传来的促销文学说,在凤凰城"购物是一种生活方式"。对马克思来说,购物只是一种生活的复制,而不是人们身份或经济复苏的主要源泉。对于马克思来说,购物是一个相对毋庸置疑的、对身边商品非调节性的物质需求的调整。购物不需要理论化,因为购物(关于基本日用品)就是购物,再简单不过了。的确,马克思认为资本主义经济危机的关键诱因是绝对贫穷——是资本过多积累在私人手里,迫使很多人陷入贫穷的结果。今天在人们不光顾购物中心和车展的地方,资本主义摇摇欲坠(当然,资本主义繁衍一些国内和国际的某种不平衡发展来为很多人制造贫困)。

5. 最后,文化工业论争表明文化有一定的超越虚假需求本身的迷惑性或牵制性。实际上,文化工业以一种关键性的体制服务方式对文化进行去历史化。这的确是商品拜物教分析在20世纪晚期的延伸。霍克海默和阿多诺认为文化消费者和文化生产者之间的片面关系不仅刺激他们被动地消费文化,从而违背了他们自己的客观兴趣,而且也把文化变成了解围之物,一个独立于人类意志而存在的、貌似自然的进程。我们以一种毋庸置疑的方式定位流行文化:我们认为大众文化不是人工制品,而是环绕这个晚期资本主义星球的、我们赖以生存和呼吸的不可避免的苍穹。正如我们不能理解作为能够抵制世界形象的强势读者的建构能力一样,我们不理解文化是人创作出版的(因此可以被再创作出版)。

马克思在他的商品拜物教分析中对所有这些都进行了解释。人类关系似乎是历史恒定的。文化工业看起来似乎根本就不是工业。然而,我们不加反思地体验着我们的普通文化:我们习惯了源源不断的娱乐和信息,对此我们不假思索地吸收,以此来建构我们在晚期资本主义的共通市民身份经历(吉恩,1964年)。这些共通的建构经历涉及的范围从电视、电影到新闻、教育等当下的各种文化再生产行业。虽然我们可以将电视文化结果追溯到某些作者、编辑和转播实践活动中,以此来认可电视,但这也是一个二阶逻辑实践了,而不是实际文化接受过程的一部分。电视幻象原本只是作者的创作实践,为了理解这一点,我们必须努力提升自我,来超越电视幻象的控制(把不真实的世界描绘成真实世界)。虽然这一点有可能做到(毕竟,这正是文化研究的可能性),但是,为了表现出既定给我们的文化本质,流行文化本身拒绝自身的作者化和历史化。

鲍德里亚认为人们消费的不是商品本身,而是商品的"模仿"、商品的媒体化表述。这在文化领域里尤为明显,这里的商品一开始是非实质性的。因此,我们消费的并不是电影《蝙蝠侠》,而是围绕事件本身出现在广告、评论和各种各样蜘蛛侠行装上所表述出来的各种模仿。这些表述,或者是说鲍德里亚称之的模仿比一开始时更为去实体化。没有将《蝙蝠侠》认真地当成一个具有内在要求的文化文本,我们把握不住电影本身和各式各样围绕着电影的蝙蝠侠现象之间到底有什么不同。另外一种理解广告中商品建构的方式是:广告以一种使我们沉迷于其中的方式来描述商品,使我们无法严格地按照商品应有的方式来对待商品。如果我们被反复灌输本田车时尚而又免费保养,本质上要优于美国同类汽车,这种观点被灌输得越久,我们就越有可能对本田车失去判断力,这样就使我们对这种言论确信无疑(也许甚至注意到了很多本田车在美国由美国工人组装)。

文化去历史化是文化工业论争的关键所在,这有助于解释文化艺术品对我们想象力的巨大操控。模仿者玩着魔术,而不被当成商品拜物教的文本书写者。电影创作者和汽车制造商一样,把打造产品形象当做产品销售方式。在模仿模糊了他们所模仿的现实的地方(比如说,本田广告某种程度上就成为了本田车,或《蝙蝠侠》宣传活动成为了《蝙蝠侠》电影本身),我们不仅忘记了是谁书写的文本,而且还忽略了文本或模仿与它们所表述的真实世界之间的区别(就算这个表述本身是本质性的)。这样,我们对于眼前的具体问题就很难做出评价:这辆车到底好不好开,电影是否值得一看,等等。

在流行文化失去了明显作者身份和文本界限的地方,流行文化从我们身边悄然溜过,没有受到任何挑战。当前的文化氛围超乎寻常地具有渗透力,某种程度上淹没了所有话语、经验和评价。文化似乎不知从何而来,也不知前往何处;文化被具体化进了机场的杂志架上、连锁书店中、永无止境的电视节目和购物中心的电影院中。我们期待文化就像期待天气一样,虽然它是千变万化的,但是它的存在却是亘古不变的。因此,作为人类技巧和批判性评价的独特结果,文化很难以被再作者化和再文本化。在这个意义上,文化工业论点表明文化已经成了一团传统阐释技巧或外部政治挑战无法穿越的迷雾。这正是葛兰西所说的霸权的意义,观念和实践世界被深深地惯例化,以至于我们都忘记了这样一个事实:我们每走一步都在给这些惯例增添价值。这就是我们的世界,很难给它不同的想象,更不要说以不同的方式去描写它或者改变它。意识形态已经渗透到了日常经验的每一个角落,我们宁愿相信文化缺乏历史,只是模仿而不是现实片段或现实过程。

法兰克福文化解读

法兰克福学派的文化工业论点和他们特定的文化解读之间是有差距的。不管愿意不愿意,他们的批评理论不是一种用来应用的方法,而是方法和内容之间的相互作用。因此,要评述特定的法兰克福文化解读有点武断,就像我们处理解构一样,好像能够将他们的文化理论和文化分析区分开来。认识到法兰克福文化理论不是铁板一块,而是由和社会研究所紧密联系的不同研究者发出的不同观点,我们至少可以为法兰克福理论家们概括出他们的阐述兴趣领域（杰，1973年；阿格，1979年；赫尔德，1980年）。

　　法兰克福文化研究关注艺术、大众文化和信息工业。他们唯有关于艺术的研究高度理论化，而且内容丰富。虽然有众多其他阐述阿多诺基本观点的不同作品（比方说，马尔库塞，1978年；阿多诺，1973年 c），阿多诺（1984年）的《美学理论》也许是法兰克福美学理论中的巅峰之作。法兰克福学派的重要观点之一是：美学理论是更为普通的文化研究的合乎逻辑的组成成分。在这个意义上，同样的批评方法可以运用到广泛的文化产品和实践中去。法兰克福文化研究方法和包括伯明翰学派、后现代主义、后结构主义和女性主义在内的文化研究方法大为不同。这些后来的方法忽略了所谓的高雅文化，反而更多关注关于传媒研究和电影理论研究的流行文化作品。

　　法兰克福学派对待美学的方法表明可以为了寻求社会矛盾的实证证据来解读艺术，也可以为了寻求对单调乏味的现实的可能性超越来解读艺术。在这个意义上，法兰克福理论家们动态地对待艺术，特别是现代艺术。没有唯一正确的艺术，也没有唯一正确的艺术解读方法。相反，批评方法和评价必须适合艺术所产生的语境。审美阐释是内在的也是语境化的：根据艺术本身来解读艺术——艺术想对读者、听众和观众说什么——同样还要根据定位艺术的社会环境来解读艺术，艺术必须作为对这种社会环境的回应来解读。然而，毫无关联的是，艺术被动地表述和反映所谓的真理（是否是阶级真理，或别的真理）。艺术本身不是认知行为；虽然表述包括认知，但它超越了认知，与人性受压抑的希望和违背人性犯下的暴行产生共鸣。法兰克福美学理论拒绝以日丹诺夫主义和卢卡奇的形式对艺术进行机械地政治性解读。艺术不仅仅包含意识形态，还是一种文化实践和经验形式。不可否认艺术（所有文化）的政治相关性，但是宁愿将它的政治性搁在别处，也不愿意放在机械马克思主义者所认为的公开的意识形态表述文本里。艺术可能有这样或那样的党派，但是，通常它的党派性远不如本体论立场重要——对社会存在的解读和关于社会存在的推荐。形而上学的党派性观念当然是一种现代主义观；法兰克福批评家们不仅认真地把现代主义看做是美学潮流,还在某种意义上实践现代主义批评,他们拒绝对正统马克思主义进行表述性地美学解读,而眷顾更加间接的、能够认识形而上学党派性真相的解读。

法兰克福理论家们认为,对文化的本质性和语境性解读具有政治效力,因为自从现代性到来之时起,所有政治观念就发生了改变(哈贝马斯,1981年a)。既定的政治场所常常找不到政治。相反,在经验和表述领域,它超越了传统政治,因此被认为是政治转型的禁区。虽然传统的马克思主义也许把这种观点驳斥为存在主义,萨特的(1965年)存在主义质疑了存在的形而上学,后来帮助他把更为实质性的见解扩充成了连贯的批评政治理论。对于萨特来说,艺术家的视角表述了这样的信奉:如果不是对党派性的信奉,就是对存在本身不可逃避的偶然性的充满激情的信奉。

这并不是说法兰克福的现代主义观点认同法国存在主义(波斯特,1975年),然而,他们关于美学理论的讨论肯定利用了个人政治和文化政治的当今现代主义观念,无疑,这些观念和萨特早期的一些美学政治观念很相似。也许最好的表达方式就是要注意存在主义,像批评理论一样,是片刻的现代主义(我认为虽然法兰克福理论者,特别是阿多诺,经常对存在主义的多种思潮持敌视态度(阿多诺,1973年a))。这些现代主义围绕在这样的观点周围,就像女性主义者所说的,一切个人的都是政治的——艺术家或文化创作者的创造姿态本身证明了至关重要的、具有改造作用的价值。

文化作品和文化实践的内在意义并没有比从外部(根据日丹诺夫主义和卢卡奇)进行评判的意识形态正确性重要。阿多诺将贝克特解读为激进派,不是因为《结局》激励了无产阶级或斥责了贪婪的资本主义,而是因为贝克特理解人类现代性状况,虽然他没有对其进行足够的历史化来提出乌托邦选择。贝克特的焦虑是资本主义制度下所有批评学术的焦虑,就像他的"解决办法",如果我们能这样说的话,是不合时宜的存在。《等待戈多》毫无希望:处处引发反乌托邦。通过对贝克特文本的历史化,并将其置于时代语境中,认真研究贝克特作为反抗作家的内在意图,阿多诺对于贝克特的批评性解读把贝克特的文本上升到了社会批评的层面。

萨特的政治艺术术语(1965年)是效忠文学。虽然萨特和阿多诺都是现代主义者,但阿多诺蔑视萨特的煽动意图。相反,他认为现代主义文化作品是对一种体制的抗议,以世界历史观看来,很多现代主义对这种体制还只是一知半解。勋伯格不协调的音乐几乎无法让人理解它是怎样内地反映了管理社会的不和谐,它又是怎样将自己和这种不和谐区分开来的。阿多诺对勋伯格的解读使得阐释成为可能。然而阿多诺把勋伯格的音乐当成反抗性音乐来聆听。换句话说,通过对反抗作品的历史化,将其置于某种社会语境,阐明其典型的非理论化的内在意义,阿多诺的文化研究方式给这些反抗作品增加了政治色彩(文化生产的关键是生产文化意义,而不简单地反思建构实践,这就是批评家们的目的)。

虽然阿多诺对大众文化的蔑视是众所周知的,通过指出阿多诺对高雅/低俗文化之分的启发性的解构,我想推翻阿多诺的标准解读。很多后法兰克福文化研究者们对阿多诺的官方主义进行了主题化(在他的作品中这种口吻不可否认),因此把他的美学理论解读为是与更为广泛的文化研究议程的果断决裂,而我更喜欢把阿多诺解读为一位文化研究作者,他的文化解读仿效了整体化的社会理论。相反,不将阿多诺高雅的美学理论和他"低俗"的流行文化分析割裂开来,我认为他的批评解读仿效了同样内在主义的/语境的阐释模式,他以这种模式来解读勋伯格、贝克特和卡夫卡。

在这个意义上,比起很多赞扬阿多诺的左翼人士来,阿多诺更为严肃认真地把流行文化当成不同的意义领域和潜在的抵抗场所。他对电视、收音机和新闻的研究代表了唯物主义文化批评领域的最佳作品,几乎没有反映他对他以之出名的暴民的蔑视。我想说的是老生常谈的"精英主义"在"左派"已经被过分研究。老实说,阿多诺并没有不假思索地反对资产阶级的高雅文化,特别是浪漫主义和现代主义。可以肯定,阿多诺和他的其他的法兰克福学派同事们进行了大量的美学和文化阐述,同质化了流行文化中一些最广泛的趋势,没有将流行文化当成无可救药的粗俗。但是,阿多诺和他的支持者们并没有清楚地区分他们的高雅文化和低俗文化研究,他们都利用了同样的内在主义的/语境批评模式,阿多诺将这种模式发展成为社会理论的真实模式。

事实上,阿多诺形成了一个超乎寻常强大的文化研究方案,这种方案赢得了批评社会理论的地位。当他做文化解读的时候,他将这种方法应用到对德国唯心主义思想研究的哲学阐释中。同时解读他的《否定辩证法》和《美学理论》尤为重要。这些作品先后创作出来,又一同汇集了他来自内在主义的/语境基础的社会、文化分析方法。他在《否定辩证法》中对康德和黑格尔的解构不可能成为对主要文学作品和电影的批判性解读。当阿多诺发展不同形式的文化、哲学和政治表述的特殊性含义时,他特别精于关注整体性,在这方面,他满足了斯图亚特·霍尔(1980年b)文化研究的要求,因此与霍尔称之的文化主义和结构主义研究方法汇合到了一起。霍尔以独特的辩证综合法使用文化主义和结构主义这样的术语来指涉文化实践中在场的片刻经验和决定。虽然霍尔的文化批评比开始提到的阿多诺的两部成熟作品更容易读懂,但还是很难看出他和阿多诺在研究方法上有什么区别。

在法兰克福思想家当中,马尔库塞因为个人原因,二战结束后仍然待在美国。这表明他有更多机会,也更加易于接触美国文化和政治的流行趋势,他在自己《论解放》(1969年)一书中理论化了他对"新左派"的同情。这种开诚布公给人们的印象是他对待大众文化的态度比其他法兰克福同事们要肯定,虽然就像他在《审美之维》(1978年)中所提到的,这种印象其实是误导:马尔库塞在美学理论方面其实是阿多诺式的(虽然我也要讨论阿多诺在对流行文化的开放态度方面也是马尔库塞式的)。人们为什么认为阿多诺是文化官僚、马尔库塞是一个真正的摇滚音乐同情者呢?原因之一就是人们对于阿多诺在20世纪40年代在美国流散期间进行的一系列深刻的大众文化解读不是很熟悉。这个时候反文化的美学政治在20世纪60年代兴起,像马尔库塞的《单向度的人》(1964年)和他后来的《论解放》相对易懂,并且生动地谈到了美国、英国和西欧兴起的新社会运动状况。

几近荒诞的是,马尔库塞逐渐被贴上了新左派"领袖"的标签,《单向度的人》被解读为煽动性的描述。任何熟悉马尔库塞美国时段的人都知道,虽然他极具才华来理论化新左派,甚至加入新左派,但是他还是一位严肃对待高雅的欧洲社会哲学和文化传统的有教养的哲学教授。当然,那时几乎所有的美国批评学者概莫如此。诺姆·乔姆斯基、莱特·米尔斯、阿尔文·古德纳和马尔库塞一道反对越南战争,支持民权运动。他们认为马尔库塞1964年的著作具有煽动性反映了英美分析哲学缺乏政治参与。只有通过与枯燥乏味的传统进行比较,像《单向度的人》这样的书才能被人解读为是对武器的召唤。

这个解释并不是用来调和法兰克福文化理论,使它们成为一个同步的整体。事实上,马尔库塞在20世纪60年代晚期到70年代早期的活动中和阿多诺以及霍克海默是不同的。那个时候,阿多诺和霍克海默已经回到了西德。阿多诺和霍克海默关于越南的妥协姿态受到人们的嘲弄,而众所周知,马尔库塞反对越南战争,伴随而来的是对青年运动文化话语的接纳。然而,马尔库塞自己的美学和文化理论能够追溯到原来发表在社会研究所刊物《社会研究期刊》(自此,在多处被翻译成英文,马尔库塞,1968年)上的一些早期的文章。他著名的《文化的肯定性质》(1968年,第88~133页)的文章预料到了后来法兰克福学派在文化理论方面的尝试。他在20世纪60年代的活跃绝没有胜过他细致入微的阐释和理论眼光,他将自己的理论眼光大加发展,与阿多诺和霍克海默的观点遥相呼应,甚至几乎达到了沃尔特·本雅明的水平。

像阿多诺一样,马尔库塞试图从内在和语境方面解读文化作品和文化实践。他以不同的方式把文化作品和实践中蕴含的对压迫的愤怒和对一个本质不同的社会乌托邦希望显现出来,以此来试图对文化作品与文化实践进行历史化和政治化。和阿多诺相比,马尔库塞还不大符合法兰克福文化官方主义漫画形象,尤其是在对20世纪60年代敌对的青年文化的同情评价方面。马尔库塞的文化政治是去中心的、灵活的,不要求机械地遵循建基于严格政治正确性标准上的批评评价准则(然而可能对此做出定义)。

文化的幻象(表象)具有内在模糊性,是对日常生活的反抗和对一种本质上全新的存在模式的召唤。马尔库塞,甚至胜过阿多诺,将这种模糊的审美活动直接置于流行文化潮流中;他比阿多诺少一些现代主义色彩(或者,表达得更为准确点,是比阿多诺更具多元性的现代主义者,阿多诺的现代主义标准本质上比马尔库塞的更加严格)。

倾听或解读表面文化形式中的政治抵抗是法兰克福美学理论的重要特征。它把马克思美学理论和卢卡奇以及布尔什维克强加其上的表述现实主义分离开来。文化工业的解释性理论和法兰克福批评理论的现代主义阐述框架融合一起,既定位了文化表述又本质性地使其在政治上更为人理解。法兰克福理论家们相信声称珍惜差异和多样化的体制易于吸收直接的社会批评。马尔库塞(马尔库塞等,1965 年)称此为压抑的宽容。只有立足于不同的、少一些散乱的层面,批评才能发出足够的声音来,才能不被卷入文化工业的无底洞,文化工业愉快地把一个个半空的杯子变成一个个半满的杯子,这就是里根时期的本体论。

从这个意义上说,法兰克福文化解读采取了艰难的、隐喻的形式。他们把抽象概念辩护为重要的间接,因此避免了文化和政治陈腐的陷阱。虽然我(1990 年)已经指出所有由于它们自身的困惑而造成话语衰落的理论,但阿多诺和他的同伴们将他们的批评解读和文化分析谱写成了反抗,努力使语言摆脱陈腐化和单维度化的力量,马尔库塞(1968 年,第 88~133 页)原来称之为肯定性的文化。虽然一些更具实证基础的法兰克福大众文化分析比最近几年一些精选的美学理论更容易看懂,但是所有法兰克福的作品都富有辩证反响和影射,这使他们的批评不至于还原到常识性话语的肯定术语中去。他们相信这保护了他们的辩证思想不被晚期资本主义的主导舆论所吞没,晚期资本主义将社会批评还原成了可以改良的国家主义社会改革的议程条款。当整体性存亡攸关的时候,激进的文化研究必须抵抗被无害的,甚至肯定的文化评论同化的趋势(就像作为购物指南、文化庆典和文化英雄化的充斥报纸和杂志的影评和书评一样)。

第五章　伯明翰学派文化研究

文化研究的程序化

事实上,马克思主义的文化社会学和与之齐头并进的法兰克福美学理论共同构成了文化研究的背景。虽然我曾经说过霍克海默和阿多诺在1972年共同撰写的文化产业论点为文化研究的政治经济方向奠定了基础(没有破坏辩证乌托邦的法兰克福现代主义批评),但人们可以将文化研究当成一种或多或少统一的运动,确切地将其年代定位在理查德·霍加特1964年在英国伯明翰大学创立当代文化研究中心(CCCS)的时候,该中心随后由斯图亚特·霍尔(1978年、1980年a、1980年b、1988年)接任。在引导英国文化研究程式化、本质性的发展方面,霍尔比其他任何人都要劳苦功高。除霍加特的先锋作用外,伯明翰文化研究方法还得归功于 E. P. 汤普森(1963年、1978年)和作为文化分析的文化—社会方法创始人的雷蒙德·威廉斯(1950年、1961年、1966年、1975年、1977年、1980年、1981年、1983年、1989年)富有历史意义的工作。尽管现在文化研究的阐释兴趣五花八门,但它作为一个术语本身还得归功于伯明翰团队。

如果当代文化研究有严格的日程可言的话,那么伯明翰学派的工作将不在话下。当然,文化研究的特点之一就是它对那种取代创造性思维、阻碍灵活应用的固化定义的反感。虽然程式化的论断并不多见(见霍尔,1980年b;约翰逊,1986~1987年;亦见梁,1992年),但在伯明翰人士的典型著作当中会发现伯明翰文化研究范式(approach)。

第五章 伯明翰学派文化研究

尽管如此,由伯明翰人士以及他们的改写过程所提供的零零散散的明确程式中,我们还是能够重建这种日程,他们的改写过程有助于我们从由不同的阐释姿态构成的蔚为壮观的批评景象中来重建"伯明翰范式"。在此过程中,我们必须牢记一点:对于斯图亚特·霍尔和他的同仁们而言,文化研究既不是一个固定的方法,也不是一套分散的论题,而是一种不固定的、跨学科的方法。

伯明翰范式的特点

伯明翰文化研究范式的特点如下:

1. 跨学科性。 虽然在各种中心都已经设立了文化研究和流行文化项目,包括伯明翰大学独创性的项目,文化研究运动的最大特点还是在于它对学科确认的抵制。有一种观点认为文化研究的主题和方法都反对根据单一学科来对之轻易进行归类。虽然许多传统学科(如社会学、人类学、英语)也都研究文化,但是他们的研究工作仅局限在各自的论题和方法论的参考框架之内。伯明翰文化研究的倡导者相信这种研究不必要地桎梏了文化研究,不能从浩瀚的学科当中学习经验,却接受了关于研究范围和方法的预设性的学科定义,这些定义不必要地剥夺了人们对新论题和新研究方法的追求。

实际上,任何一个文化研究学者都不会否认文化研究具有名副其实的跨学科特点。这是文化研究的信条,并将很有可能持续不变。但另一方面,作为合法的学术研究领域,文化研究的创建却又有背道而驰的倾向,违背了更为程式化的理论和方法论方面的跨学科信念。可能这是一种趋势,任何一种反叛的知识运动终将违背其去中心的、分裂性的初衷而被制度化。无论如何,对于受到强烈诱惑,想要在已有的院系或者像伯明翰大学一样的专门的研究中心建立研究程式的文化研究学者而言,追求体制的合法性与跨学科的信念是矛盾的。

正如伯明翰例证所示,像当代文化研究中心那样的研究中心事实上能够成为跨学科学者的避难所。然而,我早先在本书中提到,对于文化研究而言,几乎有一种难以抗拒的趋势:要么在已经建立的学科中寻求合适的位置,因此而失去了跨学科的重心;要么就将其本身建成一门新学科,以此来适应大学里劳动的学术分配。因此,当今文化研究在大学里几乎作为一片独立领域而存在,作为文化分析的一个相对同质的场所,文化研究要么被囊括在学科之内,要么被排斥在学科之外。虽然这些中心的人们的理论和方法大相径庭(如博林格林流行文化项目[参见布朗,1980年、1989年,以及他编辑的《流行文化期刊》(*The Journal of Popular Culture*)]就不同于伊利诺斯大学的批评与阐释理论项目[见纳尔森和格罗斯伯格,1988年],两者都和伯明翰文化研究中心大不相同),但有一种趋势很明显:这些研究者都聚集在要和别的学术院系争抢合法性、资源和生源的院系或者原院系(proto-departments)里。

这也许是任何一种新的知识运动在酝酿过程中所要经历的必要阶段。但是在重要意义上,我认为这违背了文化研究的初衷,即显而易见地、自觉地努力去打破学科局限,去抵制任何和所有的学科划分。当然,理论和实践的分歧点也常在这里:就知识分子而言,要捍卫和稳固他们领域的新发展,他们常常冒险寻求制度化,而又希望制度的合法化不会让他们事与愿违,不会导致令人窒息的保守主义。虽然那些被吸引到如伯明翰、博林格林和伊利诺斯文化研究中心的人们有着多样化的知识背景和学科背景,人们还是想知道,是否离开了在当代大学里与之分享空间、资源和生源的其他学科,文化研究运动就成不了另外地位稳固的学科或原学科。

不管怎样,这正是我将在最后两章中要谈及的问题。在最后两章里,我反对把文化研究视为一门学科或原学科,而赞成一种更为参与的方式,甚至非学术的方式。将文化研究学科化的内在含义之一就使其丧失跨学科理论的重心;我相信在大学中,体制合法化所带来的利益不会胜过这种跨学科性的丧失。文化研究跨学科程式的一个最重要的启示就是它对理论问题的严肃关注。文化研究大量借用了阐释理论,包括后现代主义、后结构主义、批评理论和女性理论中激增的跨学科兴趣。这些对文化研究项目形成聚合影响,实际上确保了文化研究不会成为纯粹的方法而在大学的学科位置里安营扎寨。至少,这才是跨学科研究的初衷。

第五章 伯明翰学派文化研究

但是,就像我将在第九章里探讨的那样,许多文化研究倡导者降格到远低于理论水平的程度,以至于他们自己的文化分析也变得肤浅地公式化,在处理文化阐释问题时,他们的封闭方法也几近机械化。这种情况的发生正是因为文化研究已经逃进了院系和程式中,这些院系和程式颠覆了跨学科性,而正是这种跨学科性原本有望确保文化研究超越单纯的方法论,并且在结构和政治上积极地考究文化艺术制品和文化实践。现在,不幸的是,大量的英美文化研究实际上是没有重心、缺乏基础的解读。这种解读没有与对社会整体性的更多理解相结合,也没有导致连贯的政治干预。在第九章里我拓展了一个这样的观点,面临着那些拒绝媒体研究的文化传统主义者(他们认为媒体研究是为了维护业余爱好者和故作姿态者),为了使文化研究合法化,也许早应该要求文化研究制度化(见米勒 1998 年关于他本人尝试着在英语系开展文化研究的描述)。

跨学科性对于文化研究至关重要,它确保了文化研究的理论性。举个例子来说,法兰克福学派对大众文化的一些分析直接借鉴了经济学和美学理论,因此确保了他们自己个别的文化解读,用黑格尔的话来说,会通过个别来阐明一般——通过文化姿态来阐明资本主义。阿多诺受整体论启发,通过个别的文化解读建构了一般社会理论,并由此也阐明了整体理论,当这些个别阐释连贯起来时,整体理论就辩证地出现了。但是,像我随后将描述和悲叹的那样,这种一般理论和个别文化解读之间的共生互利,在很大程度上,已经让位给受方法论驱使的解读,此种解读与其说是理论性的,还不如说是技术性的,这种解读关注文化作为一种话语是怎样构成的,而不关注文化话语为何首先是一种社会和政治因素。

显而易见,文化话语的方式和理由都很重要;文化理论仍然太抽象,除非它能深入研究主导我们生活的实际文化文本。正如我(1989年)在不同语境中讨论的那样,这些文本成为了生活。我所称之的快速资本主义把这些"文本"散布到我们的日常生活世界之中;对金钱、科学、大厦和数字的需求都按照使之无法辨认的方式进行编码,随后便又如此这般地对之进行反驳。书本已经废弃不用,至少是已经落伍了,然而文本性比以前要更强大了——广告、电视、教材、商贸小说、新闻报道。不幸的是,世界和文本之间的界限如此模糊,以至于很难辨别其中的秘密,而且潜文本自称代表着日常世界(更不用说再形成一个日常生活的不同文本)。

尽管如此,这种结构分析(如我关于快速资本主义的概念)趋于从属于某种以文化研究的名义来进行的、个别的技术性解读。在第九章里我更加详尽地探讨了批评实践中发生这种转向的原因,且让我在这里指出文化研究学科化对文化研究分析者在理论参与方面的损失所起的作用吧。一切都是平等的,文化研究的制度化正趋于偏离理论的跨学科重心,而这种重心有助于阻止文化研究成为技术崇拜的趋势。当然,这就假定了跨学科性对知识分子生活所做的主要贡献在于理论领域,跨学科性把学科的个别关注融合成一个精心策划的整体。但是另外一些人对跨学科性也许持有完全不同的看法,只把它视为一种新解放主义的老练方式,企图逆转美国大学课程从 20 世纪 60 年代以来一直公认的松弛状况,因此,通过重新强调古典自由艺术来灌输传统价值。这在目前正风行于美国大学校园的布鲁姆—赫希—切尼教育新保守主义传统中就有所体现。

2. 伯明翰文化研究强调广义的(不是狭义的)文化定义。文化不只是高雅文化作品和知识的贮藏库,而是使我们成为人类的学识和活生生的经验构成的人类学整体。这种文化视角是人类学文化概念独有的(如林顿,1936 年),它反对主流英语文学批评里更具利维斯审察传统的、文化的道德或文学概念(见伊格尔顿,1983 年)。对人类学而言,文化无优劣之分。文化是一个封闭的语境,人们身在其中,学习其身份、价值观和行为方式。在这个意义上,文化研究延伸到为社会学、人类学和英语系所保留的学科领域,开始研究起那些被传统领域的学者狭义研究的文化分析论题来。

伯明翰团队最关心的问题是确立到底什么可当做文化,即文化研究分析领域的定界。虽然伯明翰人士有一些(如霍尔,1980 年 b)程式化的论断(常常以书本引言的形式出现),但就绝大部分情况而言,文化研究尝试解决的界限问题并没有得到满意的解决,考虑到伯明翰团队的折中主义和跨学科焦点,这个问题也许就不可能解决。也许当代文化研究中心和相关学者们最大的贡献在于过去20年出版的著作,这些著作涉及工人阶级、青年文化(科恩,1972年;霍尔和杰弗逊,1976年;默多克和麦克克农,1976年;保尔·威力斯,1977年、1978年;迪克·赫伯迪格,1979年、1988年;布雷克,1980年;约翰·克拉克,1990年)和妇女文化(麦克卢比,1981年;拉德维,1984年)的特定的实证研究领域。但这并不是说当代文化研究中心工作人员是反理论的,在此意义上,我刚才暗示过,原学科的文化研究失去了跨学科性的时候,很容易缺乏理论焦点(假设跨学科性是可能的话)。

当代文化研究中心铸就的丰富的实证传统与理论反思性是冲突的,理论反思首先决定什么可当做文化,以此来为文化研究领域和文化研究方法提供一个充分的定义。当代文化研究中心团队的强势之一是它彻底的反思性,这体现在一系列印刷出来的论文、大量的会议和定期出版的理论论述之中。通过对这些材料的大量解读,我们可以清楚地看到当代文化研究中心的人们意识到文化研究的恰当定义肯定会辩证地出现在他们实证的、政治性著作语境中。不像美国更加实证传统的流行文化分析者,当代文化研究中心团队持续不断地关注的是他们自己的经验分析是建立在更加广泛的理论影响之上的,但是理论建树不会脱离特定的文化解读语境而产生。

在大多数文化研究方式中,文化的经验解读和授予这些解读的理论支持之间首先存在着某种张力。伯明翰团队比美国流行文化主义者更能把这种张力牢记在心里,即便他们从来没有令人满意地解决好这个问题。事实上,比起大多数文化研究者而言,理论发展和在不同理论传统(如葛兰西和阿尔都塞)间协调的努力更多地赋予了伯明翰学者研究的活力。尽管英美文化研究总体而言趋向于反理论,但是,当代文化研究中心团队进行的文化解读却有着大量的理论反思。虽然在某些方面,当代文化研究中心团队并没有恰当地把他们的经验性工作和对葛兰西、阿尔都塞、女性主义理论、符号学和后结构主义的广泛兴趣结合在一起,但是,至少他们认识到需要这样做,这一点没有人敢说美国文化经验主义能做到(见邓金,1991年)。

事实上,正由于这个原因,在美国,除了改变观点的人之外,人们对当代文化研究中心的工作并不敏感。由此可以理解,极具实证主义特点的美国学科,如社会学和传播学,不屑与伯明翰学派结交。但是,英国、澳大利亚、新西兰和加拿大的社会学比美国社会学更加理论化,同时也就更加接受野心勃勃的伯明翰研究程序。

3. 伯明翰学派断然拒绝高雅文化和低俗文化之分,相反,他们似乎将表述都置于"高度"或"深度"的统一体之中来平等地对待。对于大多数人,尤其是那些熟悉卢卡奇和法兰克福文化理论方法的人来说,这是当代文化研究中心团队最明显的和最具挑战意味的特征。实际上,文化研究运动中的每一个人都拒绝法兰克福学派的文化官方主义。像我在前一章中提到的那样,法兰克福学派瞧不起如爵士乐和摇滚乐之类的大众文化形式,把他们看成是退步的(堕落的)和派生的表述,几乎不值得严肃认真的研究(见布雷克,1980年;西蒙·弗里斯,1983年;欧曼,1984年;格罗斯伯格,1986年)。虽然在前一章中我说过运用与阿多诺一派在分析高雅文化时采取的相同的范畴和批评方法,法兰克福学派文化理论很容易应用到大众文化中去,但是,很显然,伯明翰团队出现的部分原因还是在于和正统马克思主义美学理论和法兰克福学派官方主义相抗争,强调左派人士的流行文化的政治和美学关联性。

某些作家,特别是那些更为公开的政治作家,认为伯明翰学派摧毁文化统一体,是一种对于文化产品和实践进行研究的统一的方法论方法铺平道路的做法,有时是对流行文化本身的赞同。然而,我不会为了要成为流行文化的同党而去解读霍加特或威廉斯的作品,仅仅只是谨慎地关注着文化霸权沿着社会和经济不平等的梯子上上下下运行的方式。尽管如此,霍尔采用葛兰西的观点就很清楚地说明了他与葛兰西一样都强调作为资本主义晚期一种重要的"反霸权"形式,民粹主义/流行文化抵制的可能性,甚至必要性。但是,像葛兰西一样,霍尔在对此进行理论化的时候也十分谨慎。其他人却不然,由此他们给人留下了这样的印象:对于法兰克福立场,他们不喜欢的只是其显而易见的文化官方主义品味,而其对文化进行理论化的方式——这是两个完全不同的问题。

第五章 伯明翰学派文化研究

我重又回到这个讨论话题上来,这个讨论对于决定文化研究的未来至关重要,在第八章我探讨了需求、价值和文化批评的问题。这里我只想说明法兰克福学派对于文化政治立场的重点不在于他们对某种极为现代主义的文化表述(如卡夫卡、勋伯格、托尼·本内特、贝克特,如果不是爵士或摇滚的话)的个人好恶,而是在于他们坚持认为文化评判,尤其是作为政治理论,是可能的。当然,正统马克思主义者总是接受外部文化评判的可能性,在他们看来,就艺术和文化的政治正确性而言,外部文化评判就是对社会世界认知要求的外部合法性。非法兰克福导向的文化研究,特别是后现代的和流行文化主义的变体,不仅拒绝马克思的阶级还原论,因为其武断的欧洲中心主义,而且拒绝一切对文化做出的政治评判,包括法兰克福学派的评判。

法兰克福评论家严肃地把流行文化当成政治意义和政治主张的竞技场。他们不喜欢流行文化,因为它背叛了伟大的现代主义方案的理性。但是,他们坚持文化政治评判要放在一个更广阔的政治和社会理论框架之内,这样的评判才使得文化工业对霸权的结构性贡献具有意义。如果没有这样一种文化理论,法兰克福学派和伯明翰学派将会不知所措,难以解释为什么晚期资本主义会继续存在下去——为什么在这样一个可能技术过剩的时代人们竟然还接受自我否定、自相矛盾的物质和文化需求。虚假需求理论(如马尔库塞,1964年)就提供了一个这样的联系,日常生活中的个人选择层面和系统再生产的动力赖以产生的结构层面之间的联系。

法兰克福理论家依赖人类需求理论的弗洛伊德方式(如马尔库塞,1955年),伯明翰团队依赖葛兰西方式(他们后期的工作和阿尔都塞的意识形态理论融合在一起,后者在很多方面和法兰克福学派的意识形态理论是相似的)。德国派和英国派都坚持必须要根据流行文化政治姿态的知识、话语和抵抗的潜力来评价文化,在最为宏观的分析层面,在社会结构动力的决定中,知识、话语和抵抗共同建构了一个关键的结构因素。虽然,比起斯图亚特·霍尔及其追随者而言,法兰克福人士是更加公开的现代主义者(也就是说,他们把欧洲高雅文化等同于关键知识、话语和抵抗的储备库),他们和伯明翰学派一样,都强调作为晚期资

103

本主义文化政治相关模式的文化评估。尽管法兰克福理论家很愿意接受他们现代主义品味和文化政治理论的融合,但是,英、德两种研究传统都将高雅文化和低俗文化的二元对立解构为晚期资本主义的政治不恰当。

伯明翰学派将他们的分析性工作紧密围绕着葛兰西而非高雅欧洲现代主义,借此,他们避免了将自己变幻无常的文化偏好和严格的文化分析混杂在一起的局面。葛兰西的民粹主义是伯明翰文本结构的重要部分,而法兰克福的工作主旨中却没有这一点。这有力地表明只有伯明翰团队坚持认为在日常生活层面存在着重要的文化抵抗的可能性,而法兰克福学派并非如此。虽然法兰克福立场的逻辑暗示着人类真实需求,包括文化需求(如马尔库塞[1969]与美国新左派和20世纪60年代青年文化的密切联系所证明的一样)发展的可能性,但是法兰克福理论家们在他们的文化官方主义里似乎否认这种可能性,这一点在他们对文化名人,如卡夫卡、本内特和勋伯格的选择上尤为明显。对于法兰克福分析家而言,葛兰西(1971年)从来都不是一个重要人物。然而鉴于他的霸权理论和法兰克福的文化统治批判(见莫柔,1991年)的惊人相似性,他本是可以成为他们的重要人物的。假如法兰克福学派直接研究葛兰西,那么他们的文化理论的主旨就有可能有所不同,那样,就也避免了他们把自己的情景现代主义(situational modernism)与政治逻辑混为一谈的趋势。

无论如何,当代文化研究中心团队为了各式各样的政治编码而热情洋溢地追求着流行文化这片领域——通过日常生活中的语言游戏和零散实践,我们以微妙和公开的方式复制我们自己的受害情结,时而也对之进行反抗。也许他们最重要的贡献是猛烈攻击文化的高雅和低俗之分,由此,将新马克思主义意识形态理论从资产阶级意识形态的高雅文本(如经济理论和官方宗教)扩展到日常文化中的低俗和模糊文本,正如他们和法兰克福学派都意识到的那样,在晚期资本主义这个虚假需求的时代,日常文化中低俗和模糊文本有着巨大的政治影响。对伯明翰作品的肤浅解读可能会使人认为他们拒绝虚假需求概念中暗含的精英主义,法兰克福批评家认为资本主义晚期人类需求的虚假不在于需求的具体内容，而在于需求的他治性——需求"自上而下"和"自下而上"地、霸权式地施加或自我施加给人们的方式，事实上，伯明翰学派对此是持赞同态度的。

很明显，伯明翰学派高雅文化和低俗文化双重性的崩溃并不标志着具有后现代主义特征的需求的相对论。尽管当代文化研究中心的分析家已经广泛地解读了福柯和其他人的观点，但他们却并不是后现代主义。他们拒绝利奥塔（1984年）的相对论，认为其在政治上是没有前途的。也就是说，当真实需求自由自觉的时候，具有主观理性和客观理性。这就使得法兰克福现代主义容易受到进步的文化普遍性的批判，在文化普遍性关照下才有可能确定摇滚音乐和无调音乐作品的价值，就像马尔库塞所做的那样。很显然，在对待抗议和抵制的非现代主义形式的开放性方面，当代文化研究的文化研究范式比法兰克福文化理论更具有当代性，当然这其中的原因不仅仅只是20世纪60年代阿多诺和霍克海默受到德国新左派的巨大威胁。当代文化研究中心的工作表明文化是可以多元化的，同时也可以在当代经验的各个层面来赞同抵制文化霸权的需求理论。伯明翰文化研究已经在多元主义和某种程度的抵抗之间取得了平衡，这种平衡的获得归功于他们的亚文化理论（希迪治，1979年；布雷克，1980年），这一理论对高雅文化和低俗文化论争的庞大的全球主义进行了区分和地域化。

现代文化研究一个进退两难的处境之一是坚持需求理论和发展实践理论，同时还要消除高雅低俗文化之间的界限，使之成为一个统一体，各种各样的政治相关的文化分析都能沿着这个统一体产生。那些反对文化官方主义的人士几乎难以抗拒地沿着一个相反的方向越走越远，以至于最后不仅研究流行文化，而且庆祝流行文化。政治批评来自对流行文化在复制统治中的作用的结构性解读，他们却失去了这种政治批评的锋利棱角。要避免实质真实需求的阿基米德式重复（比如说，是卡夫卡而不是肯·克西①)的愿望是很好的。但是,正如当代文化研究中心意识到的一样,这很快就成为流行文化社会学的实证方法,与政治批评和实践毫不相干。以文化产业的结构理论和对人类需求的评估性视角为基础,法兰克福文化理论家们不可否认地保留了自己的尖锐棱角,但是,他们似乎是在以一种灵活的方式罗列正确的文化选择(即便他们需求理论的逻辑实际上比这更具普遍性)。对于法兰克福学派来说,真实需求的反复很大程度上呈现出现代主义形式,他们对非白人、非男性的文化政治形式的疏忽问题亦由此产生。

虽然对于哈贝马斯而言(1984年、1987年a、1987年b),启蒙运动不应该放弃而应该实现(违背了后现代主义中的尼采气质),但是,正如众多批评家,如胡伊森(1986年)所讨论的那样,今天现代主义者的含义是什么,谁都可以做出解释。作为一个文化评估的标准,法兰克福现代主义过于局限。尽管很灵活,人们还是能区分哲学现代主义和美学现代主义。被马克思坚持并大加渲染为唯物主义的、从神学中解放出来的哲人的梦想,是哲学现代主义的中心。美学现代主义的目标是普通启蒙,这个目标有待于通过批评和去神秘化来实现,然而从历史的角度来看,对于来自欧洲资本主义中心之内的各种各样的表述姿态而言,目标是具体的。文化现代主义极具代表性地与资本主义的苦涩矛盾产生共鸣。阿多诺解读这些共鸣,不仅为了弄清这些共鸣告诉我们的关于社会世界的内容,而且也为了追寻他们对这个世界表达愤怒的奇特的、即席的(non-cooptable)方式。我在前一章关于法兰克福美学理论中描述的那种内在的文化批评在政治上拓展了文化现代主义。

这里的问题是哲学现代主义很容易与本质上更具隐喻性和偶然性

---

① 肯·克西(Ken Kesey)的成名小说《飞越疯人院》(One Flew Over the Cuckoo's Nest)被称为嬉皮时代的20世纪60年代美国反文化运动的经典之作。肯·克西的历史意义在于他把20世纪50年代发端的波西米亚Beat Generation(美国二战后出生的、服饰奇特、行为乖僻的一代)运动同20世纪60年代的反文化/嬉皮运动之间联系起来。1999年,他说自己太年轻了成不了BG,但又太老了,也成不了嬉皮士。——译者注

的文化现代主义的各种姿态相混淆。为什么在卡夫卡应该意味着精神错乱和现代性无望前景的地方,而肯·克西却无动于衷(我并没有专门了解阿多诺对肯·克西的看法,即便他对肯·克西有所研究。但是我怀疑阿多诺会对他的美国反文化小说没有耐心。品钦①很可能会让阿多诺惊讶不已)。为什么要为了唤起资本主义刺耳的无调性来聆听贝尔格②的音乐,而披头士的音乐或霹雳舞却因为世代的轻浮而遭到解散?美学现代主义是一个陷阱,在这个陷阱里它集中地替代了必须要以明确的方式阐明自身的哲学现代主义。当然,对阿多诺来说,正是艺术和音乐的隐喻性有助于它们抵制与商业化、霸权化的日常生活的背景音乐融为一体。人们永远都不会在曼哈顿商业区的电梯里听到贝尔格的音乐,或将卡夫卡的措辞改成广告词。

  作为批判性超越的合适媒介,法兰克福理论家更加严格地区分高雅文化和低俗文化,和他们相比,当代文化研究中心团队对付文化和政治的结合问题似乎更加得心应手。尽管我曾说过,不能应用到大众文化中去的文化工业论点是空洞的,实际上,人们不免会有这样的印象:在文化表述的非现代性或现代性形式的可能性方面,法兰克福学派的文化现代主义是确凿无疑的。由于第一代法兰克福批评家从来没有充分地勾画出哲学现代主义和文化现代主义的界限,所以他们不能使自己的文化政治适应不断变化的历史现实和历史对抗。如果他们把自己的文化理论置入强烈的哲学现代主义政治框架里的话,他们本是可以做到这一点的,因为哲学现代主义使得启蒙运动实现全球启蒙和解放的未果梦想充满活力——这正是哈贝马斯的研究项目(1984年、1987年b)。

---

  ① 小托马斯·鲁格斯·品钦(Thomas Ruggles Pynchon, Jr. 1937年3月8日—)是一名生于纽约的美国作家,以写晦涩复杂的小说著称。品钦来自长岛,曾在美国海军服役两年,并在康奈尔大学获得了英语学位。在于20世纪50年代末期和20世纪60年代早期发表了几篇短篇小说后,他开始创作他赖以成名的长篇小说:《V.》(1963年)、《叫卖第49组》(1966年)、《万有引力之虹》(1973年)、《葡萄园》(1990年)、《梅森和迪克逊》(1997年)和《抵抗白昼》(2006年)。

  ② 贝尔格是20世纪表现主义音乐代表人物之一,情感表现是他的重要特征。

当代文化研究中心的人士能够避免这些陷阱的原因之一是,他们在一个比法兰克福学派更低的哲学抽象层面上开展文化分析,甚至也承认他们有时与葛兰西、阿尔都塞、福柯及法国女性主义有着含混的关系(如霍尔,1986年)。这样说不是对他们的批评,而是对他们的赞赏!当代文化研究中心在理论上并不是油尽灯枯,而比起法兰克福学派来,他们更多地受到政治关注的驱使,很大程度上,前撒切尔和撒切尔时代的英国阶级文化的变化动力形成了这种政治关注。这并不是说法兰克福批评理论是非政治的,只是他们会申辩说他们的政治必须如此高度调和。伯明翰团队想要理解文化阶级霸权是怎样在日常生活领域中自我复制的,进而去定位可能在哪些方面对它进行抵抗。很大程度上,法兰克福理论家们放弃了日常生活政治,因为他们认为晚期资本主义日常生活几乎完全被马尔库塞(1968年)所宣称的肯定文化(affirmative culture)所掌控。当代文化研究中心和法兰克福学派关于晚期资本主义时期的政治和文化反抗的不同视角没有反映不同的由先验决定的理论假设,而是承认他们进行文化分析的语境内的历史差异。

当代文化研究中心团队认为可以把文化分析本身视为政治实践。虽然阿多诺和阿尔都塞都相信理论实践(阿尔都塞的术语〔1970年〕)本来就是政治性的,而对于当代文化研究中心来说,这种政治强调比阿多诺和阿尔都塞所想象的更为接近结构社会整体性的层面。虽然我会在下文就当代文化研究中心和阿尔都塞的关系做出评述,这里我还是想说伯明翰团队,像哈里·克利维一样(1979年),在不同语境中发展了阿尔都塞试图(阿尔都塞,1970年)建立的"政治水泥"文化研究方式,认为马克思和新马克思范畴都反映并促进了行进中的政治斗争。当代文化研究中心对"低俗"文化或大众文化采取了严谨的态度,因为他们视其为一块角逐的领地,而非铁板一块的实体。

4. 当代文化研究中心团队认为文化既是实践又是经验,而不是人类学和社会学里一般认为的知识体系。虽然,像我早先暗示的那样,文化研究传统里的文化比高雅文化更广泛,但它不是世界知识的简单积累,而是世界经验和世界之内的实践。在这个意义上,文化研究的论题不只是文化艺术制品(文本、剧本、乐谱、电影等),还是构成社会文化整体性的生产、分配和接受的实践和过程。文化研究还探讨创造和经历文化的工作中的人群；可以说，文化不只是对文化作品、图书馆、工作室或剧院——文化客体和机构的研究。

正如新历史主义（格林布拉特，1980 年、1981 年、1982 年、1990 年）给真正的历史参与者的作用提供了一个全新的视角一样，这种文化视角赋予了伯明翰文化研究"由下而上"看待社会世界的视角（见汤普森，1963 年）。当然，这种文化概念的扩展源于葛兰西和阿尔都塞的影响（虽然阿尔都塞通过迪尔凯姆和法国社会人类学认可"历史无主体"的概念，这和伯明翰学派沿袭的、葛兰西强调的实践是矛盾的）。像斯图亚特·霍尔所注意到的那样，当代文化研究中心关于什么可当做文化的观点可能太宽泛，以至于在区别文化和非文化时缺乏足够的特定性。伯明翰学派把文化看做既是实践又是经验的方法回应了两种很有影响的文化观点，即正统马克思主义和主流规定的人类学和社会学文化。请允许我介绍当代文化研究中心的文化观点和这两种观点的不同之处，以便借此来框定作为实践和经验的伯明翰文化概念。

反对正统马克思主义

对于马克思的决定论读者（马克思本身在很多地方也同样如此）来说，文化是附带的，从社会经济基础派生而来。在第三章中我已经讨论过这种文化视角的方方面面。文化研究的观点赋予了文化阿尔都塞（与他的历史无主体的观点矛盾）称之的相对自治——一种它自身的结构和经验力量，在这个意义上，正好是文化研究的观点向马克思决定论发起了挑战。根据这种观点，文化在政治上确实很重要，而不仅仅只是一种卢卡奇和戈德曼式的阶级解码。伯明翰团队已经意识到正统马克思主义的文化视角很是局限，它不仅阻碍了他们对英国阶级文化动力有重要影响的文化实证方面的研究，同时也阻碍了他们以一种激励 20 世纪晚期马克思社会理论的方式对文化进行理论化。

这并不是说当代文化研究中心团队不加批评地接受了阿尔都塞的相对自治论（relative-autonomy thesis）。事实上，阿尔都塞关于文化相对自治的论述也以经济"最后决定论"的观点对自治进行了定界——不可否认,这是从原始马克思主义借鉴而来的。相对自治论的解构视角将会暗示"相对的"这个形容词肯定的是决定论,尽管是隐蔽的最后决定论,而不是自治。当然有可能从理论和经验上去捍卫"最后决定论"的论点,但仍然存在其他形式的非决定论的马克思主义文化理论,它们不赞同相对自治论的解构性的危险的含义,在"最后"告诫的语境中探究秘密决定论。举例来说,法兰克福理论家们(如霍克海默,1972年)拒绝相对自治模式,因为文化和经济实际上是辩证交织和相互渗透的,以至于几乎不大可能去猜测他们的差异,即相对自治。对他们而言,每一种文化分析都必定是经济的,反之亦然。虽然当代文化研究中心和阿尔都塞联系甚密,我还是不敢确定他们是否真地赞同相对自治论的隐秘的决定论,尤其是鉴于他们对葛兰西的偏好(见霍尔,1985年)。

无论如何,不管马克思主义关于文化和经济的关系"真正"说了些什么,当代文化研究中心团队都拒绝二元论、决定论的马克思主义,而赞同强调文化实践和经验的辩证本质的文化视角。没有单一的文化结构,而只有被多种因素决定和决定多种因素的文化实践和经验的整体,而这个整体制约资本逻辑,反过来也被资本逻辑制约(尤其是通过马克思充分理解的商品拜物教的核心关系)。这种视角肯定有助于伯明翰学派建立一种灵活、辩证的分析文化实践的方法,尤其是一种不在经济或意识形态因素中做抉择的方法。在发展文化/意识形态理论只是其中一个成分的整体社会理论方面,虽然他们从来都没有和马克思及马克思主义算清老账,但他们仍想要去超越长期以来马克思主义和非马克思主义所特有的陈腐的、起反作用的双重性。

在灵活多样的对文化产品和实践进行分析的阐释方法和当代文化研究中心所缺乏的某种整体社会理论之间,似乎不可避免地存在着一个平衡问题。在最后一章中,我认为人们实际上能够在批判的社会理论框架内发展文化研究,而不必牺牲方法的灵活性和可行性,也无需牺牲整体化的综合性。实际上,我稍后会讨论:如果不把视角放在一个更为广阔的社会理论中的意识形态上,就不可能成功地进行文化研究;如果没有在作为理论和意识形态批判的文化研究的帮助下,也不可能发展一个更为广阔的社会理论。

第五章　伯明翰学派文化研究

为什么伯明翰学派没有发展这种更具德国批评理论特色的综合理论（如果不是法国后现代主义和后结构主义）呢？我已经触及了一些导致法国、德国、英国和美国学者知识差异的气质和政治因素。一方面，那种文化是知识积累的社会学观念很容易失控而成为陈腐的还原论；另一方面，很明显，英国文化研究方式，比法国、德国或是美国方式更能够成功地穿行于理论抽象观念和非理论的经验主义之间。虽然当代文化研究中心把葛兰西和阿尔都塞（或者还包括福柯和女性主义）混合于一体，来当成对德国批评理论整体化的替代，这还不是特别令人信服，但是伯明翰团队设法成功地开展了具体的文化解读，也开展了至少暂时的理论建树，这些理论建树远优于美国流行文化传统的非理论工作，甚至也优于一些深受后现代主义和后结构主义影响的欧洲文化研究方式（包括鲍德里亚的模仿理论［1983年］）。

伯明翰视角是否能够进入整体社会理论仍然没有确定；即使没有轰动性的理论突破，当代文化研究中心小组还是不断生产出优秀的批评作品。英国撒切尔政治与伯明翰学派所必须的远离具体性是冲突的，伯明翰学派尝试借后者来建立一种新的、比他们目前已经取得的成就（见霍尔，1978年、1988年；霍尔和雅克，1989年）更为令人满意的综合理论。他们在政治上迫切需要的是必须反对撒切尔主义，撒切尔主义是毁坏整个英国社会领域（尤其是知识领域）的政治、经济和文化新保守主义的政治体制。实际上，美国文化研究倡导者们甚至很羡慕英国人政治参与的密切程度。我认为，美国人（如格罗斯伯格，1986年；费斯克，1987年；赖安和凯尔纳，1988年）更加密切关注英国文化研究的原因在于其研究在政治和方法论方面的洞察力。

人们可能有理由做出以下回应：更为非理论的美国流行文化传统已经错过了我们自己的撒切尔式情形，即里根的连任和当时布什的任期。但是美国人比我们英国和欧洲的对应者们更习惯于阶级斗争，甚至（也许，尤其是）在学术领域里的阶级斗争。只是我们忽略了我们的政治危机在美国的绝望。20世纪80年代，富兰克林·德兰诺·罗斯福时代为保护下层阶级免受资本主义蹂躏而设立的安全网完全消失不见了，环境和文化生活进一步恶化，个人和知识自由受到全面攻击。最有趣的问题是为什么美国文化主义者,还有社会科学家们,从爆发在欧洲的理论活动中普遍所学无几,而当代文化研究中心团队却受益匪浅。如果说在将要崩溃的英国,政治反抗的必要性分散了伯明翰学者们的精力,以至于他们还没有收获一种充分发展的社会理论,那么美国文化主义者们在发展对流行文化危机和矛盾的结构性理解方面就更加落后了。大西洋这边的美国与在西欧、英国、澳大利亚、新西兰和加拿大所进行的重塑人文社科学术成就面貌的理论工作保持隔绝,不相往来。

美国人文科学项目研究者会反对他们已经承认并且开始吸收德里达、福柯和巴特的影响。然而,新保守主义对美国大学(如布鲁姆,1987年;金布尔,1990年)实施左派统治的妄想还无据可循。主要的英语系典型地炫耀着几个解构主义者、左派人士和女性主义者的浮华不实。但是大部分美国人文科学仍然被试图教化商业和有闲游阶级的利维斯和阿诺德的道德救赎性解放日程所统治。美国当代语言协会年会上一片喧嚣的解构话语的夸张之势很容易困扰美国人文学,但是,无论是同党还是反对者通常都夸大了美国人文学的欧洲化程度。仔细核查近来大学出版的人文学著作是评判欧洲化程度的更为可靠的方法,来自欧洲大陆的新符号学和阐释的发展对美国人文主义者和英国文化主义者的影响同样的强大有力。

对美国社会科学而言,它们没有受到欧洲理论的滋润。人类学(马尔库塞和菲舍尔,1986年),尤其是其中的民族志学,很可能是受后解构发展影响最大的学科,而政治学(卢克,1989年;罗斯诺,1992年)和社会学(布朗,1987年、1989年;邓金,1986年、1990年、1991年;理查森,1988年、1990年a、1990年b、1990年c、1991年;阿格,1989年c)相对有点滞后。当然,美国社会科学学科仍然没有完全吸收马克思主义;充其量,人们也只将马克思主义社会科学家视为外来者或者半吊子。如果美国文化主义者已经完全采取了欧洲理论的所有措施,更不用说他们在对自己的阐释实践进行理论的方式上深受影响的话,那结果将会令人惊讶不已。当然也有少数例外的大陆思想家对美国文化研究产生了重大影响。皮尔·布尔迪厄(1984年)关于文化资本的著作已在美国文化社会学(拉蒙特和拉鲁,1988年)引起共鸣。布尔迪厄比其他欧洲文化理论家们影响更大,因为他的大量工作都利用了美国人更为熟悉的实证数据分析技术,而德里达的晦涩美国人却不太熟悉。

不管怎样,伯明翰人士比美国流行文化主义者要理论化得多,而且比正统马克思主义文化学者远为灵活变通。虽然我想要看到的不是文化研究成为一种区别性的、孤立的知识子域,而是成为批评社会理论整体化项目一只手臂,在不同于19世纪中期初级资本主义时期,作为具有实证意义的理论和意识形态批判而起作用,但是我并不认为由斯图亚特·霍尔和他的同仁发起的葛兰西与阿尔都塞(或与福柯)的理论融合就能够充分代替法兰克福批评理论,即使法兰克福有着令人遗憾的官方主义。下面我将阐述:过分依赖阿尔都塞是不对的,因为他将葛兰西当做暧昧文本来解读,葛兰西的文本无所不包(假设葛兰西的书写是碎片式的)。当然,葛兰西和英国左派有着巨大的政治关联,像我早先暗示的那样,左派理论在民族文化内部发展,具体的民族文化在其从业者手中生产出了不同的知识变化,忽视其产生变化的方式是很轻率的。葛兰西认为阿尔都塞在英国语境中所起的作用没有他在法国语境中那么教条;在法国,他代表着思想守旧的法国共产党的理论路线,这一路线遭到那里的修正主义的政治和文化理论家们的一致拒绝。

正如当代文化研究中心团队展示的那样,要发展一个强调文化领域的竞争本质的非正统的马克思主义和女性主义文化视角是可能的。比起德国人、法国人和美国人,伯明翰团队已经设法更多地保持和阶级斗争的联系(虽然霍尔会同意,20世纪晚期,左派的日程准确地说,就是将阶级斗争拓宽,延伸至迄今为止超越了左派界限的很多斗争战区)。虽然伯明翰文化研究方法还不够理论化,但它可能是对停滞的马克思主义文化理论最好的解毒剂,停滞的马克思主义文化理论要么将文化产品还原为阶级真理内容,要么就像卢卡奇曾经给法兰克福理论家们定义的那样,把文化意识形态研究当成"深渊大饭店"①特权占有者的追求来全盘解散。伯明翰分析家们强调文化是一种建立在社会世界的活生生经验之上的行进中的实践,需要从下到上和从上到下的关注。单是通过这个方式,他们就逆转了正统马克思主义的机械论和决定论。

反对文化的人类学和社会学概念

很明显,当代文化研究中心人士是带着一种极其广泛的文化概念开展工作的。然而,正是由于他们的文化概念与正统马克思主义的文化概念形成鲜明对比,它也和主流人类学和社会学文化概念形成鲜明对照,正统马克思主义的文化概念使得文化成了一种附带现象,人类学、社会学的文化概念把文化当成一个知识和学习行为的自治领地,可以脱离如经济、家庭、政治组织、宗教、教育甚至媒体等社会机制。虽然当代文化研究中心借鉴了人类学将文化拓展至高雅文化艺术制品之外扩展的文化概念,但是,他们在自己与主流的人类学家、社会学家之间划清了界限,这些人类学家和社会学家认为,即便阻断了与其他起促进作用的社会机制,特别是经济和政治的联系,文化还是能够极度传播和蔓延。

当代文化研究中心团队为我(1990年)所称之的文学政治经济留有余地,这是一种在综合机制领地处理文化实践和经验的方式。人类学和社会学的文化定义主要强调文化的经验层面——认为文化就是我们从存储的常识当中所学到的东西。虽然伯明翰文化研究并不否认这种提法,但是它增加了额外的要求:文化是一个有差别的意义和活动领域,这些意义与活动筑巢于重叠交错的、包含政治和经济体系在内的各种机制中。

---

① 卢卡奇在《小说理论》新版序言中说,德国最重要的知识分子中的相当一部分人,如阿多诺,已经搬进了"深渊大饭店"(Grand Hotel Abyss)了,如同我在评论叔本华(Schopenhauer)时做的批注,我把这个大饭店描写为"一个富丽堂皇、设备齐全、处在深渊、处在虚无和无意义边缘的饭店。在精美的膳食之间或风雅的娱乐之间,每日注视着深渊,只能强化精妙的舒适享受所带来的快感"。

对于社会学家和人类学家而言，文化是我们从社会世界了解到的和对社会世界所了解的所有东西。当代文化研究中心人士把这种文化概念进行拓展，增加了两个额外的主题。第一，文化不是单一的或同质的实体，而是穿越任何既定的社会形态和历史时期，有着差异的表现形式；第二，文化不是简单的被承认的知识或被动经验，而是既能改变历史同样也能传播过去的大量的主动介入，特别是通过话语和表述。强调文化的区别性本质，伯明翰文化研究视角能把文化生产、分配、接收和对文化意义的构成有重要影响的经济实践联系起来。正如文化不是法兰克福学派的马克思方式一样，文化不是一个脱离政治经济的世界。通过强调文化既是经验又是实践，在对新文化实践的可能性进行理论化的过程中，当代文化研究中心团队遵循了马克思的做法。社会学或人类学的文化概念都没有赋予文化机制意义上的差别，他们也不可能将文化视为是一套由自我意识行为人进行的行进中的日常实践。

霍尔和他的同事们没有充分地将他们的文化概念的特征，特别是关于文化的机制性本质，与社会学和人类学的文化概念勾画开来。解读当代文化研究中心常常会给人这样一种印象：小写的"文化"和社会学家、人类学家们假定的大写的"文化"一样，都是没有差异的铁板一块。更为清楚的是，第二点，即就文化的积极面而言，伯明翰的文化概念与社会学和人类学的文化概念是不一样的。这一点在当代文化研究中心对工人阶级和妇女文化的研究方面尤其突出，在此，他们认为文化是强加于沉默的受害者的东西，而且还是从底层辩证地生产和再生产出来的。也就是说，当代文化研究中心的文化概念在某种程度上具有历史性，而社会学文化概念却没有（这并不奇怪，因为社会学的原始根基是孔德的实证主义）。

我关于文学政治经济的主张（1990年）能够帮助解释文化实践和政治经济之间的清晰关系，这是社会学/人类学文化概念所缺失的关键话题，社会学/人类学的文化概念将文化理想化，并且拿走了它的机制外罩。在这方面，社会学/人类学文化概念借助于迪尔凯姆，来自结构功能主义（马林诺夫斯基和雷德克里夫-布朗至帕森斯，默顿和现在的亚历山大），它强调合乎规范的社会组成部分。虽然文化有合乎规范的

（亦有反规范的）组成部分，但是要这样理想化地看待文化，一方面阻挡了规范和价值之间的关系，另一方面也阻挡了政治经济机制之间的关系。马克思反对迪尔凯姆的地方是迪尔凯姆把集体意识问题和他所称之为社会劳动力分工割裂开来（如在他的宗教分析里），这正是马克思在发展他的辩证社会理论时克服的二分法。

对于马克思主义者和新马克思主义者而言，文化既是合乎规范的又是物质的实践。虽然文化传播价值，但这些价值的解码常常又是微妙的，甚至还与某种文化传播的表达意图相矛盾。举例来说，要求负责任使用的酒精饮料广告（鉴于个人健康、驾驶安全等等）明显规范了一种酒精消费理所当然的文化，因此，长远来看，合法化了酒精饮料的消费。这种"负责任"的酒精消费的文化意象的生产就是彻底的物质实践，虽然也能在表达规范的层面上解读它——如广告为酒精明确"说"了什么。伯明翰的文化视角暗示着文化文本和潜文本之间的区别（本身就成为了文本）：文化明确地传达意义和价值，也通过鲍德里亚所称的模仿来含蓄地传达意义和价值，鲍德里亚认为模仿通过广告和其他文化表述形式来再现和复制现实。

和伯明翰文化研究相关的不只是文化文本——文化表面上所说的，与它相关的还有文化潜文本，编码在文化姿态内，如从广告到大众市场小说隐藏的信息和价值。与它相关的更有文化生产、分配和消费的实际物质实践，这种实践实现了作者、生产者、分配者和消费者，即解构中称之为读者之间的联系。文学政治经济全部研究了这三个意义层面，没有将任何一个层面还原为别的层面，正好提供了我之前说过的那种文化差异分析。文化不只被视为价值观的传播（更不用提价值观本身），而且被视为去中心的文化实践与表述的众多整体，这些文化实践与表述构成了至少资本主义阶段经历着的，从上至下强加于身的，文化人的日常生活实践。

关于文化生产、分配、接收、文本和副文本之间的理论相互关系，当代文化研究中心团队还没有完全拿定主意。根据具体的文化解读，将这些成分组合在一起的实证方法方面，他们做得更好一些。因此，他们为文化和意识形态的唯物主义理论的再发展作出了重要贡献。如果他们对自己与正统马克思主义、主流文化人类学和社会学的决裂还没有充分理论化的话,但他们至少已经指明了正确的方向。他们的文学政治经济方式是超越马克思主义和非马克思主义文化理论的一大飞跃,特别是他们把文化实践同时解读为唯物和唯心的老练的方法。

5. 伯明翰学派对葛兰西和阿尔都塞都进行了理论建树。我已经提及了伯明翰学派与这两个人物的关系,也提及了该学派与福柯和各种各样的欧洲女性理论家的关系。从多方面看来,他们对葛兰西和阿尔都塞的双重借鉴的奇特性表明当代文化研究中心文化研究范式的力度。表面上看来,至少,葛兰西和阿尔都塞是很不一致的,因为一个代表西方马克思主义而另一个代表对抗的结构主义或机会马克思主义。当代文化研究中心团队特别关注葛兰西的"狱中札记"和阿尔都塞的"意识形态国家机器"论文,20世纪70年代,他们从中获得了不少动力。从阿尔都塞强调文化和意识形态的"相对自治"之处,伯明翰人士得到了相对自治的文化研究,而不是机械地套用正统马克思主义。说来也怪,许多法兰克福导向的思想家们不能欣赏阿尔都塞的相对自治论点,相反却聚焦于他的结构主义观点(如历史无主体的概念)。显而易见,伯明翰理论家们拒绝他的历史无主体的论点,却接受相对自治论的说法。

即便这种区分使复杂的问题过于简单化,但相对自治论或多或少根据马克思的字面解释,表明了文化和意识形态最终由经济力量来决定。但是"相对自治"的辩术表明文化自治因其与资本主义经济秩序的从属关系而被解构性地掩饰了。因为仅仅"相对"自治的东西其实就意味着根本没有自治,对这一观点我在别的语境中也强调过。尽管如此,即使阿尔都塞相对自治论的具体描述还不如人意,但他的想法还是正确的:他希望文化/意识形态分析在马克思主义理论实践中扮演中心角色,而不是早期的正统马克思主义类型认为的完全派生地位。

受到葛兰西的启发,伯明翰思想家们得出了一个更为全面的文化霸权观点,根据这种观点,人们参与到占统治地位的文化舆论中,并且对其进行复制,而又违背了他们自己的客观阶级利益。像法兰克福思想家那样,葛兰西在一个更为微妙的非还原性的框架内预先考虑了后来出现的阿尔都塞的相对自治论。在许多方面,葛兰西仍然是最重要的马克思文化理论家,各种各样的文化研究左派观点都得益于此。葛兰西不仅使文化分析程序化,还将他的文化分析方式牢牢地固定在历史唯物主义框架内,这个框架在一套更广泛的机制布局内的文化定位来解释和探究文化的功用,由此产生了我在前面谈到的文学政治经济。人们可以说还没有像葛兰西那样的方法,也没有对他本人文化和意识形态分析的明确推测。然而,葛兰西在他的霸权理论的普遍框架内发起了对合适的文化分析的追寻,在重要方面,此举与卢卡奇的物化分析和法兰克福学派的统治分析旗鼓相当。

并不是要还原性或派生性地解读葛兰西。毕竟,就历史进程中复杂的唯物、唯心因素之间的相互关系,葛兰西的字里行间充满令人兴奋的、极具创意的想法。不亚于任何人,葛兰西也强力争辩:唯心因素都被编码在唯物实践中,此外别无什么唯心因素(如社会学概念的文化规范和价值观)。虽然他没有给我们提供一个长期有效的方法来探索唯心嵌存于唯物的方方面面——唯物主义文化研究,但是,为了全面理解霸权和意识形态,他开始表明文化分析的重要性。

和法兰克福学派的工作相比,葛兰西的霸权理论更多地为伯明翰范式奠定了基础,在很大程度上,这是对葛兰西和法兰克福理论家区别接受的作用。由于政治和文化的原因,对于英国新马克思主义者而言,葛兰西是象征性的西方马克思主义者,而阿多诺、霍克海默和马尔库塞不管是在欧洲大陆还是在美国都是更为重要的人物(见斯马特,1983年;杜斯,1984年、1987年)。造成这种局面的原因部分与翻译的偶然性有关,也与葛兰西著作的相对明白易懂有关。他的作品在分析哲学的盎格鲁-萨克森传统中更易于接受,而法兰克福学派更为黑格尔式的话语对分析哲学非常反感,阿多诺的情况尤其如此。不管最终的原因是什么,很明显,当代文化研究中心团队仰仗葛兰西,赋予了他们对古老的英国文化-社会传统的研究范式(霍加特、威廉斯、汤普森)更为理论和政治的转折,帮助振兴了一度奄奄一息的文化-社会传统。葛兰西为停滞不前的马克思主义传统带来了不同的声音和充满生机与活力的视角。所有这一切综合起来,都有助于将马克思主义作为一个文化研究方案推进到 20 世纪晚期。

第六章 关于文化的后结构主义和后现代主义

作为反方法的解构

在所有学术成果中,后结构主义和后现代主义对文化研究的影响最大;所有文化研究观点中,受这两种欧洲思维传统启迪的文化观点最为模糊。何以如此?本章将根据两"后"对新兴的文化研究传统所作出的不同贡献来阐述这一悖论。下一章则将论述后结构主义尤其是拉康的作品对女性主义文化研究的影响。将这些问题进行分门别类的难度在于定义界定。那么,在这个图式中如何各得其所呢?我不想围绕定义做冗长的论述,然而,要用分类系统来进行处理的话就等于是假定所有读者都认同我关于后结构主义和后现代主义的独特想法。这充其量是一个冒险的假设(相关表述,见贝斯特和凯尔纳,1991年)。

后结构主义指的是与雅克·德里达著述有关的知识和语言理论。这一观点表明当人们想要用合适的词来表达某种事物或情感时,他们不是未经思索随口说出,也不是在词典中搜索选词。相反,语言的意义很大程度上隐含在语言的使用中,因此,人们如何说话、如何阅读、如何书写最终决定了他们要表达的内容。实际上,后结构主义重构意义过程,其重构的方式就是更加强调隐含在特定词语和词语相互关系(索绪尔的符号)中的既定意义。因此,德里达认为语言绝不可能完好地传达语言使用者要表达的意义,在这个程度上,意义永远是不确定和不完整的。本章接下来将更进一步论述德里达对文化分析的贡献。

后现代主义是关于文化、知识和社会非连续性的理论,社会非连续性否认社会进程的直线连续性的启蒙主义观念。历史不再被认为是从史前某处到历史终点的过程。当下不再当成是通往更高层次、更加美好未来的驿站。过去也不会被重构成一个充满神话和偏见的朦胧时期。相反,后现代文化纵情于有意的折中主义,充分从各个历史时期吸取养分。后现代主义最初代表的是一种建筑倾向(波尔托盖西,1983年;詹克斯,1987年),人们设计后现代主义建筑的目的是在现代主义参考框架内构想对现代主义的取舍(见胡伊森,1986年)。整个城市景观(如纽约、亚特兰大、休斯敦)已被后现代化,来自不同历史时期的,风格各异、无法比较的装饰风格拼贴在一起,装点着这些矩形摩天大楼。美国购物中心和商业街因自己同为后现代主义前沿而引以为荣,因为那种风格已成标准。具有讽刺意味的是,它们同时也破坏了后现代主义戏谑的、拼凑式的不可约性(见哈维,1989年;索雅,1989年)。

简明扼要描述两"后"之后,我来谈谈它们对文化研究的一些贡献。同时我也想解释为什么做这样一个摘要有内在的困难。与本书中谈到的其他文化视角不同,后结构主义和后现代主义对文化研究的贡献不能简单归纳为一种单一的方法,因为后结构主义和后现代主义反对方法论化——反对将它们简化为公式。它们不相信方法,因为方法在解决语言的难关、歧义和反讽方面摆出一种价值中立的机械主义姿态。然而,两"后"又认为方法本身有承载着语言之外难以断定的意义。方法不是通往意义的黄金大道,但是,却是一条和其他语言形式一样迂回曲折的蹊径。

后结构主义和后现代主义的先驱们如德里达、巴特、福柯、利奥塔和波德里亚(尽管我们最终将他们分类)都反对将二者应用于方法化的文化分析之中。解构(见卡勒,1982年)拒绝成为一种不顾上下文和使用者意图而强制使用的工具。这并不意味着后结构主义和后现代主义不能用于文化分析,德里达、巴特、福柯和法国女性主义者引领文化研究者们完成了大量的研究工作。的确,对文化的解构方法产生了许多文化"阅读",这些文化阅读共同构成了一个丰富多彩、形态各异的阐释和干预场景。至少,在美国,反对实证文化经验论的文化研究者们精通这样或那样的解构方法。英国的左翼文化研究集中在伯明翰当代文化

第六章 关于文化的后结构主义和后现代主义

研究中心。然而,美国文化研究更具有解构性,再次反映了英美两国在文化和学术上的差异,尤其是两国吸收欧洲理论的不同方式。

解构文化研究在英语院系聚集了强大的发展势头,后结构主义文学理论在这些地方牢牢确立。但重要的是要区分文学解构本身与更为广义的后结构主义和后现代主义文化研究的文化解构。前者强调传统的文学文本,后者则将文化研究拓展到非文学文本,如电影和电视。美国解构者对媒体的解构研究投入了大量精力,他们为主流实证主义的媒体研究这种高度定量的、以内容为中心的方法注入了新活力。这并不是要高估这种文化研究方法在传统的英语文学系和比较文学系中的影响,而只是指出一些有趣的方法,借助这些方法解构项目拓宽了研究范围,涉及大量包括社会分析和批评在内的元文本(见罗斯,1988年、1989年;赖安,1989年)。

解构的文化研究方法与其说是一种方法,还不如说是一种视角、一种阐释性的自我意识。毕竟,德里达从来没有设定阅读文本的单一方法(可以说是针对自身)。他没有将阅读理论化,相反他所做的只是阅读。说得更明白一点,他书写阅读,反对围绕阅读而书写,似乎阅读和写作可以完全分离一样。我们用解构的视角,确切地说是用德里达的观点来审视这些区分时,就会发现这些区分其实模糊了它们的不可区分性的观点。反方法中可以找到方法,反方法以一种警惕的姿态反对方法,认为方法是发生在文本间质网内外的、索然无味的、无立场的阅读。因此,阅读实际上是书写阅读——将阅读理论化。德里达的观点格外自觉地为所有解构批评增添了风趣,不管批评的对象是传统文学作品还是媒体。

有人可能会认为解构性阅读本身就是在解读阅读,将文本当成语境来定位。解构态度表明每一种阅读都是有语境的;一般说来,必须根据文学语言游戏的偶然性来进行阅读,而不是公式化地阅读。例如,人们无法解构性地阅读抽象的"电影",而只能阅读具体的影片或某类因为具有相同主题、作者或读者而紧密相连的电影风格(如:见德提斯,1984年;墨菲,1988年)。通常,解构性阅读看起来具有怪异的戏谑性,因为它信手拈来一些看似毫无关联的文本。这种文本阅读将文本置于语境中,在语境中,文本呈现出了共同的互文性。这种异中求同的方法具有结构主义传统的特点,与之相对的后结构主义之所以"后",只是因为其阐释实践更具反思性。我们认为德里达和索绪尔都假定意义是由不同的具有随意性的符号系统建构起来的,那么,在很多方面,索绪尔与德里达之间的区别就变得模糊了。正如列维-施特劳斯(1963年、1966年)所言,神学是有结构的,因为我们的阅读赋予了它结构,从结构中,它作为一种有力的社会文本产生了功效。对于那些参与神学解码的人而言,这种力量便通过神话的可重述性传达了出来。

语言很困难(难于分类,见阿格,1991年b,第2章)。表面上看来,解构通常看似奇怪地认同这些困难,而实际上,解构所起的作用是迫使语言自我聆听,从而打破主宰英、美语言哲学的语言清晰的神话。语言的好坏不在于对模糊性的阐释,而是在于以一种持续不变的、富有启发意义的方式来反映本身的不可确定性(德里达的术语)的能力。解构的文化批评用新的方式,尤其是通过阐明驾驭文本的潜文本,来帮助我们阅读、聆听和看待文化文本。通过颠倒语言、翻转语言的方式,解构有助于语言拷问自身,把阅读行为转变成强有力的书写或重写行为。被解构的文本以一种表现有效的隐藏意义的方式重新聚合起来,从而帮助我们批判地评价文化产品,而不是普通意义上的接受文化产品。

这类文化阅读表现了流入文化著作中的复杂技巧,文化阅读在这些技巧的"最终"方式中得到升华。解构认为这种被终结的感觉是一种幻象——最终的产品、成就或稿件只是众多可能性之一。根据文本的酝酿、调整和自我校正过程来重建文化文本,我们能更好地理解作者或编者的良苦用心,他们把这些良苦用心编码进了我们认为是简洁的、最终版本的作品中——最后的定稿或印刷稿。把文化当成是作者和编者选择的统一体来重新认可文化,我们就把文化置于了不同的表述和社会关系当中。通过表明人们是可能做出不同的暂时性选择,我们对最终作品进行了去神秘化,从而否定了其恒久不变、不可挑战的权威性。

有些人把解构意图简单地看成是摧毁——不够"积极"。但那是一种误读:解构试图将作者的可能性包括作者可与读者交流的可能性民

第六章 关于文化的后结构主义和后现代主义

主化。解构想要读者成为作者,从而为他们自己写作。对那些似乎缺乏人文策略的经典著作进行解构极大地赋予了读者权力,无论是想要成为作者的读者,还是对公认的文化天才充满敬畏的读者。我并不是说文化天才是杜撰的,只是我们必须训练自己把文化技巧看做是人为的刻意评价过程,这个评价是由和你、我没有差别的人进行的。文化作者和能干的读者的垄断只会增强财富和权力的垄断。

很明显,后结构主义文学批评家们大都不用"解构"这个标签。这就已经对受语境驱使的阅读方法进行了方法论化。后结构主义文化批评的目的是产生新的文本、新的文化艺术制品,而不只是让旧文本原封不动——被崇拜、被经典化、被阐释。德里达认识到批评必须改变它的客体。至少,这是后结构主义文化研究强有力的方式。较弱势的方式没有那么宏伟的目标。可想而知,解构文化分析受自身语境的影响,尤其受它在客观主义批评当家的传统文学院系的地位的影响。通过渗透,文化解构者内化了传统审查和新批评(见费克特,1978年;伦特里契亚,1980年)的客观主义目标,削弱了他们对批评对象的转变。

这就假定批评的确可以转变批评对象,通过挖掘隐藏的假设和矛盾这两个解构的难关,使批评有了新的方式。从描述性的,尤其是科学的写作中人们很容易明白这一点。但遇到小说,尤其是电视和电影时,就没这么容易了。在何种意义上,我们可以说宝琳·凯尔改变了她所评论的电影呢?也许她没有改变她所评价的电影,因为她不是一个解构者。对于批评而言,改变文化文本或文化艺术制品意味着什么呢?通过证明文本事实上是一片激烈的竞争领地,并非与世隔绝,后结构主义也许会说批评能重构我们对文本的内在动力(如情节)以及文本与世界的边界的看法。

解构性阅读置身于不断变化的文本世界,并宣称文本世界就是自己的世界。阅读不仅使读者熟悉文本,也使文本熟悉世界,表现这个文本世界渗透到每一个地方。因此,通过强有力的解构性阅读实践,文本变成了社会文本和社会实践。阅读本身被重构成一种社会实践,固定在资本主义晚期为人效仿的、各式各样的传播和接收过程中。阅读不只是文本占有的主观行为,而是具有社会处境、受到调节的实践,这种实践与社会语境密不可分,在社会语境中,文本作为社会客体而产生。讨论的要点表明文本阐释在解构的关照下将成为社会分析和社会批评,解构使得文学和文化阐释实践社会化和经济化,将文本变成了各种可以像文学文本一样来阅读的社会。

不管是对于文学传统研究者而言,还是对文化的主流实证主义社会学家而言,所有这一切听起来都很神秘。前者认为文本是文本、社会是社会;后者并不质疑文化阐释行为,而只是把它看做是客观主义的反映过程。解构文化研究超越了这两种文化研究的传统方法,表明读者本身(他或她)。确实是在文化生产和接收过程中进行一般阅读。强迫性的(或者被人误解的)解构可能走得太远,并且断定阅读产生文本,这种文本不依赖于其他生产主义的文化实践。毕竟,在我们观赏之前,电影还是电影(即使如此,要成为电影,它们也经历了很多层面的媒体化,包括测试观众的实际观看)。读者不是特指的作者,而是泛指的作者,与那些首先生产文化文本的其他作者共同存在。

解构性的文化分析反对方法,而偏好政治(见赖安,1982年、1989年)。解构文化阅读政治学赋予阅读权力,使阅读与它所批评的书写平起平坐,因此阅读本身成为了新的书写。解构者必须抵制阅读取代书写的诱惑。阅读是书写,但不同于它所评论的书写:它是不同的书写——有人可能会说是别具一格的书写。从其文学性的自觉和意义的文化生产方面来说,解构性的文化批评不同于其他类型的文化批评。批评家的自觉意识使他/她的批评在"原"文本的去特权方面与众不同,用阿多诺的话来说就是去作者化。去作者化的过程就是民主化的过程,在这个意义上,文化领域引进了新的声音,这是我所预想的激进的文化研究的政治目标之一。

这样,解构性文化批评的政治结果,在某种程度上,比"批评"结果更为重要,如果有人能将二者分离开来的话。有人开始通过转变阅读和书写的关系以及资本主义科技时期一切权力关系(见波斯特,1990年)来改变世界。这种文化批评介入文化研究领域,不是作为真相的披露,而是作为对不可挑战的作者特权的颠覆,尤其是在这个模仿的时代,通过作者自我表述的欺骗来决定接受的特权的挑战。不宣扬自己的书籍、表演或电影是很少见的,它们都会在表面上来寻求市场的合适位置(有时候是自命不凡的学术意义)——如广告中、封面上、开放的姿态中、主要演员的星级地位的分量。这样的书写先于阅读,因而也就终止了对话。很少有批评家能忍受这种专横的文化自我表述的侵袭。具有代表性的是,如果批评家以作品本身的措辞来评论作品,无论来什么样的措辞,以此来默认这种文化的自我表述过程,那么批评家就失去了批评的距离,也就失去了分析的敏锐。

什么是文化解构?

到目前为止,我描述了文化解构研究者开展工作的文本及政治语境,但还没有研究解构者提出的具体的文学和阐释设想。现在我就此进行论述。

1. 解构者认为文化是文本。文学文本的边界扩大了,从电影和电视到教材和科学,囊括了各种各样的文化表现形式和文化艺术制品。只要当我们认为能用德里达派阅读传统文学文本的方法来"阅读"各种不相同的文化产品时,文化解构才有可能。德里达明确表示解构适合于各种各样的人文表述;我们出于经典的偏见将其局限于传统文学文本。文化阅读可能性的拓宽极具潜力,因为它给予了特别是在主流英语院系中不受重视的大量的文化和媒体研究合法性。一旦文化被扩张到包括媒体和娱乐产业的话,正如伯明翰当代文化研究中心所研究的那样,那么传统的文化官方主义的控制就会被相应削弱。通过举例说明后现代文化阅读的可能性,法尔修(1987年)发展了一种有趣的、对时尚的后现代女性主义阅读。

"文化是文本"这个概念是解构基本的理论及认识论体系的一个部分。解构者追随德里达,宣称人类世界的万事万物都具有文本性——就是说,根据读者介入的观点,手边的任何既定文本中,一切都能被批判性地阅读和重写。尽管德里达指出文本没有外观,我认为他这样说的言下之意并不是如同唯物主义的观点那样,物质现实消失不见,变成了文本性,而是一旦我们对文化进行解构性的阅读,文本世界与社会世界的边界就会消失。确实,解构性阅读旨在授权于文化产品,这样人们既能批判地对其进行阅读,也能批判性地参与其中。

2. 文本化的过程旨在为文化产品的作者定位。显然,文化的作者身份经过各种创造性的编辑调节被隐藏在实证文化中,在各种各样的文本中原作者的痕迹被清理得一干二净。文本的净化对其肤浅的表象是有利的,媒介人士称之为"生产价值"或专业化的熏染。但是这种净化却剥夺了书写的作者利益和语境的根基,看不出书写的立场,欺骗性地阻碍了对话。解构研究发掘作者,目的是让作者参与到辩论、冲突或是友谊中来。这样,解构研究扩展和重写了现有文本,展现了隐藏于去作者文本形式的错觉和褶缝内的新的文本形式。让作者说话揭示了令人惊奇的意义,面对着净化了的文化文本形式,意义仍可飞扬。

当我们处理那些为了市场需求而被严重调节的文化客体时,这就格外中肯。在此,作者的想象力可能被看起来无休止的调节所颠覆,这些强加给文本的调节来自外部影响,也来自作者的期盼,因为作者担心万一创造性的想象力没有控制好,或者没有驯服好,不知道会有什么样的后果。为作者定位有助于读者看清楚作者的意图,同时也有助于抵制这些为了取悦观众而颠覆作者意图的过于专制的文本形式。文化专制无处不在,几乎没有什么能逃脱编辑之手。这不是说各种编辑性的调节没有完善最终产品;当然,他们通常是有改进作用的。但是他们也一如既往地湮没了作者的声音,使得最终的文化产品比需要的更加平庸(当然比作者最初的意图要平庸得多)。

每当编辑们为了签署和生产赢利的项目(见柯蒂斯,1989年)而压力与日俱增时,将作者—编辑的关系看成是内在冲突的并不过分。编辑们并非一味地反对作者的想象力;像全体员工一样,他们都是文化工业中的官僚工作者。他们经常不屈不挠地"为"质量而奋斗,使原作者的观点免受挑战。但是在这些时代,文化调节的过程却是对抗性的:在陈词滥调的嘈杂喧嚣中,作者挣扎着想让别人听见他们的声音,而文化专制却让我们都成了聋子。这种时候,解构性的文化研究能充分发挥其作用:它能够恢复那些看似与其最初构思者和实现者失去联系的文化产品的作者痕迹。

解构了的文本保留着调节和冲突的痕迹,这些痕迹就在我们能够

第六章 关于文化的后结构主义和后现代主义

在文化市场里购买得到的干净的文化中。将文化生产过程重建为一个管理和专制过程是很重要的,因为事实通常如此。清楚这点有助于我们用更有力的观点来阅读最终的文化文本。我们试图识别构成最终文本的妥协范围——最终文本就是一个战场,在这个战场上,文化想象力倒地而死。我们通过对文化文本作者化揭示新的文化参与和建构的可能性,竭力使表述文化远离盲从于市场需求的编辑者和生产商。解构性阅读具有强大的力量,因为以前,无论反抗的尝试是多么的不成功,沉默的作者都坚持了自己的立场,抵抗编辑的专横,而现在他们却无力反抗了。

在此,我并非妖魔化编辑个体,甚至一般而言的编辑过程。作者往往保持沉默,这正是葛兰西所谓的霸权。他们之所以这么做,是料到了以后编辑的调节。编辑不是特别反对文化创造或自治,只是他们在文化产业的官僚体制中合适位置占有者的角色使他们别无选择。在文化创造者自我编辑、屈从于文学规范对我们的要求、亲自净化自己的文本的地方,文化霸权就出现了。有时,这种妥协是无意识的,我们表现自己的作品(例如,科学作品)的方式都被常规化了。这种妥协已被我们深深内化,我们必须考虑"现实"——市场、编辑、读者、生产商——而对于我们自己要做的事情却无法细想(甚至不假思索)。当我们冷静地面对书面作品,作者的自律几乎很自然地就出现了。

这类书写被认定为是由"专业人士"所创作的书写,这些"专业人士"能准时输送出干净的文本。这些文学专业人士不必受到责难;在他们的语言表述奢华里,他们能驾驭好自己:他们被称为是良好的团队成员。在此,解构性批评不得不考虑权力的现实情况:文化霸权如此彻底,以至于成功的作家不需要接受约束;他们能自动自我约束。聪明的作家用他们自己的方式对付编辑和生产商,完全清楚他们所面临的机制压力,能自我编辑,使文学"产品"符合要求,畅销市场。专业主义即现实主义,只有疯子快乐地招致反对。在此意义上,每位文化生产者必须认真考虑"现实"。他们必须保持镇静,使编辑过程和生产变得简单易行。当文化工业日益加强品味的标准化时,承担文学风险只是一种虚荣。

3. 解构者认为每一个文化文本都是不确定的,因此批评实践应考虑文本的不可确定性。德里达质疑的是意义的迂回、歧义、迷惑不能够以阿基米德客观阐释的高度来从外部得到解决方法。在德里达看来,意义通常是模糊不定的,同时体现了差异和延缓:我们越是努力去确定意义,意义就越是捉摸不定,悄悄退避到将来。文本的不可确定性原则是一个零点,解构就是从这一点出发进行批评实践的。它永远把批评的本质从一种无预设阅读(如新批评)的客观主义实践转变成了一种意义的近似和重估的语境实践。

不可确定性会导致部分文化读者的虚无主义无聊(在此,会认为任何阅读都一样有效),不可确定性也可以激起阅读积极参与到书写中去,这样,批评就绝不隶属于原文本(回答了我早先关于伯明翰学派文本政治去等级化的文化研究项目的讨论)。解构性文化研究无异于文学解构,二者都面临着德里达原来没有解决的困境。解构声明所有文本包括它本身都具有不可确定性,解构丧失了根基吗(和尼采一样)?解构能够作为一种意识形态批评模式被应用到相对稳定的价值与政治语境中吗?依据不可确定性不可避免的本质——语境之外意义不可分解,语境之内产生意义——政治性的德里达派不会得出结论,人为解构性的政治是不可能的。而非政治的德里达派(如耶鲁学派——一般来说的美国解构)会从不可确定性中推断出任何政治都不可能的结论,批评家的作用局限于文本游戏(如,见洛蒂,1979年、1989年),游戏提不出更大的真理要求。

我认为德里达倾向于后者。将阅读政治与书写政治的努力强加给德里达就表明政治(如文学和社会的去等级化)在他那儿这些最初并不存在。我不由自主地将解构政治化是因为解构性文化研究避免了许多法兰克福学派文化理论的盲点,并且帮助我们将文化批评本身当成景

第六章 关于文化的后结构主义和后现代主义

观社会日常生活中的一种批评实践模式(德波①,1970年)。我们可以冒昧地对待德里达的项目,因为实际上他并没有什么项目——他的文化和文学阅读方式本身就具有不可确定性,所以,依据语用语境,在此语境中我们"利用"他(如果不是的话,就是被他利用),就有可能阅读出或书写出许多的德里达来。

说到底,不可确定性阻碍了文本和文化实践的确定形式,而批评本身谁都可以去争取。当解构把自己确立为意义明确的阐释方法时,它就自相矛盾地成为了阿基米德式的方法;但为了声明政治及批判理论的地位,唯一真正的政治性解构拒绝自身的方法论化,考虑到德里达在政治批评领域的实际沉默(见伯尔曼,1988年),这种申明必须谨慎。当我谈论解构性文化研究时,很大程度上,我是从很多零散的文学及文化批评中虚构了一种批评实践,这些零散的文学文化批评采用了一些,如果不是全部,德里达本人的阐释实践作为启发实例。解构性文化研究没有流派也没有方法,只有许多不同领域的方式(如来自女性主义内部的方式),如果我们发展德里达的阅读模式,使得共同命名成为可能的话,那么这些不同方式就可能集结于同一名目下。我没有特别的兴趣来示范使得阐释或移植成为可能的德里达的细读;在这里我只想说我谈到德里达是为了一项研究,即激进的文化研究,这项研究可能与德里达作品的精神和字面意义相去甚远,所以就连"解构性文化研究"这一命名都违背了他本人对方法的反对。就这么着吧,且让其他人用不同的方法去阅读德里达,也让他们来说服我,德里达的语用阅读有助于进行有用的分析性和政治性研究。

我所谈到的这种激进的解构利用不可确定性这一概念来挑战对文化文本和实践所进行的客观性阅读,解构削弱了传统和经典阅读的力

---

① 法国"情境论者"德波对二战后出现的"景观社会"进行了深刻的批判,他认为,"景观社会"是继马克思所说的商品社会之后出现的一种新的社会控制形式,其主要特征是通过幻象和使人昏乱的娱乐形式来麻木大众。面对消费的大众日益沦为景观社会的幻象囚徒的困境,德波提倡充满活力、创造性和想象力的活动,从而消除由景观所诱发的冷漠、欺骗、被动与碎片化,恢复积极性的生存。

量，有时，这些传统经典阅读最终不能进行反霸权的文化实践。在不可确定性可能对根除所有真理宣言有威胁的地方，它就会被激进的批评家所利用。不可确定性改变了权力的文化—政治平衡，给批评家更多的空间来参与对文化产品的阐释和质疑。反对文化阅读中的传统智慧的批评家可以将文本不可避免的不可确定性当成他们阐释的基础。批评家不再束缚于文本的经典阐释或文本的神化，最终一定会开始去神化、去霸权的研究。如果意义是模糊不定的，那么没有批评家可以肯定他／她的阅读是错误的。从外部促使批评家对自己阅读的合法性充满信心这一方面来说，不可确定性的作用强劲有力；由于文化霸权束缚了文化批评及文化创造，所以在否定那些并不严肃挑战文化霸权的经典批评家们提出的经过时间考验的阐释的时候，不可确定性又有点无力回天了。

就方法论而言，文化文本及作品的不可确定性妨碍了一对一的从原创到派生阐释的翻译。没有单一的规范来翻译文化作品或清楚地解释它们的意义。之所以没有这么做的规范是因为没有纯净的语言能使我们来完成这个翻译过程，没有一种语言没有空白、省略，甚至矛盾。正如维特根斯坦（1953年）所言，人们不可能站在语言之外来阐明语言。人们只能通过语言来阐明语言，因此新的翻译需求就有必要被引进来。在文化理论中这变得有些荒谬：为了澄清基本难点而写的初级读本完全与声称用来解释和自命为不得不翻译的作品一样复杂、一样专业。哪怕是对欧美文化理论一知半解的人都清楚理论崇拜行业和理论崇拜要对之进行理论化的深奥的理论著作一样都是反启蒙的。尤为奇怪的是很多文化理论的开展都是打着解构的旗帜，解构本应该对不可确定性格外谨慎——任何文本，包括批评文本都是拒绝翻译的。可是，当涉及某人自己书写的意义模糊时，人们很快学会了不可确定性原则，也很快就将它抛之脑后了。

4. 文化解构从每一个文本中寻找难点。难点就是文本和著作自相矛盾或留下需要填补的意义空白的方式。文本难点的本质确保了文本的不可确定性——不可简化为单一的、简单的意义规范。如维特根斯坦指出，语言是困难的，因为语言是由文字游戏组成的，有自己的表

第六章 关于文化的后结构主义和后现代主义

现和阐释规则,而一种语言游戏和另一种语言游戏是不可比较的。语言的困难本质阻碍了将意义简化为明晰的规范的努力尝试,语言的含混、歧义和省略使得人们不可能得出明晰的规范。批评的语言和经受批评的语言必定同样困难。

要回避作为解析和质问的批评,这不是理由。困难的语言的不可确定性不会使语言遭淘汰;当然,尤其在这个蒙昧主义和虚假清晰的时代,语言更为必要。从解释的角度而言,难点至关重要,因为它可以用来显露书写的潜文本,有助于解释和探索文本内爆发出来的内在压力,为了文本的表象,这些内在压力都被小心仔细地压制了起来。语言的不可确定性注定任何文本都隐藏着内在的裂缝和断层:每位作家都或多或少地压抑了试图言明的内容;不是什么都适合讨论,而且有些东西用手头的修辞工具也难以说清。在某些方面,解构者相信这些晦涩的(潜)文本最具说服力,知道什么被压抑或隐藏在语言的晦涩里有助于人们理解隐藏在页面假象意义中的内容。

在这个意义上,难点书写的最佳例子就是科学(见诺尔·塞蒂纳,1981 年;阿格,1989 年 b)。科学作家将作者的主体性埋藏在厚重的方法论文章中,让集中体现科学的专业语言和图表来控制文本。作者关于世界本质的深刻设想被压抑在文本技术表象之下,远离科学界,从而免受外部挑战。然而,文化中的情况同样如此,例如,当我们以"最终"版本的方式来处理电影或小说时就是如此,这些电影和小说的作者印记被埋藏在各种各样的编辑调节之中,编辑的调节使作品看起来经过了专业的润色。实际上,生产价值就是增添在文本表面的价值,如去作者化的自然作品。文化作品中生产价值投入越多,我们就越无法判断作品已经被疲于努力修正的作者反复做了修改——而这通常是事与愿违的。

当字面所说的与深层隐藏的意义直接相反时,难点也就不一定非得矛盾了(例如,广告可能说,"这种谷类早餐是健康食品",而事实上,它完全是糖类和脂肪),难点也可以包括省略、差错、歧义和注解——所有修辞文本用来隐藏事实的手段,事实就是世界和科学的根本问题没得到解决。我不是说修辞学家骗人,而是修辞本质上充满了意义欺骗,人类研究里意义欺骗无处不在。修辞说不清道不明,正如海德格尔关于存在"究竟"是什么一样,没有一种元语言能够让我们跳出阐释圈。尽管如此,语言的困难本质既能促进也能挫败批评思维和书写。如果合理利用的话,能够帮助批评找到文本和著作的薄弱环节,发掘意义的宝藏,哪怕只是颠覆了表象意义的意义。

后结构主义者能从所有作品和文化表述中找到难点。然而,这就倾向于将意识形态和本体论变成维特根斯坦的文字游戏概念:马克思主义者会全神贯注地解构巧妙包含有意识形态和本体论的文本,而非马克思主义解构者把难点相对视为所有文本的一个特征,从而弱化马克思主义阅读的意识形态——本体论批评的声音。这是德里达式的解构与马克思主义解构的主要区别之一,导致也体现了关于历史哲学问题的诸多重要异见。马克思主义意识形态批评的问题是它以一种无预设的口吻,根据实证主义来构思写作,这个问题与我之前讨论过的正统的马克思主义文化社会学面临的有效性问题相似。马克思主义解构表象存在过于频繁地自称没有难点的方式中(见詹姆逊,1981年、1991年)。它将纯净文本中的意识形态和本体论压抑定位为故事的历史化方式,常常暗示没有深层意义,可以从文本表面进行阅读。但是马克思主义描述(关于实证主义的描述)必须用不可确定性的语言来处理。后结构主义者可以通过指出马克思主义文本中的省略和张力来解构马克思主义解构性语言的困难本质。这是一项很有用处的研究,在此,马克思主义者在认识论和政治方面变得相当傲慢,甚至都忘记了他们自己关于世界本质的设想也是含混不清的,如果他们想要避免阿基米德主义和先锋主义的致命结合,就必须以自我批评的方式反复推敲这些设想。

因此,激进的文化研究必须仔细区分困扰着所有文本的矛盾、典故、张力、歧义和具有霸权性、意识形态化、本体论化特点的文本性矛盾与压抑。两者间存在着根本性的差异。如德里达派解构者那样混淆它们就丧失了当今重要的、新马克思主义意识形态和本体论批评的政治独特性。后结构主义文学理论对于马克思主义意识形态批评的巨大贡献之一就是注重意识形态的文学性——意识形态有文本形式,可以当成文本来批评。意识形态是修辞——既是潜文本也是文本。对于马克思主义和女性主义批评家而言,能找到每个霸权化的文本中的薄弱环节,就能赋予读者力量来摆脱暗藏于大众文化喧嚣中的僵化历史的束缚。左派后结构主义文化研究告诉人们如何从文化中阅读出去历史化的潜文本,而不是全面审视流行文化的倡导。这种文化研究把大众文化的意象和承诺当做受篡改和歪曲的支配的真理宣言。耐克鞋真能让我们更加健步如飞、更加性感吗?本田车真能将驾驶提升成一种艺术形式、让我们的日常生活审美化吗?麦当劳真能带给我们的家人、大众和其赞助商同样的幸福吗?

  这正是左翼后结构主义文化研究提出的问题,他们质疑文本,寻找难点,即文本中压抑着关于世界秘密声明的地方。当我们把流行文化看成宣传倡导,我们就能更好地抵制包藏祸心的诱惑,甚至通过发展新的文化实践和经历的方式来使文化反对自身、得出相反宣言:运动鞋价格贵得离谱;汽车会使我们陷入贫困甚至丧命;专利的快餐让我们不健康。因此,我们必须生产新的衣服、交通工具和食品,从下至上、从上至下地改变我们的日常生活。例如,广告的文化形式编码成各种似是而非的声明,欺骗性地配上视觉意象和音乐,将模仿经验全景提供的愉悦和承诺与这些真理宣言混合在一起,让人无法判断它们到底为何物。看到这一点,我们就能抵制它们潜在的力量,生活(奋斗)在新的一天。广告是模拟的最高形式,以这种形式,真理宣言被巧妙地编码进文本中的某些地方,一般人根本不可能识别这些地方,只有对大众文化方面成熟的老道者能够在广告词、音乐、意象以及它们推荐的世界里反复阅读推敲,发现这些不为人知的地方。

  与文化文本相比,人们更难在视觉文化和听觉文化中找出暗示文本与潜文本界限的难点的薄弱环节。仅仅因为视听文化的"文本"比文本的文本本身更快速、更难把握,要解构性地阅读电影、音乐、剧院和电视就比阅读文本困难多了;也许因此,视听文本越引人注目,就越具有征服力。如果人们接受解构研究(见费斯克,1989年a),那么学会阅读所有形式的大众文化都有可能。如我先前所言,这种阅读策略与其说是一种方法,还不如说是一种践行了的与语境的对抗,语境中阅读找到了自己的位置。人们必须机警、灵活,为任何意外事件做好准备。某一天,你可能发现自己挤进一群痴迷的观众中,盯着好莱坞大片观看,试图弄懂它的历史哲学:把《壮志凌云》或《虎胆龙威》当做文明的文本来考虑。也许你会发现自己在超市收银台前,面对着一大堆通俗小报,你扫描着大大的标题,想要看看英国人和美国人如何把当日大事问题化——皇室离婚、查尔斯与戴安娜婚姻不检的传闻、雪儿(Cher)之女Chastity① 的性取向。文化批评家必须做好准备阅读文化表现的地点和方式。它那具有触手的力量就隐藏在与传统文本文化的差异中,传统的文本文化以一种"老式"的方式来宣传观念和价值。

5. 文化解构认为阅读就是书写——文化批评本身是一种文化创造形式,有助于推翻写作高于阅读的等级制度,同时也挑战了文化文本和实践提供的想当然的设想。也许文化解构者最具挑战性的论点就是阅读和写作完全具有同样的建构性,这是德里达的主要论点之一(见阿格,1991年a,第2章)。书写需要阅读,文本需要语境,这样阅读和书写才能完整。没有纯粹的或既定的书写,只有视角性的书写,这些书写出现在阅读语境中,反映读者的需求和利益,读者给阅读带来价值、态度和实践利益。也许会有人说任何文本都可以变成我们想要的东西,这便威胁到了相对主义。唯物主义的德里达派会从那种极端模式中后退几步;他们会说既定文本约束了阅读,但不是决定性的约束。文本揭示了阐释的局限,而这些局限本身容易受到挑战。解构的讨论围绕着一个这样的问题:什么构成了可以接受的阐释局限——例如,马克思学家仍然在争论阅读马克思的意义何在,也就是说,应该在哪些规则下进行对马克思的解释(例如,见阿尔都塞和巴里巴尔,1970年;克利维,1979年)。

解构者关心的问题是如形成一些基础以便将批评局限在某些可以

---

① 资深影星雪儿与前夫波诺所生的女儿 Chastity Bono,1969年生于洛杉矶,2009年宣布接受变性手术,将成为"男儿身"。约20年前宣布自己是同性恋者的 Chastity Bono,除了拥有作家身份,也参与电视节目演出。同性恋维权一直是 Chastity Bono 关切的社会议题。她希望自己的变性手术能让社会大众以更开放的心胸与态度来看待这个议题。

接受的阐释范围,他们同样也关心某些文本说了"什么"。这些问题根本上是密不可分的。如果抛开批评应该如何判断电影意义这一问题,就回答不了一部好莱坞大片通常"说"了什么的问题。就此我将在下一章中更深入地分析,作为女性主义社会理论,电影女性主义最重要的贡献之一就是为女性主义文化意义建立了基础,也为决定什么是女性主义电影、什么是女性主义社会实践建立了规范。受拉康的后结构主义启发,电影女性主义否认我们能推理出成为女性主义者、像女性主义者一样写作、写作和阅读女性主义文本、电影、电视的意义。解构使读者有机会也有责任认真参与建立批评与批评客体的关系。我们不能假定批评的关键是无预设地阐释文本或实践的既定意义,在文化、文本性、语言和意义之外不可能有阐释。

  阅读就是书写,因为离开语言和文本不可能进行阅读。当人们谈论文化阅读时,其实就是在谈论以公开为目的、以成为书写为目的的书写(或演说)。对于后结构主义者来说,宝琳·凯尔的影评《纽约人》如同她所评论的电影一样,都算得上是文化。她在阐释文化的同时也在创作文化。事实上,我们去看电影之前(或之后)会阅读《纽约人》,宝琳·凯尔作为影评者影响了我们观看电影的方式,也影响了我们生活的方式,考虑到这一点时,我们难以区分两种文化创造实践的边界。电影女性主义本身可能会认为观看女性主义电影让人卷入了一个批评团体之中,这个团体超越了电影观众本身,而是一个妇女团体、女性主义者团体、女性主义电影批评家团体、在电影与批评团体的关系中将电影理论化的女性主义思想家团体。女性主义电影的意义(不管我们认为它的意义是什么)与将我们纳入女性主义团体的其他散漫的、活生生的实践密不可分。有人甚至会认为要成为女性主义者就意味着要认真投入时间和经历来参与其他女人和男人的团体中来,在团体中这些相互关系的问题就呈现出重要意义。

  阅读就是书写这一断言是一个协调性的想法——那就是什么应该是真的。在此,分清楚两种解构断言非常重要。一方面,德里达论证了为了补充和完成书写,阅读必须存在——离开人们阐释和使用书写的语境,就没有"诸如此类"的写作(德里达反对无预设的文学阐释的实证主义模式)。阅读绝不单单是被动的或反思性的,而是主动参与到所有文本的不可确定性中去——在参与不可确定性的方式中文本激发我们投入到作为意义介入的难点意义中去。另一方面,更具政治性的解构认为阅读建构性地参与到书写中并不意味着阅读就是书写。阅读还是阅读,而书写仍是书写。要阅读成为书写,它就必须像文本一样公布于众;它必须作为一个自治的和/或互文性的文化文本被出版或生产出来。世界上绝大多数读者不是作家,或许除了页边评论、未出版的书信及论文,他们并不书写阅读。他们没有踏入写作领域,要么是因为他们并未把自己当成作家,因此也不会把他们的阅读(作为书写)送去出版,要么就是因为他们的作品遭到拒绝。显然,大多数人并不是过着作家的生活;他们在日常生活中阅读,阅读过程中并不质疑(出书的)作家高于(未出书的)读者的等级制度。

　　这一区分显示了非政治性与政治性解构的差异。前者所有阅读就是书写的设想是非历史性的;后者区分了私人性阅读和公开性阅读,因而涉及资本主义的权力关系。尽管阅读可能极具政治性,因为它赋予了批评活力,引发了公众的异议,但是这种写作不像坚持写作技巧性的阅读那么给人政治上的转变,因而能出版发行(写作技巧性作为一种对世界霸权形式的反对力量参与到公共话语中来)。这并不是说阅读能简单地驱使自己成为公开文本;反抗的、业余的作品总是被出版商拒之门外。但私人阅读和公开阅读肯定是有区别的。区别就是这样:公开阅读——新型书写——改变了书写高于阅读的等级秩序,改变了公共话语的内容。

　　对于德里达派而言,将阅读等同于书写是非历史性的和本体论的。然而,后结构主义者通过坚持阅读是建构性的有力地挑战阅读的实证主义模式,他们认为阅读通过介入意义和文本僵局的书写空白,充实书写,语境化书写,发挥写作的语用意义,从而使书写具有意义。没有超验文本,也没有"如此"的书写。只有语境,语境中读者和作者联手,相互理解对方的意义,作者期待获得读者的理解,读者从既定白纸黑字或电影文本中重构作者意图和意义。后结构主义通过表明阅读是一种强有力的社会实践形式,来帮助我们改变对文化接受的思维方式。但是,遗憾的是,阅读不像书写即公开阅读那样有力。只有通过新文本才能改变世界。阅读改变的只是读者,而非整个公共话语和政治行为领域。

6. 解构性文化批评将潜文本变成文本,从边缘来阅读文化客体的意义,在其不重要之处发掘意义。德里达对文本难点(盲点、省略、张力、迂回、矛盾)的强调表明了解构性阅读的方法论原则:在不太可能的地方发掘意义,尤其要在相对于所讨论文本的主要部分(散文、情节)而言的那些不太重要的修辞手法中去发掘意义。因此,通过认真阅读脚注和尾注,人们可以更好地理解为什么书写要把这些材料放在次要位置,而把另一些材料放在文本正文中主要位置。或者人们不妨读一读放在括号中的材料。或者,像我阅读科学期刊一样,解构性地阅读科学,寻找科学文本书写强有力的潜文本的方法论方式(数字、图标等),这些方法论姿态成为了科学文章的主要意义,比文章本身更具有建构意义。

德里达的阅读不仅恢复了像尾注、括号内的内容、图表方式这些标注的价值,还以一种去等级化的方式颠覆了主要文本对次要文本、文本对潜文本的优先权。德里达认为通过研究标注,意义会更清晰地浮现出来。例如,在书的前言和致谢部分,人们可以看到各种生动的第一人称的言论,如关于撰写这本书的原因、主题、起源、感激、相关的话语团体(海姆斯,1974年;布罗奇,1987年)、作者的生活世界。如果作者深深压抑住那些具有说服力的语境线索标注,我们可能读完一本书却不完全理解它的语境。的确,美国心理协会(我在书中使用的名称)的引证风格作为一种受人欢迎的引用参考文献的方式,正逐渐获得声誉,要么全部摒弃脚注和尾注,要么大量减少标注。这种引用格式增强了文学作品的巧妙性和精简性;这种方式的负面效果就是更难认清一个文本的潜文本,除非,如在我的文中一样,作者自觉地以一种程式性的方式来呈现潜文本:此刻有一点必须明白,我是一个政治作家,希望发展新的更好的方式来批判性地阅读文化,以便改变我们整个公共话语。我不是实证主义者,我的政治目标没有隐藏在一章接一章线性移动的浓重的客观主义风格中。但是,即便如此,我们在研究生院和专业学术学科中学到的坏习惯还是很难消除!我原先在写这一段的时候,从"的确"一直到"一章接一章"这一整部分都是放在括号里的,这样一来就攻破了我要消除文本和潜文本严格边界的断言。幸运的是,在这个文字处理时代,要做修改是很容易的。

不能推理决定什么是与文本相对应的潜文本。解构者认为人们无法清楚地区分单个文本的这两个部分。相反,他们认为许多文本都是重叠交错的——文本之内有文本,文本之上有文本;故事之内有故事,故事之下有故事。潜文本和文本这对术语的使用违反了解构逻辑,文本和潜文本就暗示了明显区别的可能性。事实上,文本之内的意义等级问题是一个语境问题,需要方法策略来区分(和合并)意义的各个层面。大量被误认为是解构性文学批评的内容都沦落为了真正刻板的分析,因为如难点、差异、文本和潜文本一类的概念在方法论方面受到盲目推崇,回应不了书写的差异本质,而这些差异本质是必须根据它们各自意义的本土问题来进行研究的。例如,人们也许能用阅读费里尼的电影的方式来阅读史蒂文·斯皮尔伯格的电影。这是否就意味着人们也可以用同样的方法来阅读由戒酒无名会①(邓金,1991年)出品的电影,或者电视连续短剧呢?不幸的是,美国解构者太陶醉于解构研究,以至于他们让阅读兴趣从属于解构方法的发展,这样一来,两者都忽视了要讨论的作品的文化特性,而且盲目崇拜方法,对方法的崇拜胜过了本应该去做的研究。

现在我似乎有点自相矛盾,因为此刻我也陷入了对一套貌似文化阅读的解构原理的复述中。我不反对概论或方法,只是反对越过不可比较的意义语境的方法崇拜。尽管我知道把文化当成是由文本或元文本组成的内容来进行研究,让作者身份和接受效果接受公众分析和批判,具有批判性和政治性的重要意义,但我并不完全认同人们能以阅读书本的方式来"阅读"电影。解构太倾心于辉煌的新技巧,从而丧失了对社会理论和本土文化分析的实质性贡献。在这方面,德里达文化研

---

① 戒酒无名会:嗜酒者互戒会,1935年成立于美国俄亥俄州,总部设在纽约,成立目的是在以酒鬼帮酒鬼的方式,鼓励酒瘾患者重建生活,目前在全球逾140个国家都有组织。

究刚好和伯明翰传统形成了鲜明对比,前者更多地关注批评方法的发展,而在建树具有政治功用的实质性的社会和文化理论方面却显得不足。

非常奇怪的是,解构性文化研究几乎没有理论,与之对比的是,欧洲文化批评的理论气息却很浓重,因此解构需要一个全新的复杂的概念体系以备"做理论"的人使用。如果我们认为理论是来自当代社会和文化思想的哲学前辈们的抽象词汇和概念,那么,当然,德里达、巴特、拉康和福柯的研究都是理论性的。但如果理论指的是对社会世界的实证性概括,那么欧洲思想几乎没有理论性——当然,就语言的晦涩复杂程度而言,具有理论性,但实质上,却没有理论性。解构论者把时间花在文化细读和改进批评方法上,而没有全盘地、政治性地发展可以将阅读语境化,将阐释策略语境化的理论。

两种后现代主义

为了表明后结构主义和后现代主义的相似点以及它们对解构性文化研究的影响,区分二者是很重要的。有趣的是,这种文化研究更多的要归因于德里达关于文本的阅读与书写的概念,而不是后现代主义(不充分的)方法论启示,后现代主义与其说是一套认识论和推理原理,还不如说是一种社会文化理论。这一点值得引起人们注意,因为人们认为后现代主义与文化有关,而后结构主义则与知识和语言相关。在一定程度上,二者紧密交织,因而不可能也没希望将它们做简单的区分(见阿格,1990年;贝斯特和凯尔纳,1991年)。人们不得不参与到刻意简化的名称分类学和它们的学术成就中来,以便充分划定后结构主义文化研究和后现代文化研究的范围,而这范围划定也会混淆某些关键的差异要点。

我只想说我一直讨论的解构性文化研究得归功于那些被认为既是后结构主义又是后现代主义的人——如德里达和福柯。在某种意义上,后结构主义和后现代主义的区别太神秘或太独特,这种区分并不重要。我没有兴趣去划定一片研究文化研究的认知领地,因为这片领地变化太快,季节性地回应着流行或过时的理论和批评发展。今天用来印刷利奥塔理论的初级读本的纸张,几年后被回收利用,用来出版鲍德里亚的著作(或是还没被发现的昙花一现的新理论家的著作)。尽管为了教育目的,认知版图(见詹姆逊,1988年)有其重要性,但是人们不必太相信和看重这些。本书也会因其分类和命名受到批判;人们可以对我所做的批评与理论流派之间的任何区分进行正面诡辩,这些区分反映在章节结构、涉及的话题、年表、例证等中。不管怎样,文化研究就像电视或电影屏幕上的图像一样闪现在我们眼前,要将它固化为分类学的水泥就埋没了它的灵活性和多重性。做文化研究就意味着我们不仅要回应大众文化方式中的流行内容,而且回应学术成就的公开,以便让人们知晓研究文化的方式。尽管我在讨论文化研究本身成为了文化,但本书是关于文化的研究,告知人们知识分子阅读和书写文化著作的方式。换句话说,正如解构性阅读所表明的那样,文化研究只是整个文化的一部分。

吸收后结构和后现代的见解,解构文化研究特别能将其多变的演进本质进行理论化,处处都能够抵制固定的定义。德里达没有给我们一张可以把他的大部头的迂回作品翻译成充满常识性能指的普通语言的术语表,这绝非偶然。德里达是他自己的读者;他没有声明为了别人而来从外部阅读自己。他会坚持认为人们必须自己阅读,运用他们自己的阐释、兴趣、欲望、期待、民族、地域文化、性别、种族和阶级的日常语境。要想成为德里达式的人物,就要以自己的方式去理解德里达;要想成为德里达式的读者,就意味着要解构性地阅读,也就是说,要根据阅读本身的建构力量来阅读,这一点绝不能背弃。因此,解构性文化研究不会长久徘徊在术语表、分类学、词汇表、概念精确等方面,似乎这些事情可能在语境之外发生,而语境之内,一切都被归入到不可确定性这一规则下。解构性文化研究研究文化,也包括它自身对文化的贡献,解构性文化研究不是元理论。

如我早先说过,我更倾向于把后现代主义理解为文化不连续性,一种缩短进展意象(imagery of progress)的历史哲学(见罗莱,1984年)。它是吸收了贝尔早期(1960年)的意识形态终结论证的后工业主义(见贝尔,1973年)的另一种形式。利奥塔(1984年)的后现代主义宣言,尽管有一些法国人的手法,还是反复利用了贝尔对马克思主义的攻击。后结构主义提出语言编码和建构意义的方式,粉碎了凭空捏造能指,并不假思索地将其与不相关的一切联系起来的语言使用者的实证主义模式,在此,后现代主义却提出了更为广泛的历史哲学,在历史哲学中人们不再可能阐述本质性的社会变革的可能性。后结构主义和后现代主义两者的共同点是都以尼采为基础,吸收了尼采的启蒙批判。这并不是说他们就正确地使用了尼采!毕竟,尼采对最初的法兰克福学派研究也有很大启发,尤其是对阿多诺和霍克海默(霍克海默和阿多诺,1972年)。

在第一章"话语的衰落"(阿格,1990年)中,我已论述过其中的一些问题。特别是,我认为存在着很多有争论意义的后现代主义,一方面是辩护性的、贝尔式的晚期资本主义辩护(没有能分清后现代性和后现代主义,混淆了描述和批注);另一方面是法兰克福批评理论,提出了资本主义现代性和可能的社会主义与女性主义后现代性之间的辩证连续性意义。我试图发展一种能做分析性和政治性研究的后现代社会批判理论;就重要意义而言,这种离经叛道的后现代主义方式在启蒙批判方面与法兰克福批评理论相似,都在一个词汇框架内措辞,这个词汇框架愿意坚持现代性项目(启蒙主义未实现的)基本的进步目标。后现代主义为德国批评理论增添了一种大众文化视角,这一视角比起法兰克福学派的一些审美理论更为普通,少了些官方色彩,因此有价值地修正了阿多诺的文化悲观主义(见胡伊森,1986年;阿罗诺维茨,1990年)。

此外,就后结构主义对解构性文化研究的贡献而言,我把后现代主义分成肯定的或辩护的和批判的两种程式。如果不参考现代性的某些设想,就无法回答"谁算得上是后现代主义者"这个问题。从利奥塔(1984年)和福柯(1977年)到哈桑(1987年)和詹姆逊(1991年),我们可以给他们任何一个人冠以此名。值得记住的是,不像后结构主义,后现代主义一开始就是明显的文化作品,尤其是在建筑方面,它没有后结构主义的哲学反思性方式。事实上,后现代主义这一词在过去的几年里才为人知晓,主要是在美国(见克林科维兹,1988年)。由于它的建筑根源,更难认识和利用包含在后现代主义中的初现的社会批评;点缀了美国风景的大量"后现代"写字楼和购物中心证明了后现代建筑装饰的肯定特征。建筑后现代主义是主流建筑现代主义的肯定形式,建筑现代主义丧失了本应该有的对包豪斯建筑学派①的批判力。胡伊森(1986年)在他的《大分裂之后》中充分探索了现代主义和后现代主义之间的矛盾关系。

对批判的后现代主义的论证实际是对激进的文化研究的论证,这种文化研究能够以同情和批判的方式来理解各不相同的文化表述和实践。后现代主义形式的真正的自由就是后现代主义对现代主义的矛盾。一方面,批判的后现代主义想要超越现代性——当前建立的环境和晚期资本主义的社会经济机制;另一方面,批判的后现代主义想要完成现代性计划,即创建一个建立在普遍理性原则上的世界的启蒙尝试。像利奥塔(1984年)一样的肯定的后现代主义者认为我们必须摒弃启蒙整体化的自命不凡(换言之,即他期望改变整个世界的,像马克思主义一样宏大的"元叙事"批评),但批判的后现代主义者如阿诺维茨(1990年)和凯尔纳(1989年a)则认为启蒙必须在人和自然的普遍自由的基础上得以实现。

批判的后现代主义能细致地理清把利益从强大的文化霸权中解放出来的文化的方方面面。这些方面通常难以判断:往往看似自由的东西很容易就成了禁闭的东西,看似是文化陈腐的(或完全不相干的)东西却包含着解放潜力,哪怕最初流行文化的生产者或消费者都没有注意到这点。建基于这种离经叛道的后现代主义的文化研究拒绝各种先

---

① 1925年,格罗皮乌斯在德国魏玛设立"公立包豪斯学校"。包豪斯是德语Bauhaus的译音,由德语 Hausbau(房屋建筑)一词倒置而成。以包豪斯为基地,20世纪20年代形成了现代建筑中的一个重要派别——现代主义建筑,主张适应现代大工业生产和生活需要,以讲求建筑功能、技术和经济效益为特征的学派。包豪斯一词又指这个学派。在这之前的欧洲,建筑结构与造型复杂而华丽,尖塔、廊柱、窗洞、拱顶,无论是哥特式的式样还是维多利亚的风格,强调艺术感染力的理念使其深刻体现着宗教神话对世俗生活的影响,这样的建筑是无法适应工业化大批量生产的。格罗皮乌斯针对此提出了他崭新的设计要求:既是艺术的又是科学的、既是设计的又是实用的,同时还能够在工厂的流水线上大批量生产制造。

验的文化视角,不管是法兰克福学派的官方主义,还是赞同(而后抛弃)鲍德里亚的超现实论的各种模仿的主流后现代主义者的肯定姿态。这样的先验论之所以崩溃,是因为它忽视了文化方案和文化接受的语境本质。批判的后现代文化研究把它对文化解放潜力的判断与文化作品和实践所处的生产、分配、接受的语境联系起来。尽管不同于当代文化研究中心,批判的后现代文化研究倾向于用更自觉的历史哲学术语来表达它的文化批评,但在某些方面,它又类似于伯明翰当代文化研究中心的文化视角。利奥塔的后现代主义暂时放下文化和政治评判,而接受作为所谓的后现代性(完全超出意识形态、价值、判断)明显标志的文化产品和实践的完全不确定性,但批判的后现代主义将文化实践理论化,其方式不仅超越了可评估的先验主义(例如,法兰克福较为官方主义的文化理论),而且超越了主流后现代主义的与语境无关的、接受基本上等同于真理内容的各种形式的大众文化的折中主义。

批判的后现代文化研究没有特定的流派或代表。伯明翰当代文化研究借助福柯和法国女性主义进行阅读和研究;也许有人将他们的部分研究归入批判的后现代文化研究范畴。我不愿这么做,因为和詹姆逊、阿罗诺维茨、胡伊森、凯尔纳和我所认同并解析的批判的后现代主义相比,伯明翰文化研究的煽动性的本土工作少了些理论性(多了明显的政治性)。这并不是说人们可以越过在后启蒙(或者詹姆逊和费什称之的后当代)历史哲学范围内来履行启蒙的激进诺言的全面努力,去识别我们工作中关于理论和方法的诸多共同假设,后启蒙历史哲学正面临着后现代主义和后现代性的问题。在某种程度上,后现代主义这一名词具有误导性:大多数人将此词当做一般思想范畴来使用,所谓的后马克思主义(如拉克劳和墨菲,1985年;布洛克,1990年;后来的威斯福特和格吕诺)研究就处于一个这样的范畴内。我肯定不是一个后马克思主义者;我认为激进的后现代主义是一种批评理论,本身就是一个范畴,其中可找到马克思的特定批评理论。在一定程度上,这种分类活动有些失控。现在真正重要的问题是,不同的理论家如何以有助于他们区分不同形式的真理、自由、公正和美好的方式来将文化当下和政治当下联系起来。在维护文化真理断言的可能性、维护这些断言的相对评判可能性方面,批判的后现代主义与肯定的后现代主义是有所不同的。肯定的后现代文化研究抑制这类判断,因为他们确信狂欢烂醉的曼哈顿城市景象占领了历史,历史本质上终结了。

我将在第九章中进一步论证后现代主义产业迄今为止还是朝阳工业。每个人都在谈论它,哪怕完全不懂欧洲社会思想和批评的人都宣称在研究它,而当今的后现代主义必须不可避免地要与欧洲社会思想和批评联系起来。许多书籍和评论的作者们打着利奥塔、鲍德里亚、福柯、德里达、德勒兹、瓜塔里、巴特、拉康和詹姆逊的名义,其实根本就没有阅读过他们的著作。他们的"后现代主义"只是廉价宣称的现代主义,肤浅的文化潮流表象之内毫无实质内容。这瞬息万变的时代,所有理论的命运都是如此:理论充当点缀,而不是实质性的社会思想和严格的批评(见纽曼,1985 年;雅各布,1987 年;阿格,1990 年)。后现代主义有着怪异的视角,允许没有思想的折中主义,允许在学术生活、广告和电视的语用语境中使用理论符号。当地的《水牛报》称大卫·林奇(《蓝丝绒》的导演)最近制作和导演了一部"后现代"电视连续剧。这一断言的实现不是基于对林奇在导演方面借用后现代审美意向的严格研究(如有可能的话),而只是基于林奇自己的个人风格。后现代主义受人欢迎——本身及其冠以其名的产品都受人欢迎。

我不愿意号召后现代文化研究,正是因为:这个名称听起来像认同所谓的后现代文化——如《迈阿密风云》、派瑞·艾力斯的时装以及林奇富于想象力的电影、电视世界。我不敢苟同。我讲的后现代文化研究是一种对流行文化实践的批评姿态,能认识到现代性研究项目(见康纳,1989 年)的优缺点,现代性研究项目最初阐明是在启蒙运动时期,接着又保留在黑格尔和马克思的历史哲学中,后来体现在法兰克福学派的研究里。我打算与哈贝马斯(1984 年、1987 年 b)一道来完成这个现代性研究项目。但是,批判的后现代主义提醒我们,如果我们认识到启蒙运动只是对自己普罗米修斯式的自信置若罔闻的话,实现这个研究项目还是有可能的。现代性的傲慢必须通过强调自身可修正性的科学技术的语境化的理论化才能得到驯服。自从卢卡奇(1971 年)1923 年写了《历史与阶级意识》一书起,这就成了西方马克思主义的研究项

第六章 关于文化的后结构主义和后现代主义

目。西方马克思主义者将科学启蒙保持在历史唯物主义框架中,将人类科学的真理言论建立在根除神话和意识形态的基础上。利奥塔的后现代主义,如同德里达的后结构主义一样(二者都明显从对尼采的阅读中获得活力——如果不是马尔库塞[1969]关于尼采的幸福科学),拒绝把科学当做遭受狂妄自大腐蚀的整体化话语。这与后现代主义和后结构主义的普遍多元主义产生共鸣,前者是文化和政治多元主义,后者是认识论多元主义。但是语言是囚笼(尼采语)阻止不了我们发展包括科学在内的自我反思性的、民主的公共话语。

批判性的后现代主义旨在成为一种整体社会理论,解释资本主义晚期政治经济、文化和心理发展的所有方式。相比之下,利奥塔的后现代主义对这些整体化失去了信心,反而认为历史已经终结,或者至少是停滞不前了,从而要求我们放弃整体性的修辞和公共实践——为了重建世界而进行的社会变革运动。文化研究尽其所能,旨在成为一种综合性的社会理论来小心谨慎地对文化和政治经济之间的联系进行理论化。没有这些结构性的理解,无论是在客观主义新批评、经济主义马克思主义或非政治的解构名义下开展研究,文化研究仍然是文化社会学和文化美学。绝大多数文化研究著作并不合标准,既不想成为综合社会理论,也没有鼓励将文化阅读建立在对社会世界的结构性理解基础之上。如我在第九章所言,在各种所谓的理论和政治旗帜下,这项研究变成了狂热的崇拜。我想将这种文化研究去程式化。它不依赖于各种各样的文化产品和实践而存在。这些文化产品和实践夜以继日地轰炸着我们,描述着没有思想的在文化工业幻像(鲍德里亚,1983年)中度过的墨守成规的生活。

我不是说批判的后现代文化研究不能够或不应该对流行文化文本和实践进行细读。但是这些阅读必须与社会理论联系在一起,并且进一步发展社会理论,这里的社会理论是指以意识形态和政治经济术语来解释文化生产、传播和接收路径的社会理论。因此,批判的文化研究不仅洞察纷繁复杂、相互交错的社会整体性,而且为文化研究的继续发展点燃希望之火。因此,激进的文化研究就是对叛逆的文化政治的整体化表述,叛逆的文化政治拒绝主导的文化、社会政治霸权。这就是我

(1991年a)称之的基于生活世界的批判理论的一个例子。下一章,在论述女性主义文化理论和批评时,我将转向文化研究的公开政治运用,其中大部分内容还得归功于本章讨论的文化研究视角。

第七章 女性主义文化研究

女性主义批评研究

凯特·米勒特在她 1970 年所著的《性政治》一书中首先提出女性主义文化研究。从此,女性主义文学与文化批评研究被提到女性主义日程的中心位置,并为女性主义学术定义了许多阐释和批评活动(如,参阅拉德维,1984 年;墨菲,1988 年)。女性主义批评课题致力于揭露男性文化霸权,同时也为女性打开创造(和评判)文化的空间。在本章末尾,我会讨论女性主义文化研究的目的不仅是女性主义理论而且还是女性主义实践,正好预示了我在最后一章中为文化研究所倡导的那种参与活动。虽然在女性主义研究领域有沉默和遗漏,但是很显然,近来围绕女性主义批评研究开展的活动呈现出繁荣势头,这对初具形态的唯物主义文化理论和文化批评有着重大影响。

以下是女性主义文化研究讨论和评判中涉及的一些中心问题,女性主义研究是否能独立成为一种完整的、充分的文化理论,它是否只是对其他文化研究形式的补充,根据政治和批评的劳动分工,将女性主义文化研究与别的激进的文化视角区分开来是否是一种错误。许多女性主义文化理论家都相信女性主义批评有些自成一格(suis-generis)——女性主义批评研究最重要的特点之一就是要抵挡来自外部的攻击,尤其来自男性马克思主义者的攻击,他们指控女性主义批评自我限制、自我孤立的本质。正统男性左派质问女性主义为什么一定要隔离封闭,即使是辅助性的,女性主义批评也要么能取代、要么能补充其他形式的激进的文化批评。标准的文化女性主义答案是,女性主义批评至关重要,因为男性统治的关键手段之一就是使女性沉默(参阅西弗曼,1953年)。米勒特开创了丰富多样的女性主义批评传统,这种传统既颠覆了男性文化霸权,又赋予女性权利去发现她们自己的声音,同时也去欣赏其他女性的声音,她们写作、绘画、作曲和导演——"男性主流"批评要么忽视她们,要么不欣赏她们(参阅莫伊,1988年)。

在这个基本框架中,女性主义批评有不同方向的分支,其中最重要的分支之一就是本章接下来会讨论的电影女性主义(cinefeminism)。女性主义批评首先主要集中在文学文化方面,挖掘被忘记和被忽视的女性作家,挑战男权文化中关于女性的表述。在本章接下来的两部分中,我更为详细地讨论了这些批评实践,将这些批评实践应用到最为广泛的文化问题中去,而不仅仅只局限于文学中。女性主义批评在英美人文学科中占据了重要位置,几乎没有哪个系找不到与女性主义文本政治问题相关的学者、研究生、课程和会议。这些问题对主流文学批评日程极为重要,仔细研究一下近年在美国召开的现代语言协会的年会的进程,注意到现代语言协会的现任主席是凯瑟琳·斯蒂姆森,一名众所周知的女性主义者和罗格斯大学女性研究计划的参与者,这一点就不难判断了。似乎现代语言协会的报纸每隔一期就会有关于女性主义批评和女性主义理论的文章。很显然,女性主义理论已经在女性主义批评研究中扎根,正如它在英语和文学研究计划中所角逐的一样(参阅科罗德尼,1975年、1980年、1984年;费尔曼,1985年、1987年)。虽然可见女性主义理论家和批评家跨越人文学科和社会科学,但是她们集中在文学领域,主要是因为女性主义批评研究与男性文化霸权问题密切相关。

女性主义文化研究比女性主义文学批评范围更广。不过,女性主义文化分析的许多重要批评方法都是根据米勒特、费尔曼和科罗德尼等人的文本批评活动而总结出来的。如果文化研究将文化当成文本对待,那么这种文本批评的推动力最初则源于包括小说和诗歌在内的真正的文本活动。米勒特很自然地开始讨论女性作家和男性文学中的妇女描写,因为至少到20世纪50年代,文学文化还是基本的公共文化形式。尽管电影从20世纪20年代开始日渐流行,但电影文化的好莱坞化却直到二战后才开始出现,与大众文化中出现的电视的重要意义旗鼓相当。直到那时,小说还是传递性别关系的文化意象和合适的性别价值的基本工具之一。男女作家笔下的妇女表述对于人们考虑性别关系的方式尤为重要。因此,正如米勒特所言,对男性文学文化所进行的女性主义批评是普遍发展女性主义意识的一个极为重要的组成部分。

在新生的妇女运动(埃文斯,1980年)中女性主义批评的作用不可低估。大学生年龄的女性接触到了妇女研究和关于女性主义文学批评的英语课程。的确,作为女性主义新左派对大学改革要求的一部分,她们需要这些课程。大学校园之外的妇女也通过各种各样的杂志经销店,比如,《女士》(Ms)杂志,接触到女性主义文学批评的政治活动,在《女士》中,女性作家受到关注,男性作家遭遇批评。与男性新左派(有他们自己神圣的文本,如怀特·米尔斯的《权力精英》(1959年)和赫伯特·马尔库塞的《单向度的人》(1964年))相比,女性主义新左派更加专注于那个时代的政治和批判性文学,其中很多都包含女性主义文学批评。米勒特的著作对确定以后20年的女性主义批评和文化研究议程相当重要,吉梅茵·格丽尔的部分作品(1971年)也同样如此。这项工作为后来的通过主要的文学文化描述来理解男性文化的女性主义者铺平了道路。

在这种意义上,作为女性主义文化研究的范例,女性主义文学批评的出现回应了大学校园内外正在进行的政治斗争。人们可以说女性主义批评是一种被集中在文学学科里的学术追求。另一种意义上,女性主义的学术课题,将妇女运动当成一个整体来利用,具有很强烈的政治性,既反映了也提高了行进中的政治激情。和其他的文化研究形式相比,女性主义文化批评更多的是一项政治课题,相对不受学术研究的细微变化的影响。这并不是要否定女性主义批评已经发展出高度技术性的编码,业余者无从下手。事实上,我在第九章里指责近来的女性主义批评和其他文化研究形式一样,失去了与20世纪60年代到70年代初的宏伟激情与斗争的联系。

尽管如此,无论人们多么反对女性主义批评的学术化,但还是难以否定女性主义文学文化批评家在她们的研究主题和受众方面要比大多数男性文化批评家更多地涉足政治。学术女性主义仍然忙于斗争,她们从男性特权和男性知识(见杜布瓦等,1985年)堡垒的内部进行发掘,使女性主义在大学校园里取得合法地位,从而来改变大学。马克思主义者同样也为在学术界拥有与资产阶级学者共存的权利而斗争(阿格,1991年b)。学术女性主义在期望方面存在一些更为政治性和煽动性的东西,她们期望在学术实践的各个层面,从就业委员会到大学本科课程,来对抗男性特权和女性排斥。马克思主义者,因为主要为男性,在大学校园里没那么妥协,因此,他们将激进主义控制在自己的学术范围内,不需要像外来者一样来保护他们整体的存在。

有些马克思主义者也有例外,尤其是那些非正统的马克思主义者,他们与女性主义者和妇女运动结盟。结果证明,也有一些善于调和的女性主义者,她们的要求和其他学派的要求一样都不太激进,同样只是追求在资本主义社会里的"成功"。我不想夸大大学校园女性主义者的活动,但值得注意的是,女性主义批评已直接参与到这些似乎永不停息的斗争中来了。学术马克思主义与学术女性主义的区别可以用理论术语来做如下解释:女性主义者更坚信个人的就是政治性的这一观念,因此将一些马克思主义者认为不成问题(如妇女对男人的从属地位)的散漫的、文学的、人际间的、教学的实践活动问题化。女性主义自身的一些东西使得激进的女性主义学者,如女性主义批评家,倾向于以彻底的方式将她们的私人生活和职业生涯政治化,哪怕许多女性主义者通常并没有根据整体性来对这个世界进行足够的理论化,以体现出真正的差异。

将妇女经典化

女性主义文学批评,就像它后来大规模发展的更宽泛的女性主义文化研究一样,都有两个焦点。一方面,它注意到在大部分官方文学和文化的男性经典中,妇女作家、读者、声音以及经历的缺席。在此,我将讨论这一主题。另一方面,女性主义批评还注意到文学和文化中对妇女性别歧视的表述,这一点我将在下一部分进行讨论。女性主义文化批评对已存在的文学和文化主角经典进行解构，找出经典可能自我崩溃的断层线，从而对妇女进行经典化。女性主义的妇女经典化首先赋予了妇女在男性占主导地位的经典中的位置，坚持认为妇女已经创造出同样重要的文学和文化作品，这些作品值得研究。

赋予妇女在经典中的位置这一活动强调两点：承认妇女是好作家，而且对这个世界具有有效而独特的视角的积极作用，认为只有男性才是作家和文化主角的负面影响。这是一个双方面的攻击。女性主义者坚持认为妇女也是作家，应该听取她们的声音。她们认为尽管妇女获得出版和信誉的渠道比男性要困难得多，但她们一直都在创作。她们还认为经典对妇女声音的忽视表明了男性的经验和视角在某种程度上代表了普遍的人类经验和视角，因此进一步削弱了妇女在文化中的作用。一方面，女性主义文学文化批评者认为妇女在经典中的缺席意味着妇女作家受到忽视；另一方面，这些女性主义者认为妇女在经典中的缺席意味着男性经验和视角与公认的普遍经验和视角的结合。这两种观点都是糟糕的，尤其是女性经验与视角由主导的历史力量来塑造的想法使只有男性才能成为作家（只有他们才能得到聆听）这一观点更为荒谬可笑。

女性主义批评开放经典，重写历史。它还阐释作为男性实践的，哈贝马斯认为给予了男性各种可能的对话机会的经典化。但是，从政治化文化研究的观点而言，它还涉及一些更为基础的东西。女性主义者认为女性主义批评本身就对文化作出了贡献，它从方式上对文化生产、实践和阐释进行政治化，这些本身就成了文化的重要组成部分。不是文化的反映，也不是培养文化遗传（……"人们能想到的最好方式"……）的方式，女性主义批评作为一种有改造作用的实践，或本质上本身就是作品，强烈干预到文化话语中来。在女性主义批评家们利用后结构主义的启示，尤其是阅读也是书写的观点的地方，这一观点就讲得很清楚了。后结构主义的女性主义将本身视为一种重要的文化实践，不仅唤回了被遗忘的文学妇女，挑战男性对文化经验和文化视阈的侵占，而且本身通过文学评论、期刊和课堂（参阅威敦，1987年；弗莱克斯，1990年）成为了文化的一个重要部分。

女性主义批评实践还涉及文化政治和教育学。20世纪60年代自我意识的增强建立在个人的就是政治的这一概念上,因此要求妇女质疑她们之前的"私人"经历,将之视为一种政治分享和动员的形式。这一点延伸至女性主义教育领域,那里的女性主义学者坚持认为从女性主义视角教育学生是全面政治改革的有效的、有意义的一部分,尤其在那些希望创造文化,而不仅仅只是在阐释文化的妇女中唤醒女性的自我意识方面,表现出了明显的不同。女性主义批评作为一种提高自我意识的工具,有助于重建一般文化,而不仅仅只是以经典批评的方式来阐释一般文化。据此,女性主义批评既是政治实践又是学术实践。事实上,女性主义批评与女性主义文化实践之间的边界已经慢慢消逝。

有人将这种批评的规定悲叹为强烈的书写。不仅仅是女性主义批评家,连每一个受后结构主义影响的人都遭到了反对和批判,在将批评提升到原始文化创造层面的过程中这些人都忙于自我膨胀:对于那些不会"做"的人,批评!人们能够理解这种批评的意义,就像人们能够体恤对妇女研究的抱怨一样,有人抱怨妇女研究只注重将课堂作为政治竞争的场所反而会使其看不见更广阔的政治场面。不管怎样,所有激进的研究文化人士认为批评如果不是充分的行动,但也是这样或那样的行动。在女性主义文化批评案例中,这一点显而易见,女性主义文化批评与女性主义自我意识的提高紧密相连,女性主义自我意识的提高是美国妇女运动从男性主导的"新左派"中脱离出来时的最初目标之一。的确,人们可以观察到,和20世纪60年代到70年代初的提高自我意识相比,女性主义批评已脱离了政治领域,走向了学术化。

晦涩的技术语言(如拉康的后结构女性主义,参阅克里斯蒂娃,1980年;伊利格瑞,1985年;西苏,1986年)不断发展,以这种语言来开展的女性主义批评势必使批评偏离了提高自我意识的任务,在一般意义上,自我意识的提高开阔了研究者的胸襟,使她们能够投身到自我牺牲的活动中去(如演绎与文学中所描述的"女性气质"有关的文化改编的角色)。女性主义批评的欧洲化与学术化削弱了女性主义教学在教育政治方面的声音。但是,后结构女性主义的捍卫者可能会认为这样或那样的女性主义批评不存在内在的蒙昧主义或精英主义。在某些方面,女性主义帮助此前茫然的妇女研究者逐渐掌握了她们自己固有的技巧和修辞能力来阅读、表达和书写语言,这些语言此前妇女禁用,只为男士专用,男士们垄断了科学和理论。

女性主义文化批评的另一个基本目标是在各种官方经典和文体的统治地位中去除男性中心。和在经典与批评中忽略妇女同样麻烦的是把男士,世界历史的普遍主体,安排成代妇女言说的人。很多后结构女性主义批评将焦点放在表述文化的声音上,也放在这种声音表述知识的立场上(参阅理查森,1990年b、1990年c)。这就涉及从性别到阶级和种族的各种问题。男性立场被解构一些人的必要立场,这些人对不断发展的男性对妇女的霸权深感兴趣。正如"真理"是那些拥有权力和创造官方知识的人的特定真理一样,"人(man)"就是男人们(men)的特定声音。

女性主义批评有助于妇女开拓语言。去经典化涉及要去中心,去除"男性代人言说"这一断言的中心,这些断言并没有明确表达出来,但却是不言而喻的,这就使得它们更难以解构。不是像经典的西方作家或剧作家明确地将"人"等同于特定的男人,而是他们并不言明,却不言而喻,这一事实给女性主义者提供了批评的武器。妇女经典化涉及对文化微妙的男性中心主义提出质疑。往往,女性主义批评试图将性别和语言联系在一起,而语言反过来又声称是没有性别的或性别中立的。在某种意义上,女性主义批评家通过质疑男性代整个人类言说,从而也代妇女言说的方式回应了文化秘而不宣的男性中心性。

文化中的妇女表述

在很多女性主义文化批评对妇女经典化和对男性声音去中心的地方,女性主义文化批评家也在挑战文化作品对妇女的表述(和错误表述)。当然,文化作品,如小说和电影,通常过度地遏制妇女。我认为男性中心文化微妙地将男性视角与作为一个整体的人类视角结合起来,忽视妇女文化创造者特定性别立场的特征,我这样说并不是意味着要暗示主流文化没有表述妇女。在某种意义上,有些问题是有辩证联系的:经典排除妇女作者的声音,挑战男性作者的普遍化,这样做的一个影响就是要建立由男性作者在他们的文化作品中对妇女的个别表述的合法性。

20世纪60~70年代英国和美国妇女运动中的女性主义批评关注性别歧视。这些批评家关注将妇女作为"第二性"（波伏娃，1953年）成员的性别歧视表述。妇女在主流文化中被浅薄化、女性化和感性化的方式成为争论的问题。今天的女性主义批评绝不放弃文化中对女性的（错误）表述（布朗·米勒，1973年）。但是它尤其关注色情电影（德沃金，1974年、1981年、1988年；里德尔，1980年；麦金侬，1979年、1984年、1987年、1989年；索布尔，1986年；桑顿，1986年；特利，1987年；梁，1991年）。从某种意义上说，女性主义对妇女表述的关注演变成了对色情电影中妇女客体化的集中关注。这种关注本身引起了很多争议，有些女性主义者（史坦能，1978年、1986年；埃尔希坦，1984年）对性爱和色情加以区别，而另有女性主义者（德沃金，1981年）则拒绝把文化中所有的妇女性征当成本质上的色情描绘。尽管我没有兴趣在此裁定这些争论，但是后结构主义女性主义可能会觉得很难区分性爱和色情。这里有趣的是对女性表述的方式的普遍质问缩小成了对色情的关注，因此，也许不再强调那些不能归入色情这个较为狭隘的名目下的其他客体化（拉孔布，1988年）。

文化作品中的妇女表述很显然对于关注自我意识提高的女性主义者至关重要。男性和女性都从流行文化、家庭、宗教和正规教育中获得各自的性别暗示，描绘妇女的方式对早期儿童和青少年的社会化以及研究性别问题的成年人都至关重要。女性主义社会学家区分了性征和性别——作为有性别的人类的生物和社会特征。更为自由和激进的女性主义者对此做出了明确的区分，而后结构女性主义要再一次对此予以挑战，这个挑战我愿意投身其中（见韦斯特和齐默尔曼，1987年），大众文化中对男性和妇女合适的性别特征和性取向的刻画是一个关键的女性主义话题，在这一话题中，女性主义者总的说来，反对不容变更的性别特征的区分，也反对我们文化中占主导地位的异性恋主义。

对妇女表述的女性主义文化批评针对很多关于妇女（和男性）的典型刻画：

第七章 女性主义文化研究

1. 女性被描述为男性的性客体。
2. 女性被描述为要对家庭生活、家务、抚育、看护负责任。
3. 女性被描述为是弱者或第二性。
4. 女性被描述为正常和规范的异性恋者。

女性主义运动一大持久的贡献就是对妇女和男性在文化中被表述的方式,包括妇女和男性在文化文本和文件中被解读的方式,进行价值重估。女性主义批评给予我们当中许多人看待文化中的妇女的新方式,颠覆了将她们视为性工具、家庭主妇、助手、笨蛋和异性恋(或者,如果是女同性恋,就是堕落)的常规方式。这就开始为妇女小说家、导演、制片者和艺术家刻画妇女的方式提供了思路;这些文化创造者反思他们的表述姿态,质疑镜头、画笔和钢笔描绘女性性征的方式,质疑女性之间的关系、女性与男性之间的关系。尽管其程度不能夸张,但确实有些男性文化创造者根据女性主义批评开始将传统的两性表述搁置一边。臭名昭著的是,"女性主义"男性作家和导演在将女性视为男性娱乐工具的方式上与"传统"男人完全一样,都是性别歧视者。

女性主义对于文化中的妇女表述的质疑与对一般表述的质疑联系得越来越紧密(如由后结构主义引起的所谓的表述危机)。表述危机指的是批评家和作者对美学姿态能够在多大程度上准确地(或应该尝试去)反映世界的方式存有疑问,根据德里达的观点,语言,事实上也是文化,以一种使表述很成问题的方式,普遍改变了所表述的对象。后结构主义缩短了作家和世界的距离、缩短了表述与被表述对象的距离,有了这种方式,我们有足够的理由认为语言或绘画甚至摄影会给世界留下它们的印记,因此,必然改变世界。表述陷于危机之中,因为语言已经失去了准确传达意义的能力(假设它以前可以)。如果认识不到根本没有"真实的她们"而只有由作家视野和文本建构的妇女,作家或导演就不再可能将妇女刻画成她们真实的样子。

后结构文化理论帮助我们认识到女性变成了文本(鲍德里亚的模仿,〔1983年〕),因为她们并不是"在现实中"某个角落被人发现,而是被写进了存在,然后拼贴进文本或者是由电影胶片碎片粘连而成。卢梭也许曾设想,妇女实际上是不存在的。除非通过文化以及文化将其视角强加给事物的方式,否则,她们是不受文化影响的。女性主义批评家,特别是后结构女性主义批评家,对我们理解性征和性别的构建方式进行了彻底的改革,因此,从片头字幕到片尾消失的镜头,她们都在关注审美作品的每一个最后细节。

后结构女性主义(如伊利格瑞,1985年)的一个中心主题是男性以及男性文化建构妇女的方式。当然,这并不是要否定妇女本身是实质的、自主的人,但是有一种理解认为妇女是文本,是一种用来描写男人感情和兴趣的文本。作为女人就得是非男人,是根据男性和男性文化定义的他者。单单这一事实就与女性主义文化批评格外相关,有助于女性主义批评家们从男性定义女性(和根据他们对妇女的统治来自我定义)的方式上来挖掘社会——性别统治的意义。正如她们为男人(以及男人的孩子)做家务一样,妇女是男性的性工具。不合适的妇女(见阿格,1989年c)就是那些拒绝接受男人定义的妇女,特别是女同性恋者,她们不相信作为女人,选择不和男人交往,就是失败者。女同性恋者引起很多文化愤怒,她们被刻画成是男性憎恨者、愤怒的性冷淡者、反孩子和家庭者,总之,是性别背叛者和失败者。甚至一些所谓的女性主义作家和电影制片人也用这些词汇来刻画女同性恋者,解构其别样的女性主义意图,其中,他们的异性恋主义证明了他们对性别歧视的攻击是虚假的(反对异性恋妇女)。

妇女的性征和性别身份的表述对女性主义文化研究至关重要。尽管,很显然对色情作品的批判占去了女性主义文化研究的大部分关注,但是文化中对女同性恋表述的解构同样值得关注,因为它告诉了我们一些内容,涉及男性对女性最深层次的贬斥,这里,尤其是对那些选择了反对男性的妇女的贬斥。女同性恋者典型地被刻画为侵犯性和亵渎性的形象,她们对男人充满敌意,因为自己太丑陋而得不到男性,对浪漫爱情的召唤反应迟钝,等等。这类表述与其他(甚至包括赤裸裸描写性行为的妇女色情表述)表述相比,更能表示出我们的文化对待这些偏离正轨的女性的态度,她们敢于实践自己的性自治和人身自治,藐视关于女人的行为规范,尤其是女性气质(如对男性富有吸引力)。

为了辨明栖息于边缘和中心地带的压制与武断,解构阐释策略关注文本或作品的边缘性。通过解读旁注，人们能够了解很多文本中心信息，在这种情况下，人们通过阅读男性对妇女的表述，尤其是在色情作品和在对女同性恋关系的描绘中的表述，能够了解到很多人类和男性文化的内容。通过阅读这些表述，人们却对妇女知之甚少，因为这些表述再述了男性对妇女的观点和妇女对妇女的观点，这些观点中，妇女作家和导演都是性别关系男性意识形态的俘虏（见苏希尔和华尔比，1991年）。男性对女性的观点，无论是在小说、电影还是电视中，妇女读者都对之格外表示怀疑。男性的妇女表述必然是为自我服务的，通过研究表述中刻画妇女（男性中心的边缘）的方式就能够研究父权制。

这一点对解构性的方法论而言是必不可少的：读者揭开了被言说和被压制或被隐藏的内容之间的关系，以便表明所说出来的内容依赖于未被发掘的、浮于论证表面的文本姿态整体。在心理分析意义上，这些姿态是压抑着的，因为它们埋葬着远远超乎作品表象的假设和经历，使得不经意的读者极难辨明这些更深层的压抑，因为他们认为文本是一个整体。在女性主义文化批评案例中，女性解构者渴望揭开这些构成了男性将女性描写为荡妇、同性恋和妈咪等形象的兴趣压抑。男性的兴趣在于统治——父权。以贬斥或不准确的措辞来刻画妇女的男性包含有性别歧视的动机，话虽正确，但还是不切正题。人们必须论证文本压抑的逻辑性，文本压抑掩盖了男性对妇女进行客体化表述的兴趣，他们在发展男性和女性特定观点的时候，以文本运作的方式来进行妇女客体化表述。解构将这些含蓄之意解码为对某一事态的讨论，这里就是一个世界，身在其中的妇女按照男性给她们写好的台词进行表演。解构解码性别文本，性别文本里妇女被表述为挑起争端的工具，而并不单是一面向世界高举的镜子，妇女以妓女、女同性恋者和母亲角色参与到这个世界里来。这一解码将"表述"变成了"修辞"——为事物的某种秩序而论争。于是，解码了的性别文本可以遭受反对，女性主义者就是这么做的，她们坚持认为妇女可以不同于被男性刻画的形象。毕竟，性别文本教人们怎样对男性和女性进行性别化；这些性别文本具有规范的建构性，因此必须当成顺从和屈服的文字而受到质问。

这主要不是对所谓的色情电影的后果表示评论——色情电影是否

引起针对妇女的暴力(摩根,1980年)。后结构女性主义文化批评家认为,对妇女的(错误)表述已经是一种暴力行为,将妇女客体化为男性兴趣和需求的结果(考沃德,1982年)。这不是要识别文化表述对妇女血肉之躯所实施的身体暴力;就客体化方面而言,针对妇女的暴力连续不断。很少有女性主义者会强调认为男人对妇女吹口哨和痛打妇女一样都是客体化行为。然而后结构女性主义者会强调男性对妇女客体化的共同原因——字面上就把妇女变成了客体,把她们表述为供男人繁殖、管制、享乐、虐待的客体。如果暴力狭义地理解为公开的身体虐待,那么色情电影与暴力的相互关系则具有实质性意义(有相当多的证据表明色情电影和暴力呈正相关关系,消费色情电影的个体男人对妇女实施的暴力要少于文化施暴,色情电影整体而言创造了一种文化,在这种文化中,对女人施暴并不过分)。如果暴力被广义地理解为对妇女的客体化,那么就不需要证明这些相互关系;对妇女的客体化表述本身就是暴力(艾利斯,1984年;马尼恩,1985年)。

有人认为要区分色情作品与性爱作品,因此让女性在积极的情感语境中获得性爱兴奋,对于这种观点,后结构主义具有说服力地表明这种区分其实是无关紧要的。女性主义的性爱事业正在蓬勃发展,这既回应了性爱和色情可以区分的理论宣言,又回应妇女应该享有和男性同样的"权力"这一理念(如对男性与女性的身体表述及男女性行为的表述都能唤起性欲)。越来越多的女性出席男性脱衣舞表演,也参加婚前未婚女子派对。在这些常规中有一种目的,那就是要扭转对男性有利的局面,男人拥有的权力,妇女也应该拥有,即享受性表述和性表演的权力。但是,那些质疑区分(合法)性爱与(非法)色情有效性的后结构女性主义者难以进行这些实践,她们也难以理解使这些实践合法化的所谓女性主义理论,她们更喜欢将对妇女性行为的表述解构为男性的权力游戏。要妇女默许这些实践只会降低她们对男性做出的表述和贬损的抵抗力。

与对女性主义色情(性爱)辩护旗鼓相当的是女同性恋者为施虐受虐的性实践做出的辩护。男同性恋酒吧在美国、英国和西欧城市中心与日俱增。施虐受虐行为如果是在女性主义语境下进行,尤其是在两个相互同意的成年人,特别是妇女之间进行,就会被判断为是可以接受的行为。但是,女性主义和厌恶女人的施虐受虐之间也同样难以明确区分。对女性主义施虐受虐的辩护是通过选择的修辞来进行的,这种选择的修辞赋予了妇女权力来决定她们自己希望从事什么样的性实践和性表述,这种辩护忽视了一个事实:我们从文化中学习我们想要的东西——在此是对痛苦和性快感的辨认。解构女性主义批评会认为我们通过仔细研究施虐受虐和色情对妇女和男性的吸引力就可以很好地了解性别关系。尤其是,我们了解到性行为被如此异化,以至于无论是"给予"还是"得到",只有在将它等同于痛苦经验时,我们才能享受它。没有什么比这更具社会象征意义,在这个社会里,男人和女人在结构上相互抗争;在这个社会里,即便是人类性行为最隐私的经历都被商品化,使之变得不愉快。

我几乎不同情拥护色情的女性主义姿态,尤其是混淆性爱和色情边界,混淆暴力和客体化边界的后结构女性主义姿态。像法兰克福批评理论一样,这种德里达女性主义有助于我们以侵犯的方式,按照统治社会殖民化、管理化和商品化的规则来研究人类经验和实践中的最微小的细节。表述成了政治战场,因为政治学已经从传统的政治场所被移至(哈贝马斯,1975年)以前认为是非政治的存在领域,尤其是性别和文本性领域。妇女在文化中是怎样刻画的对于在男女之间谈判的性别政治学事关重大。忽视这一点就忽视了女性主义的整个文化政治学,女性主义文化政治学迫使我们将表述作为政治工具来研究,这种工具里编码了恰当行为方式和思想意识意象。

一个将妇女展示为妓女、同性恋者或妈咪的社会注定会使妇女去复制这些行为,她们常规性地回应以男性为主的文化为她们做出的表述。我并不是说妇女机械地扮演着为她们刻画的合适角色,尽管有人如此。相反,表述有助于创造一个整体文化,在这个整体文化中,男女根据有限可能性的已有观念来构想自我和身份。即便我们告诫自己,屏幕和文本中刻画的生活只是模仿,人们可以选择拒绝好莱坞和纽约制片商搬上屏幕的生活方式,但是让年轻男女消费大众文化实际上就确保了表述变成现实,因为大众文化将男女锁进了野蛮、堕落和等级化的关系中。文化有着强有力的势头,单个的英雄式的反抗或抵制不能将其毁灭。很少有妇女(尤其是生于1960年以后,婴儿潮期末的妇女)能将自己从女人究竟意味着什么的表述中解放出来,是女人就意味着要为男人而美丽、为男人而生存,渴望婚姻和孩子,视其他女性为竞争对手等等。如果说文化表述不占优势,为何有那么多妇女化妆、美腿、结婚、生子,担当起相夫教子、操持家务的基本责任,将自己的事业放在一边呢?

20世纪后期的女性主义必须认真考虑自由女性主义没有考虑到的文化表述力量。后结构女性主义拒绝选择权意识形态的理性选择自由主义,尤其拒绝认为女性主义的要点就是给予女性最大的"选择自由"(可能像男人一样的自由)这种概念。与批评理论一样,后结构女性主义认识到"选择"在这个社会中并不自由,受到话语和权力的约束,话语和权力将"选择"强加于人,而不是相反。试设想一下妇女简单地选择她们的生活,不受制于文化中表述的妇女生活,其实,这种设想是很天真的;这种观念反映了整个社会的不自由,也误导了妇女个体能做出的选择。以这种方式,女性主义文化研究对政治和社会理论作出了重要贡献,特别是它发展一种表述政治学,阐明了在所谓的以选择自由为前提的社会秩序中妇女文化意象的训导功能。

没有什么比女性主义文化研究更为及时,因为今天人们正就妇女在文化中的作用积极地提出了很多问题。自米勒特以来,女性主义一直将妇女的文化表述问题主题化。后结构女性主义者回答了这些问题,她们关注发展女性主义电影和媒体理论,以此方式来拆穿自由主义的谎言,自由主义否认表述对妇女日常生活的影响,也否认表述对父权制权利结构的影响。后结构女性主义以已经成为了性政治的文本政治为中心;质问发生在文本和屏幕上的权力的文化交易。这些女性主义者认真对待文本,因为她们严肃地将流行文化当成是政治论争的场所(巴尔萨摩,1990年)。她们发展唯物主义的文化研究,并不孤立地解读文本和文化实践,而是仔细地将它们放置在文化生产、分配和接受的路径中来进行语境化。女性主义文化研究今天被提上日程,因为文化是一片政治论争和危机被取代的领域,正如哈贝马斯(1975年)最初所讨论的那样。哈贝马斯认为妇女运动,以他的话来说(1981年b),是一种"新社会运动"。在诸多重要方面,妇女运动取代了男性无产阶级,而男性无产阶级是20世纪晚期解放实践最为相关的"集体主体"。

仅仅由于这个原因,较为传统的马克思主义者必须重视女性主义文化研究的发展,因为女性主义文化研究能够告诉他们一些方法,用以更新陈腐的、性别歧视的马克思主义。尽管我怀疑女性主义文化研究仍然太过专注于妇女需求和兴趣的利益群体表述,而不是对整个人类的关注,但是,将色情和妇女描绘,尤其是女同性恋者的描绘进行女性主义解读,对某种马克思主义非常重要,这种马克思主义要关注主人和奴隶、自我和他者的辩证关系。马克思主义者不会根据女性主义文化研究来放弃马克思主义,而是沿着文化研究的足迹重新发展马克思主义,文化研究可以熟练地穿梭来往于公共政治和个人政治关注、政治经济和意识形态批判之间。在很多重要方面,与所谓的分析的和理性选择的马克思主义者的现代马克思主义相比,女性主义文化研究是发展得更为成熟的唯物主义(赖特,1985年;埃尔斯特,1989年;罗梅尔,1986年)。与对色情和其他妇女表述的女性主义解读相比,这些新马克思主义不符合实际需要,和他们声称要反对的资产阶级社会理论一样都是非政治的。

女性主义与后结构主义

女性主义理论与后结构主义的准确关系以前已经有人讨论过(巴尔萨摩,1987年;威敦,1987年)。我根据自己对再生产统治的分析,讨论了批评理论、女性主义理论和后结构主义的汇合。很清楚,马克思主义者对再生产领域忽视得太久太久,迫切需要女性主义理论修正,恢复再生产在综合批评社会理论的中心地位。但是,女性主义理论怎样与后结构主义联系起来还不甚清楚。我对德里达和法国女性主义者,尤其是深受拉康影响的女性主义者的文本阐释不太感兴趣,而对女性主义理论和后结构主义一起努力、共同开创的理论和分析的可能性更感兴趣,因为这对女性主义文化研究的可能性产生影响(弗雷泽,1989年)。

女性主义后结构主义者借用德里达和拉康的理论（费尔曼，1987年）。从德里达那里借用他对男性中心主义的批判，即男性话语主宰书写，尤其是妇女书写的方式。自古以来西方思想倾向于赋予话语特权，认为话语优于书写，因为话语方式将听众带进德里达所说的"在场"的世界，而书写更具调节性，缺少效力性。很清楚，德里达对在场哲学的批判能为女性主义者所用，她们反对男性占有语言；她们认为男性的理性和理性语言的概念造成了排斥妇女和妇女书写的话语，尤其是在推理哲学和科学领域（哈丁，1986年）。德里达本人的后结构主义在概念和男性中心主义批判方面，具有自觉的女性主义特点，折射出他对西方实证主义的全面批判，他认为西方实证主义基本上忽视了语言的不确定性，因此也就忽视了所有社会工程的政治和社会歧义。

法国女性主义者如伊利格瑞（1985年）、西苏（1986年）、克里斯蒂娃（1980年）在理解语言和书写疑难本质方式上都是彻底的德里达派。她们都同意德里达的观点，认为文本自身有很多层面的矛盾意义，以文本高于潜文本的等级为典型。作为女性主义者，她们采用解构的文学方法来阐明那些声称是为妇女说话，或者是讲述妇女内容的男性文本中隐藏的假设和矛盾。由于女性主义理论注重语言政治学，对男性中心语言的解构尤为中肯，表明了男性篡夺妇女对话机会方式，从而以此来巩固他们自己的政治和社会权力。

拉康给后结构女性主义文化研究增添了力量，理论家利用他关于想象界和象征界的基本区别来表明男女作家的表达差异。这在下一部分要讨论的电影女性主义中体现明显。基本上，拉康在弗洛伊德心理分析理论的基础上，增加了后结构主义的语言概念。他认为妇女比男人有更多的途径接触非线性的、唤起感情的话语（所谓丰满书写）。男性占据了包括科学和哲学活动在内的象征主义和语言领域。这个领域的表达方式由逻辑和话语的线性概念所支配。拉康（1977年）发展了一套复杂的描述来解释男人和女人怎样游离于发展的各个阶段，他还提出了看待无意识的新方法（他认为无意识也是像语言一样构造而成的）。

女性主义者用拉康的理论来提出一种特别的女性主义或女性文化

话语。这种话语的方式更具有拉康的想象性特征,而非他的象征特征,象征特征本质上是男性的。女性主义文化理论,特别是电影理论,从男性欲望的视角来看待主流文化被创造的方式,在电视电影中,男性欲望的实现依靠"注视"——相机充当了男性眼光,来注视被客体化的妇女(德提斯,1984年、1987年;墨菲,1988年)。在某种意义上,电影女性主义仔细研究妇女被建构的方式,妇女通过相机的注视和男性观众的注视被建构出来,男性观众坐在剧院和电视室黑暗的隐秘处,依靠视觉来重新接近想象界的经验,在象征界他们努力维护自己的权力,压制想象界的经验。

电影女性主义

女性主义电影理论或电影女性主义(见华特斯,1992年)是后结构女性主义方法在文化研究中的具体应用。正如我所说,电影女性主义将相机比作男性的注视。对于文化作品怎样确立自己的主体,这受惠于德里达和拉康的概念——主体就是在自己的阐释实践中建构文化作品意义的人。因此,男性观众成员在电视电影中所建立的女性表述建构了"妇女"。男人制造了女人,他们以分两步走的程序来表示非男性:首先,相机的男性目光把妇女表现为性客体、妓女、女同性恋和母亲;然后,男性观众观看电影,接受和再生产这些女性特征。以此,女人根据相机男性和男性观众的欲望被双层建构。妇女作为了男性欲望的客体而起作用,男性欲望以表现和再现的两步程序表达出来。

电影女性主义的后结构主义的基本论点是相机并不是中立的。它表现了特定的视角,参与编辑的选择性;它并不是如新闻和电影的实证主义理论家所认为的那样价值中立,不仅相机撒谎,连相机视角本身也是虚构的,因为相机视角不仅忽视了可能的话题范围,而且也扭曲了它所框定的话题。女性主义影视评论家关注男性导演的目光把妇女建构为男性客体的方式,这种目光忽视了性政治,忽视了屏幕上的男女权力交易,也忽视了幕后电影(制造者)和观众之间的权力交易。对女性主义后结构主义者来说,电影是彻底的政治,从这种意义上说,制作电影和观看电影本质上都是建构和被建构过程,导演、编辑和阐释权威借此进行建构。这一权威涉及要将相机参与某种特定的世界观,相机在摄制电影的时候,好像它本身并不存在,而只是一面价值中立的镜子。如后结构主义者暗示的一样,这种无预设的表述观点是虚假的,因为每一种表述都是对现实表达的某种参与:表述的视角和选择性有助于建构"现实"这一事实被表述隐藏了起来,表述将"现实"体现为不容置疑的事实,尤其是相机,它轻而易举地就隐藏了所要隐藏的内容。

尽管电影女性主义的措辞具有浓重的拉康、德里达和女性主义电影理论修辞色彩,但是这种方法没什么特别神秘的地方。本质上,女性主义电影评论家在说,我们必须明白男性参与妇女的电影形象建构的方式,这样做的目的就是要改变这些建构,以生产出更多的女性主义电影和女性主义观众。电影女性主义明显地不同于对妇女电影形象内容的自由主义研究,电影女性主义拒绝接受自由主义研究,因为她们认为这是一种公开的实证主义研究方法。相反,后结构电影女性主义认为研究女性被表述的方式同样重要,这样能刺激某种接受,接受训练有素的、善于从胶片中建构"妇女"的观众提供的意象。自由女性主义者极力主张流行文化不仅要刻画"更多"的妇女,还要刻画那些职业的、独立的、聪慧的妇女,而后结构电影女性主义者注重男性目光对虚构妇女的表述和接受过程。尽管这两种方法并不完全背道而驰,但它们的研究方法很不相同,相关批评者的情趣也很不相同(斯特恩,1979年、1980年;库恩,1982年;麦克凯布,1986年;德提斯,1984年、1987年)。

电影女性主义者注重妇女在电影中被男性导演体现的立场和导演方式,也注重男性观众对电影中的妇女进行表述的方式。妇女同样也能制造电影和观看电影。由拉康推进的后结构女性主义电影理论关注男性为了满足他们自身的性心理欲望而表述和再述妇女的方式。人们几乎可以这样认为女性主义拉康派忽视了这样一个事实,即妇女不只是由男性目光篡改的屏幕形象,而且是坐在电影院里实实在在的人,她们也在观看电影,对她们在屏幕上的形象尤为生气。华特斯(1992年)呼吁一种不屈从于拉康女性主义者的非政治立场的,更加唯物主义的女性主义文化研究,拉康女性主义者忽视真实妇女的存在,而偏好对模仿的电影妇女的研究。这种呼吁是对电影女性主义者,比如说后结构电影女性主义者的主导趋势的重要修正,她们忽视了后结构解读赖以产生的社会、政治、历史语境。文本不能脱离语境,语境就是语言游戏,在这场游戏中,文本就恰当的女性特质和男性特质的权力形象进行交易。我们也不能假定这类文本的效果时时处处都一样,尤其是当我们根据性别来区分观众的时候。人们甚至可以认为,大量的女性主义文化实践包含着对男性刻画的妇女形象的抵制,男性从现实妇女日常生活的各个层面、从普通语言到电影和电视,来刻画妇女形象。

电影女性主义作为女性主义理论与实践而起作用,它赋予导演和观众以新方法来制作和观看电影的权力,关注栖息在相机注视和展现在屏幕上的叙事中的性别潜文本。像女性主义文学批评一样,电影女性主义有助于观众解构妇女形象,改变那些男性注视自称为具有普遍性的地方。电影女性主义观众学会作为妇女去观看男性电影,通过全面解读胶片颗粒来获取真正的内容——对妇女的客体化,以此来抵制带有情欲目光的相机注视。另外,电影女性主义观众学会观看女性电影,将之当成是为对男性注视的瓦解,学会把自己当成女人来看待,而不感激男性对妇女标准的客体化。对于电影女性主义电影制片人而言,那些有窥秘癖的男导演痴迷于将妇女当成男性享乐的工具,她们对此加以抵制,以此来打破男性注视。这不仅涉及改变电影的叙事手法(如男孩遇见女孩,征服女孩),而且涉及电影注视本身,使电影注视远离作为客体身份的妇女,而将它转移到全面的性别关系上去,在性别关系中,男女作为权力交易者,尽管是单方面的,但都参与了进来。电影女性主义导演们将性行为作为权力而对之进行主题化,不允许将它当成饥渴的男性欲望的所指对象。当代电影院中大量的性行为,作为通常的权力展示,无任何神秘可言。然而,电影女性主义导演们将相机的焦距重新对准了男性客体化妇女的方式,以及妇女听天由命默认自己客体化的方式。

电影女性主义是女性主义理论,因为它帮助人们理解编码在胶片上的、在剧院的黑暗角落演出的、微妙的电影统治结构。是女性主义实践赋予了女性主义导演权力来制作不同的电影。后结构女性主义关注电影,因为电影是权力的重要屏幕(卢克,1989年),也因为与电视不同,那些富有挑战性的、坚决反对好莱坞大片综合征的导演们更容易将电影制作得标新立异。电影学院充满了女性主义教师和女性主义学生,她们想要解读和制作打破男性注视的电影。这些电影会精心制作一些新方法,让妇女得以互视,也让妇女去观看那些不承认客体化的男性,这些男士自称电影注视是价值中立的,缺乏构筑电影选择性和视角的深层的政治、性别和形而上学的参与。

作为女性主义理论与实践的女性主义文化研究

在这层意义上,电影女性主义本身在文化领域有着一种积极的干预功能;它不仅仅是一个学术项目,还对理论和实证知识作出了贡献,这些知识涉及文化世界起了怎样的作用,以至于扭曲了妇女在社会生活中的角色。电影女性主义者制作新电影来表述妇女视角,她们还以不同的方法来观看电影、解构男性注视,学着像女性主义者一样思考和欣赏。在女性主义文化批评家看来,这类活动有助于缩短女性主义理论与实践的距离,确切地说,正是激进文化研究的目标。女性主义理论家和评论家们比多数男性马克思主义者要优越,她们通过女性主义文化研究的一般实例和电影女性主义的具体实例将理论与实践整合起来。可以肯定,电影女性主义是一种不够充分的批评实践。尽管让男性和女性学会怎样解构男性注视,习惯女性主义电影眼光,这一点至关重要,但是,对女性主义电影制作的价值重估将会在文化研究中产生重要的影响,这一点还不太明确。毕竟,电影的生产和发行高度集中,而且会越来越集中。女性主义文化理论在创新的文本解读方面,有其强势,但在文学政治经济方面,却存在不足(阿格,1990年)。女性主义普遍厌恶经济理论和分析,这或许是源于对男性马克思主义的厌恶,男性马克思主义长期忽视整个再生产领域,认为这个领域是非政治的,是属于妇女们的活儿。

尽管某些社会主义女性主义者(华尔比,1990年)开始从女性主义内部来挑战这种片面性,但是,还是难以看到女性主义文化理论家对文化的政治经济表示出更为积极的兴趣,因此也难以看到她们提出唯物主义的语境,在此语境中可以解读和挑战文本。如华特斯(1992年)所言,女性主义文化理论,特别是电影女性主义,经常缺乏唯物主义的根基来研究文化作品和实践赖以产生的真实的历史条件。我同意华特斯的话,虽然我不认可她的乐观态度,她乐观地认为通过将一些伯明翰阐释策略移植到女性主义文化研究项目中去,具体而言,我们就可以轻易地改变电影女性主义的焦点,普遍而言,可以改变女性主义文化理论的焦点。正如我在第五章中暗示的,伯明翰传统本身就缺少清晰的理论视角,不能为兼具社会批判理论功用的唯物主义文化研究提供基础。

当然,各类后结构主义者,包括女性主义者及其流派,都拒绝理论整体化一种知识和政治目的。以这样或那样的方式源自德里达、拉康和法国女性主义者的电影女性主义者都反对综合性的理论解释,而偏爱文化阐释和文化干预的更加区域化的策略。不幸的是,这正好体现出了后结构主义的弊端。虽然后结构主义帮助女性主义文化理论家对作为文本的文化提出了一些有趣的问题,但是它偏离了实证性理论阐释研究,没有实证理论性研究,就难以超越本地文化解读,去对文化、日常生活和政治经济做一个更为普遍的辩证阐释。在这层意义上,女性主义文化研究没能作为一种社会理论充分发挥作用,尽管许多从业者有意将女性主义文化研究当成女性主义理论来使用,但是,在西苏(1986年)和其他人看来,这种理论必须以"女性的"方式来书写——非线性地、隐喻地和戏谑地书写。

女性主义理论是否能这样构筑还有待讨论。我相信在世界需要整体化视角时,理论不能够以推理的书写或方法论的刻板来加以试行。它帮助不了女人在世界形势的版图上自我定位,因此也无助于妇女开始以变革的方式来使自己的不满条理化。许多女性主义文化批评沉溺于巴特(1975)所说的文本乐趣,尝试着体现拉康所言的想象界,想象界是专为本质上的女性知识留下的一片保留地。

围绕着所谓的女性主义方法论(凯勒,1985年;哈丁,1986年)与科学的讨论引发了各种问题。女性主义文化理论家(史密斯,1987年、1990年a、1990年b)认为理论和批评必须建立在妇女日常经验的基础上——此处的妇女指的是创造并参与消费文化的妇女。虽然在某些层面上,经验对于社会分析和社会改革过程甚为关键——毕竟,虚假意识是统治中的一个因素——理论的提出要超越经验,这样才能形成结构性的原则,压迫据此原则来运作。对男性注视的理论和批评非常有助于理解文化霸权是怎样在父权社会中起作用的。据我理解,男性注视不单是一种现象概念,而且还是父权社会中的结构性特性,在这一社会中,男性将女性当做客体看待和对待。人们要将男性注视的功能理论化,还要确立原则来解构性地变革男性注视。不幸的是,极少有女性主义文化理论家明确发展了一种政治社会理论,以便人们能够利用这种理论来把男性注视定位为轴心原则,即福柯称之的规训。确实,如弗雷泽(1989年)所说,福柯的一些作品尽管本身理论化程度不够,但却能给女性主义批评理论提供不少理论资源。在某些层面上,他的《性史》(1978年)对唯物主义女性主义文化研究作出了重大贡献,《性史》清楚地表达出在一个父权和异性恋世界中错综复杂的武断性,武断的内容涉及散漫的性表述意识形态、经验和结构基础。许多女性主义者不喜欢福柯,把他分析规训和话语的相当系统的方法当成是男性的背叛,背叛了女性想象界的研究。

这样就回避了一个不可避免的问题:女性主义文化理论者是否真正相信女性主义文化触及不到男性经验和实践。拉康女性主义者相信女性更多属于想象界,而男性更多属于象征界(也许是受所谓镜像阶段的调节)。这是一种令人遗憾的生物学简化表述,忽视了晚期弗洛伊德发展的历史批判哲学(雅各布〔1975年〕称之为"否定心理分析"与霸权式的医疗心理分析模式,即健康疗法,截然不同)。

当然受男性注视主宰的文化需要受到质疑,质疑可从两方面着手,一是结构性运作,二是在将妇女客体化的男性的生活经验中,男性注视进行的方式。女性主义文化理论除了求助于拉康的女性想象概念和法国女性主义女性书写概念之外,几乎没有提供可供选择的文化可能性表述方式。男性消费着屏幕和文本中对脆弱的、受侵犯的妇女的客体化模仿,又不需要去解决恋母冲突,以此,男性就被阻挡在想象界之外了吗?唯物主义文化研究拒绝从生物或本体论角度来区分男女经验和表达的可能性。它坚持通过对男性注视和男性书写的严格解构来发展某种经验的和表达的普遍性。这种解构不仅允许男性接触到女性的想象界(运用暗喻、暗指、诗歌、看知(seeing and knowing)论新方法,等);同时也允许妇女接触男性象征界,在象征界里,妇女可以胜任地、有区别地从事科学和理论工作。自由是一条双向通道,使得女人可以自由地"成为"男人,男人也可以"成为"女人。如果弗洛伊德的基本双性性格观点是正确的话,那么批评理论就必须根据相互角色的变化来描绘解放,而不仅仅只是强调男性在融入世界时要变得更像女性。

要让男性学会体验世界,以非"宏观"的方式表达自我,恐怕还有很长的路要走,才能达到抑制男性张扬和竞争的特性。所有的女性主义者都意识到了男性注视和男性技术性事物中的男性权力欲(其中,核武器就是一种生殖崇拜符号)。但是,女性千年来就被贬低在想象界,她们必须从中解放出来,这一点是毫无疑问的,如果想象界指的是经验与表达领域,由直觉、隐喻与情感来主导,那就得将妇女从贬斥中解放出来,得到不断的能力培养。妇女也能学会胜任地、富有成效地与符号系统打交道。当妇女差异就是权力差异的时候,妇女不可避免地不同于男性(戴利,1973年、1978年;吉利根,1982年)的激进女性主义观点仅仅只是强化了这些差别。女性必须重新建构她们的性别身份、话语和实践,这样才能赋予她们力量,让她们在表述范围和技术能力上变得和男性一样。唯有这样做,我们才能真正重新评判性取向和性征的意义。

在拉康生物主义中没有确立自己牢固地位的女性主义文化研究,能够引领男女获得表达能力的民主化和双性化。批评理论和正统的马克思主义一样,都忽视了长期以来建立在性别基础上的等级制。女性主义者纠正了他们的疏忽,同时也有在公认的生物差异基础上重新建立她们自己等级制的危险。这就让我们无所适从。相反,我们必须建立一种真正的女性主义文化,在这种文化中人们对自己的话语和实践去性别化。女性主义文化研究变成一种综合性的社会理论与实践,其目的是想达到一种普遍化的境界。简而言之,女性主义文化研究仍然令人遗憾地处于自我孤立状态,因此也很容易被整合。

第八章　需求、价值和文化批评

实证文化研究： 7 种假设

前 5 章已讨论过文化研究的方法领域,对于激进文化研究的政治机遇和责任,我想做进一步的思索。在此语境下,我首先简要说明,相对于美国主导阐释话语的文化社会学的主流研究方法而言,法兰克福、伯明翰、后现代和女性主义的政治文化研究方法仍处于一种边缘地位。很多社会学内、外的文化研究都是实证主义的(见邓金,1986 年、1990 年、1991 年);他们推崇价值中立,在变化的利益方面,反对左派和女性主义的文化干预,他们认为关键在于理解世界,而不是改变世界(如格里斯华尔德,1986 年;狄马乔,1986 年;伍斯诺,1989 年)。在美国,定量媒体研究和博林格林大学文化研究小组相关人员(如,见巴特拉和雷,1986 年;斯金纳,1989 年;劳基德斯和福勒,1990 年;拉德·潘尼克,1990 年;韦尔斯,1990 年;赖特,1990 年)的研究证明很多流行文化传统仍然是非政治的,与正统马克思主义、法兰克福学派、伯明翰学派、女性主义、后结构主义和后现代主义更为政治化的文化研究传统形成鲜明的对比。忽视这一主流的文化经验主义将是一个严重的错误;如若这样,就会错误地认为所有从事文化研究的人都是某类激进分子。实际上,许多人都是普通的经验—实证主义社会科学家,他们以分析迪尔凯姆(1990 年,第 1~13 页)所称之的其他"社会事实"的同样的方式来分析流行文化。有人可能将"激进的文化研究"这一术语看成是矛盾修辞法;如果文化分析从实证趋势中分离出来,我相信"激进的文化研究"就只是同义反复了。

如先前讨论的利奥塔的后现代主义一样,此处存在争议的是相对主义。尽管利奥塔自认为是一个相对论理论家,而不是相对论者,但显而易见,他的后现代文化研究拒绝接受非法整体化的意识形态姿态;正如我之前提到的,他和马克思主义一样反对宏大叙事,因为他们傲慢地宣称理解所有社会体制和实践,因而要对之进行改造。尽管没有以利奥塔(1984年)的方法将其相对论/相对主义理论化,但实证主义流行文化传统与利奥塔的观点如出一辙,都厌恶政治。

一旦透过实证主义流行文化传统的复杂多变的外在形式,我们就能挖掘出其中最为重要的潜文本。有一点必须明白,有时候很难明确区分实证主义和非实证主义文化研究,尤其是深受后结构主义影响的研究。如第九章所述,很多文化研究实例,尽管公开表明政治意图,但实际本质上技术化程度却很高,以至于都抓不住社会变化问题,错综复杂的女性主义后结构主义电影理论就是这样一个实例。因此,一些貌似偏离实证主义,更为自觉和更为理论化的研究中往往能发现最为深层的实证主义文化研究设想。但是解读的明显理论性程度与政治可能性之间没有直接联系。毕竟,较之于更为理论化的细致入微的研究,甚至包括法兰克福学派理论家的研究(见霍尔,1982年),伯明翰当代文化研究中心传统的一些相对理论化程度不够的作品更多参与到物质社会现实中。尽管要朝着更为整体的社会理论方向来发展文化解读,理论性尤为重要(给这些解读辩证地赋予整体社会理论的关照也同样重要),但是像伯明翰学派的这种实际参与过程难以确保理论性,特别是在文化理论被盲目崇拜为一种自我再生产的阐释方法的地方,这些方法运用到各种各样明显没有联系的文化作品和实践中去。仅仅因看起来不具有实证性,并不意味着这种文化分析就与政治变化的可能性联系得更加紧密。

实证文化研究做出如下深层设想:

1. 如同所有社会分析,文化研究必须价值中立,其关键并不在于改变世界,而在于理解世界(即便是理解世界也有可能导致由分析过程之外的人们发起的某些社会变革)。

2. 在结构上和功能上，流行文化都是现代社会的必要特征；尽管流行文化存在一些不幸的流毒（如重金属摇滚乐，见弗里斯，1983年；奥尔曼，1984年；格罗斯伯格，1986年），但总体上是健康的，且是必要的。所有的文化表述似乎都是为了满足某种基本需求。文化分析家不能将自身对大众文化的不屑强加给大众本身，相反，他或她必须对民粹主义的/流行文化有慎重的理解，试着去理解流行文化与寻常百姓的实证关联性。

3. 流行文化被当成娱乐，不同于日常生活，反过来日常生活又对流行文化加以颂扬。有人将流行文化被概括化为由"休闲时光"，即有偿劳动之外的时间组成的活动。在美国仍占主导地位的帕森斯年代的社会学理论（如帕森斯和贝尔斯，1955年）没有将家务劳动概念化为价值生产劳动，而将工作的定义局限于有偿劳动。与之类似，文化也被定义为是发生在私人领域、与有偿劳动无关的活动。

4. 没有先决原则来评定文化著作与实践和其他著作与实践"孰好""孰坏"。文化分析家必须避免做出评判，转而去寻求价值中立。特别是在尝试代际文化分析的时候，要严格淡化高雅文化取向。

5. 尽管大众文化有利可图，但法兰克福学派的文化工业论点一经提出就立马遭到了排斥。新帕森斯文化社会学（见亚历山大和塞德曼，1990年）的本质结构功能主义表明文化生产者和分配者要服务于某些重要的社会需求。尽管实证主义流行文化分析家可能会研究文化生产、分配及消费路径，但考虑到结构功能的偏见，他们更愿意关注文化解读。

6. 因此，我们可以这样总结：流行文化应该得到研究，这不是因为它所编码的政治信息和形式（如鲍德里亚1983年的模仿批评分析），而是因为其表现、再现和消费的内在动力（如，见布朗尼和马登，1972年）。当然，后结构、后现代和女性主义文化分析也考察社会语境之外的文化著作和实践，而在社会语境内，文本呈现出极大的政治意义。如前所述，有一种明显趋势，在对意义生产的阐释方面，文化研究发展成为了一种彻底的技术操作，而不是更广泛的社会—理论操作，一方面去探寻艺术与意识形态的联系，另一方面去追寻社会、政治与经济实践之间的联系(见布兰克曼,1987年;卢克,1991年)。就这一点而言,实证主义流行文化分析并不孤单。确实,激进化的文化研究面临的主要挑战之一便在于克服对待文化的技术性的、非政治性的方法。

7. 然而,实证主义文化研究的内在论与技术拜物教和后结构、后现代文化研究的内在论与技术拜物教之间是有区别的。后者认为本身就是文化干预,反思性地衡量他们对自己研究的文本与实践的意义所作出的贡献,而前者忽略了自己固有的影响力。当然,实证论者没能意识到他们对自己研究领域的干预;实证主义误以为分析改变不了分析对象。尽管两种类型的文化研究均倾向于去语境化,以自己的方式来处理文化作品(或者,这样尝试,却失败了),但后结构和后现代主义批评家认为他们自己就是文化创造者,而实证主义批评家把文化当文化、把批评当批评。前者自我夸耀,宣称具有艺术鉴赏眼光;后者,如实证主义者一样,忽视自己固有的影响,认为研究文化现象不可能对文化作出贡献。这一点和实证主义科学家看待问题的方式相似,他们认为对惰性世界的分析干预能够在某种程度上改变世界,因而也就扭曲了科学,如海森堡的不确定性原则和后牛顿派物理哲学的其他发展。

这7个假设奠定了文化经验主义的基础,文化经验主义认为它戒除了文化评判。尽管在其他文化研究,特别是在一些更为松散的文化研究中,也能找到一些这样的假设,如主导美国文化分析的定量媒体研究和非政治流行文化研究。前文已讨论过受欧洲影响的文化研究,如果过于夸大美国对其的影响,则是一个严重的错误。尽管受欧洲影响的文化研究在重建马克思主义和女性主义文化研究方面很重要,但是在主流文化分析上,它们的影响力却不如实证主义方法,实证主义方法包含了前面提到的关于批评和社会关系的7种设想。

整体看来,这些设想为这样一种文化研究方式做了铺垫,它将电视、电影、音乐、艺术和商贸小说当成综合社会体系中的表面现象(见贺宾斯丹和布朗尼1987年关于史蒂芬·金的小说的内容)。按照帕森斯派的说法,这些文化著作和实践有助于整合社会体系,为成天饱受工作之苦的人们提供价值和娱乐。文化就是娱乐的概念几乎主导了关于文化现象的所有新闻操作。确实,文化新闻报道和分析成了报纸和电视的主题。学者们仔细分析杰出文化明星的生活和表演被学者们仔细分析,有闲阶级消费享用明星的生活和表演。我们认同麦琪·约翰逊和雪儿,只为填补我们空虚的生活,这是德波 1970 年在他的重要著作《景观社会》中做出的分析,对左翼后现代主义文化研究作出了奠基性的贡献。而那些生活在快车道(竞争激烈、忙碌而快节奏的生活方式)或玻璃鱼缸中(毫无隐私)的明星所体验的激动,我们却没有。比较而言,我们的生活就陷入了鲜明的贫困境地——不仅仅只是明显的个人财富意义上的贫困。

德波在《景观社会》中的辩证分析是左倾文化批评最好的例证之一,既考虑到了意识形态因素,又考虑到了政治经济因素(见英格里斯,1990 年)。这与帕森斯主义有很大出入,帕森斯主义将流行文化解读为对艰苦工作的健康释放,迪尔凯姆将工作的艰辛称为"混乱"或失范。迪尔凯姆的追随者,如帕森斯,坚持认为文化是一个领域,在这个领域内人们发展集体意识或共通价值,依据这个领域将集体意识和共通价值融入国家政体之中。像德波这样的马克思主义者认为文化是一片角逐的领域,人们在这里展开了对美好生活和社会公平定义的竞争。当然,对于马克思而言,文化是一种意识形态,是关于统治的老道的欺骗。社会和政治实践可以改变文化,揭秘拥有共同社会世界观念的精英们的客观利益。根据马克思早期观点(1961 年),总有一天人将享有"类存在物"①,马克思也将它称为共同一致,这种共同一致不是建立在神话和权力的基础上,而是建立在非异化活动中对人们真实利益的有效洞察基础上的。

文化研究一定要做价值评判吗?(或:价值评判能否避免?)

---

① 马克思在《巴黎手稿》中说,人能够"通过实践创造对象世界,改造无机界,人证明自己是有意识的类存在物……正是在改造对象世界中,人才真正地证明自己是类存在物"。可见,把"实践"看做人的本质,是马克思的成熟观点。人的本质离不开"劳动",但"劳动"本身并不就是人的本质,只有透过劳动现象才能把握人的本质。——译者注

第八章 需求、价值和文化批评

这个提法对我先前提出的法兰克福学派官方主义(见杰,1984年)的文化评判提出了疑问:在某种程度上,文化评论家应该从外部对文化作品和实践做出评判吗?我们能否确立文化有效性的标准,使我们较其他标准更能真实有效地评价文化作品和实践?后结构主义者和后现代主义者与实证主义文化批评家一样,因其武断和精英特点而拒绝接受马克思文化理论的阿基米德主义。他们认为像马尔库塞(1964年)这样的人没有资格来决定哪些需求是"虚假的"、哪些需求是"真实的",而他在《单向度的人》一书中似乎在这样做(如霍克海默和阿多诺在《启蒙的辩证法》〔1972年〕所做的一样,书中他们详细阐明了文化工业论点)。马尔库塞的虚假需求论点可作为激进文化研究的关键点,在我对此加以讨论和辩护之前,请允许我简要说明文化评判的基本问题,以助于区分实证主义/后现代主义和非实证主义/后结构主义的文化研究方式。

在此,后现代主义(如利奥塔和福柯)和后结构主义(如德里达)互相对立。利奥塔和福柯加入实证主义者行列,按照福柯的说法,文化批评家不可以在自己的话语和实践之外来对散漫的实践进行评判。利奥塔坚持话语/实践的相关性和不能比较性,这为他对马克思主义的攻击奠定了基础。这与实证论主义的观点基本类似,实证论者认为文化批评不可以试图将自身的价值和评判强加给文化作品和实践,相反,文化作品和实践应该根据其自身意义从内部予以估价。然而,德里达派对此持有异议。他们挑战实证主义价值中立的断言:他们认为所有分析同时也是批评,所有阐释就是干预,因为他们介入了选择性,体现了视角。艺术批评家强调个体艺术家作品的各个方面,将作品与他/她自己的批评兴趣融合在一起。影评家注重对电影风格的批评,而风格完全是个人一时兴趣的问题。书评家也不是简单地评论整个文本(不管文本所指为何),而是以批评讨论的方式,极具选择性地决定他/她要主题化的内容。

在这个意义上,后结构文化批评和后现代文化批评分道扬镳:后结构主义者否认公正的文化评论和批评出现的可能性,他们强调话语/实践的可评价性,即便不是终极决定性。毕竟,虽然德里达对于找到一种可以裁定所有争端的超验语言已经深感绝望(认为语言通常是囚禁在自己的困局里：尼采的语言监狱)，但他相信人们能跨越文本差异，进行互文性的阅读和书写。试着重译话语/实践，发掘出它们的疑难逻辑对于德里达的解构至关重要。通过翻译话语/实践，人们能够认识到表述行动中几乎不可能做到清晰明朗，但同时也能发现语言的可重复性和灵活性搭建了对话的桥梁。德里达的批评揭穿了普通语言哲学的谎言，这一哲学以还原的语言简化概念来解决不可简化的复杂的形而上学问题。遗憾的是，言语的雄辩本身解决不了问题，口号、意识形态也解决不了问题。

根据德里达对自称批评中立的强大解构，各种批评姿态都是不合格的。实证主义或后现代批评家不再可能自认为文化分析就是简单地描述文化著作和实践。相反，批评的语言不可避免地具有建构性：它成功地将批评家的价值观及其建构强加在批评主题之上，并在一定程度上加以改变。这就解释了为什么我们只"相信"与我们有相同文化评判意见的评论家。当我们阅读当地报纸上的影评时，我们知道我们阅读的是影评而非电影本身。这似乎是显而易见的道理，但我们将不同意义与批评评判联系在一起的方式却尤为重要，在一定程度上，批评评判反映了评论者的个人喜好，而不是一种超验的、公平的、客观性的共鸣。

这并非对客观性的否定，而是认识到每个主观性都已经具有了客观性——即便不是相同的客观性。主体建构客体，这是后结构主义和现象学的主要经验之一。阅读是书写的一种形式。这些见解可能在某些地方被激进化，在我们赋予主观性力量来掌控它自己的政治命运的地方，将前理论建构追溯到铺垫所有政治社会变革(皮肯〔1971年〕和哈贝马斯〔1984年、1987年b〕)的日常生活的建构领域。德里达阅读建构书写的断言不必让位于相对论/相对主义；阅读能够重写书写，从而改变整个文化和政治构造，这一事实比读者能够区别阅读的事实重要得多。最终，实证主义文化研究和所有实证主义一样基于同一原因都很保守：在将认知还原为无预设的表述过程中，它失去了机会在政治方向上拓展其根深蒂固的建构性。价值中立是一个诡计，隐藏了包括认识论自由主义在内的价值建构。实证主义只通过淡漠的社会本体论

第八章 需求、价值和文化批评

视角来反映世界,借此来保护当下世界。实证主义批评对世界进行历史化,提出了新方向和新格局融合的可能性。

如果允许实证论文化研究来研究情节性的文化发展,这些发展则冻结为所谓现代性的不容置疑的真实性,由作者和读者来体验。请允许我在此举例说明:电视批评认为电视有益且必不可少;无论电视评论家有时多么挑剔节目没有"质量",可是他们却几乎不去设想一个超越电视或者没有电视的社会。人们认为电视就停留在这里。因此,电视批评家评论表演、风格、趋势和剧中人物性格等等。但是,他们却很少将电视当做客体,去追溯那些将剧本搬上荧幕的忙碌的抄写员的建构性文化和编辑活动(尽管影评以一种相对于电视评论而言稍稍缓慢的步伐前进,有时暂停下来去更多地关注某些电影和风格,从而有机会从事我所说的解构活动,但影评也存在同样的问题。遗憾的是,以对电影报道的盛行水平来评判电影,这种希望也就难以实现)。

实证主义电视批评几乎不质疑电视全面的社会作用,更不去解构性地追踪荧幕背后原始的文学和编辑建构,这些光鲜表述背后的建构隐藏着文学和编辑策略。这些所谓的产品价值巧妙地隐藏着繁多的文学手段,使电视自然地呈现于观众面前。电视是我们世界社会地质学的一部分。有些批评家强化了这一印象,他们只关注电视表面清晰度,完全没有触及暗藏着的作者建构实践,这些实践是有趣的方式,文化意义以此方式潜藏在文本之下。

如此,假如我们指的文化评判意味着批评对批评客体的积极介入,那么文化评判就不可避免。通过全面审视狂热的作者身份,揭露编码在文本中的关于世界的各种假设——真、善、美和正义,批评解构了文化文本和实践的无缝性。批评就是评判,即便批评采用的是明显的非评判性语言。一旦我们认识到这一点,我们对于公开的评判也就不再那么谨慎。在文化研究领域,后结构主义将我们从无预设的表述幻觉中解放出来。描述电影或小说已经参与了评判,即便其阐释性语言完全没有评判性形容词。批判被编进阐释中,在阐释过程中,我们意识到,无论是在实证主义批评中,还是在更为自我意识的后结构阅读中,阅读都同样地改写书写。

如果评判是不可避免的,那么,我们站在左派立场,就不应该对评判躲躲闪闪,好像它们是什么非法活动一样。激进的文化研究不可以抑制其激进主义进入批评分析的各个层面;读者的建构性目光无所不及,因为对文本而言,没有读者的干预,意义就不可能实现。受实证主义支配的激进分子本身受到普通文化的实证主义的影响,因此,就导致他们相信他们能够客观地描述和不偏不倚地评价,而不用公开的建构术语来对文本进行评判。事实上,每次阅读都是书写的事实不应该成为悲叹的理由,而是一次重新介入文化文本和实践的机会,因为文化文本和实践将自己表述为名副其实的自然作品,如同了无生气的环境一样冷酷客观,借此来创建一种潜在的霸权。

当贝尔(1960年)的意识形态终结论在欧美和亚洲资本主义的后里根时代(现在有蔓延到东欧的可能,在那里,不幸的人们混淆了民主和资本主义的矛盾修饰法)让人反复利用时,利奥塔的后现代主义、秘密的实证主义势头几乎势不可挡。尽管文化研究充斥于学术期刊和流行媒体之中,但是这种文化分析似乎流露出一种这样的趋势,和我所关注的马克思主义、新马克思主义和女性主义批评的更为政治化的传统相比,实证主义文化分析政治性不强。其实,这些传统已经变得高度技术化,看不见当代文化研究中心的政治介入。这不是一个简单的要求学术和知识文化批评家克服障碍的问题;毕竟,"柏林墙"被推倒,左右势力正在重新协商,如今的"障碍"何在呢?事实上,尽管在对文化霸权的文本政治进行彻底的解构过程中,阿多诺的文化批评表现出政治态度,他后来还拥护卡夫卡、贝克特和勋伯格的作品中表象出来的对现代主义的反感,但是,阿多诺几乎不能称作是一个实践主义者。这里的问题不在于批评家在校园外的政治活动,而在于批评以一种政治批评的方式来研究文化,试图颠覆这个微妙的文化等式:特指的商品等同于所有商品。马尔库塞(1968年)说得好,文化批评,被当成文化和政治干预的形式,必须挣脱肯定文化的束缚。

所以,这是一个中心问题,对后结构主义者而言也是一个中心问题:文化批评自有它建构和重构文化领域的"内容"。如此,将文化评判应用到批评话题、批评客体和批评实践时,它本身会改变文化领域。尽

第八章 需求、价值和文化批评

管激进的书评和影评代替不了激进的书籍和电影,在质疑一切二元论的后结构主义的影响下,批评及其文化客体的边界模糊了。"什么算是文化"在德里达之后已得到重新评价。批评既是文化创造又是政治抵制,这些东西,更为实证主义的批评家闻所未闻,他们认为评论和文化两者的差距宽如大峡谷。

尽管实证主义批评家有时候对其文化客体做出个人评价——典型的大众市场文化批评的赞成或反对姿态——对于文化分析行为而言,这些评判都是外在的,是客观主义评论者的最后润色,客观主义评论者在提出个人评判之前,对文化客体和实践进行"客观"描述,以此扫除障碍。从这个意义上讲,批评家把批评冒充为情节性的、不可靠的个人姿态,他并没有真正解构性地介入文本或实践,但是却获得报酬来给那些小心翼翼、担心在市场中受到迷惑的文化消费者提供建议。尽管一些实证主义批评论朝着建构性和重建性分析方面走得很远,他们的建构和重建使得解构成为可能,因而模糊了实证主义文化批评和后结构文化批评的界限,但这类批评家只是例外,而非常规。在不拘泥于编辑限制的地方,在可以花费洋洋洒洒几百字写评论的地方,就可能找到这样的实证主义批评家。

对评论的建构性本质进行系统研究会很有指导意义。这种研究需要实证地仔细研究评论者和文化分析者的处理方式,即如何处理好所谓的描述性讨论与"个人"评价之间的断层线。美国和英国大多数实证主义者在做评论时倾向于将评论的评判部分强加给某种潜文本,借此来强调评论的更为牢固的、所谓的客观部分。通过解构性分析,会找到评论的客观实体,它不是纯粹的描述,而是充满评判性的微妙措辞。在某种程度上,甚至实证主义批评也极尽修饰才华,参与强势阅读,将评判巧妙地交织在所谓的客观分析中。因此,评论者结论性的赞成或反对姿态几乎都是多余的,只是表明了之前所做的都是坚实的分析,而持保留态度的结论性的评判姿态则修饰了这种分析。

对这种评论者话语的分析还必须考虑评论发生的政治经济语境。文化工业正在吞噬审美评判,审美评判代替了纯粹的广告。此外,文化广告的修辞文本分析表明作品的自我赞誉与来自痴迷的评论者的简练推荐广告(……本年度最刺激的书……)微妙地融为一体,共同创造了一个令人难以抵制的、连最为理智的文化主顾都不会错过的精美制品。显然,经过摘选(有时取自上下文)的评论家的溢美之词增加了广告的价值,这些评论家名声显赫,为期刊撰稿。这些评论家的只言片语装点了作品的广告,他们为一些不起眼的地方出版物撰写评论,暗示出一副具有说服力的流行文化地形图(或者是詹姆逊〔1988年〕所称之的认知地图),这幅地形图是批评影响的同心圆,从纽约市、洛杉矶和伦敦文化中心向外辐射,但在这些地方,人们还是能够察觉出文化伪品。

这种分析并不是要贬低勤劳的批评家。文化批评家的工作举足轻重,尤其是他们揭穿了一些以某种主流文化作品的名义提出的言论。在支持更为边缘化和颠覆性的研究项目方面,他们的作用也是很重要的,有些不为人所注意的研究项目成为有力的反霸权力量。文化工业充满了各种各样的故事,讲述运气、时机和有影响的顾主的评论是怎样确保主流的"成功",否则,从一开始便会注定要失败。斯派克·李的第一部长篇电影《稳操胜券》,以其音乐的粗哑低沉的生产价值(可能是其电影"真实性"的正面证据),十分幸运的荣获大量好评,有了足够的主流发行而迅速走红,为其作为一个主要的"非正统"电影制作人的发展铺平了道路(人们也能够质问步入主流对他本身的作品和公众姿态产生的影响,在此,人们可以仔细研究他近期的电影和他对飞人乔丹篮球鞋广告活动的加盟。有些人认为《为所应为》是少数族裔的战斗号令,对此,我不敢苟同;这是对电影妄想狂的解读。李以他在电影中扮演的人物马斯·布莱克曼加盟利润可观的耐克广告,李的加盟和签名严重危及了他政治先锋的主张。但这是另一码事,别处详述)。

对文化批评的批评本身就很重要。对李的首部电影获得的评论进行实证研究有助于解释他后来作品的命运。正如李的例子所证明的一样,文化工业不是铁板一块。某些女性主义影片制作人受到支持她们的批评家的引导和教育,这些批评家在严肃认真地打造女性主义文化。然而,在批评和政治干预的方式上面,批评家们所做的也就只有这么多了,因为目前他们都受到媒体的约束。编辑们对评论家的文章很是武断,他们分配评论者去评述廉价的主流电影,而控制对非主流影片和文化观点的赞助。资本主义/实证的新闻版式无助于解构批评,主客观分析的界限一旦模糊,阅读就会朝书写方向发展,资本主义/实证主义的新闻版式是阻止这一点的。编辑、出版商和读者开始期待评论快餐,提名大腕明星,透露故事情节,对其可观赏性予以简要评判。事实上,现在许多美国报纸使用观众调查来决定评论者本身对大片的意见,有时对观众和评论者的评价进行比较。基于这些调查,人们能够"科学地"决定对既定电影的喜爱几率,从而谨慎开销娱乐资金。主要报刊开辟了文化专栏,从这个意义上讲,这些专栏都是显而易见的《消费者报告》,在此过程中,进一步降低了批评和批评家的作用。

无论文化批评在这些方面变得多么庸俗,批评和评论终是不可避免——可能越是不可避免,就越是将评论者自己的评判隐藏在情节性评论的客观主义表象下。当前文化批判的证据掩饰了价值中立的假象,或者说,评论者将其建构性批判视角编进了评论实体微妙的立场中,也可以说,评论活动转向了调研实践者,他们仔细研究观众的反应,从而引领消费者的文化选择。草率评价(……"雷克斯·里德的胡言乱语"……或"西斯科尔和伊伯特两次竖起大拇指"……)的表象隐藏了更为有力的批评性评判,这些批评性评判构成了致力于客观主义分析的评论的一部分。整体而言,在新闻报导和新闻业中的确如此(见拉格连,1988年);只要对《时代和新闻周刊》进行粗略的解构性阅读,或者对国家网络新闻随意浏览一下,就能看出客观主义记者通过使用形容词、语气词、短语和韵律,为他们建构事物的方式打上了印记。到里根总统任期为止,在英国,自撒切尔的侵略霸权以来,主流记者并不刻意隐藏他们对这些国家领导人能力和理性的鄙视。关于里根的新闻报道在其执政 8 年期间经历了翻天覆地的变化:记者最初为他的魅力所迷惑,后来逐渐将他视为几乎不能掌控政权的傻瓜。人们不必阅读社论或观看电视就能察觉出这一变化。从白宫记者团归档的每日客观报道的嬉笑和挑剔口吻中便能知晓。真正的忠诚者只是例外,他们在尼克松总统垮台时异常多愁善感。事实上,美国广播公司明星黛安·索亚的唯一职业倾向便是对尼克松的忠诚和奉献,水门事件后作为幽灵写手服务于尼克松;甚至直到今天,她发现仍忍不住要顶住各种挑战,为他("男人")辩护。索亚的研究者认为问题的关键在于怀旧,他们将之归咎为她具有南部风格的、多愁善感的性格。

虚假需求问题

后结构主义阐释的文化评判的不可避免性带来了两种情形:一种情形是自鸣得意地保护自己言论的有效性,使其免受外来挑战;另一种情形就是需求理论的自我意识辩护,需求理论有助于解释为何人们选择去消费那些与其客观兴趣相抵触的文化。首先,人们可能断定所有阅读的建构性意味着各种阅读具有同等价值,所有文化作品和实践也都具有同等价值。尽管每个人都有自己的阅读偏好,但是阅读的不确定性无益于对以某些持久的标准来承载批评的客观需求理论的阐释。尽管出自于后结构主义和后现代主义的相对性/主义肯定不同于更具自我意识的、符合规范的相对主义,但是我们还是习惯性地将其称之为相对主义。德里达和利奥塔没有明确断定所有价值相等,相反,他们认为不可能做出这种断定。因为语言游戏和价值体系的不可比较性,人们无法确定某人的价值观就优越于其他人的价值观。这就是后结构和后现代相对性/主义不同于受非欧洲中心人类学所启迪的符合规范的相对主义的地方(令人困惑的是,非欧洲中心的人类学有其后结构主义现代根源(如,见马尔库塞和菲舍尔,1986年)。

通过说明文本自身"以外"的评判根基并非真正来自文本之外,评判与文本之间存在着一种不能确定的辩证关系,后结构相对主义者指出价值和真理断言的不确定性。尽管德里达的立场并未严格排除真理,但是他挑战真理断言的不可置疑性。他认为,真理本身被编码,陷入自身通用习语和深层假设的囚笼,这些习语和假设赋予了真理与文本本身密不可分的语境。相对主义应用到文化研究领域,就导致了一种这样的姿态:极具讽刺意义的是,一方面坚持评判性(前部分已讨论),但是,另一方面又坚持评判的不能比较性,因为自我指涉的语言约束了外在翻译和裁定,在自我指涉语言框架内进行的评判就具有了不可比较性。

更为阿基米德的观念反对相对主义,这种观念不仅认为文化评判是不可避免的（如在我之前讨论的影评中，细微差别和批判是无处不在的），而且还认为某些评判要大大优于别的评判。甚至，在后结构和后现代主义语境中提出这个问题就等于自取其辱。到目前为止，柏拉图主义者和马克思主义者的阿基米德主义一样，在新相对论/主义（而马克思主义者将其阐释为自由主义的另一种形式）的狂热中已受到广泛怀疑。甚至法国女性主义理论家，正如我在第七章所论述的，已将文本不可改造性的后结构主义原则运用到她们的批评实践中，如果她们偏好技术的、方法论的蒙昧主义和相对主义，她们就难以有效地贬斥性别歧视文学作品。

要成为一个马克思主义者和女性主义者就意味着要坚持自己真理断言的优先权，特别是遭遇虚假意识的时候更是如此。对于"左派"而言，意识之所以虚假不仅仅是因为它受到了意识形态和霸权诡计的欺骗，而且是因为意识无法决定自己的内容，内容都是从外部强加其上的。马尔库塞（1964年）关于虚假意识的经典专著《单向度的人》在方式上引起争议，因为他似乎认为自己有能力来判断什么是虚假需求、什么是真实需求。人们认为这表明了他不恰当的先锋主义和精英主义，他拿着所有传统上源自这些评判的权威结论在冒险。人们想要避免这些不恰当的后果，而又不否认对与消费者最佳利益相矛盾的文化表述本质做出评判的能力。

如果人们在相对论/主义和阿基米德主义之间能找到一条中间路线，作为建构这种假设的方式，我认为马尔库塞的虚假需求理论在很多方面类似于霍克海默和阿多诺的文化工业论点。反对左派方案的人士错误地解读马尔库塞的理论，一些细致入微的读者也误读马尔库塞的理论，他们拒绝接受马尔库塞的言论，马尔库塞宣称他为人类需求的普遍真理断言找到了基础。当今的后结构主义和后现代主义认为他们不同于马克思主义，因为他们认为不参考评判赖以出现的语境差异，人们不能做出绝对评判。

马尔库塞如此说：在发达资本主义社会，对于价值、话语、实践和商品，人们丧失了批判性思维能力，失去了批判视角的人们的主导利益使得话语范围变窄了，唯有批判视角才能使人们与对传统的"商品"生活做出的判断保持距离。当然,他也指出,在资本主义统治利益中,人们认识不到可以替代常规的基本选择。人们被引导着从消费角度去界定快乐的含义,这些人在刺激生产的同时也将自己束缚在体系服务的惯例中,拒绝挑战日常生活霸权化的惰性。受虚假需求的支配,人们背离了自己对自由的真实兴趣。他们一成不变地维持着资本主义消费和惯例的枯燥乏味的生活。

马尔库塞认为"单向度的"思维,以葛兰西(1971年)的话来说,就是霸权,因为人们不去学会超越单纯的当下来思考问题,单纯的当下指的是盛行的社会模式,他们本能地经历着经济安排和个人安排,这些东西都如同潮流一般难以应付。在马克思时代,虚假意识呈现出来的形式实际上是对现实合理性的虚假文本断言(如宗教和资产阶级经济理论)。今天的虚假意识还才开始,以一种看上去似乎残忍的真实性来书写和解读人们经历的、一成不变的资产阶级日常生活。换言之,今天的人类经验具有超越的不可能性和社会变革的不可能性特点。既然似乎不可能和"市政厅作对"来改变占统治地位的社会经济关系,人们受到各种诱惑,从物质享受和由盛行秩序所定义的相关的象征性成就中来追求幸福。因此,从内部确保了这些惯例得以维系。用马尔库塞(1955年)的话来说,人类"被过度压抑",也就是说,为了在先进的工业秩序中平和度过一生,人们束缚自己,不去做那些他们需要做的事情,平和的工业秩序不以利润为前提,而是以基本的人文和情感需求的全球满意度为前提。

需求之所以虚假不是简单地因为其内容有害——如暴力电视节目、有辱女性的电影、环境污染以及肇事车辆等等。尽管这些都是糟糕的事情,但它们代表着消费者的选择,事实上,考虑到广告的主流影响、社群化和同辈的压力,这些选择早就为消费者准备好了。人们根据目前水平和可及的方式来定义美好生活,而不是根据有本质差异的最大限度的社会正义标准和人与自然的和谐关系来定义美好生活。本书前文已提到过,需求是虚假的,因为需求是由外界强加而来的。人们上当受骗来消费文化商品,既为商家提供了利益,又转移了注意力,窥不到全貌——我们循规蹈矩的顺从只是加剧了社会和经济的不平等。

第八章 需求、价值和文化批评

马尔库塞将文化看做是一种有利可图的娱乐,将虚假意识看做是一种态度,人们以这种态度来指导日常生活,对本质的社会变革可能性视而不见。单向度的思维阻碍了历史想象,使未来看起来似乎只是对现在的一种量的推理。这些态度和行为复制了体制,给予体制额外的前进动力。要对这样的体制来阐述非主流的观点极其困难,因为语言本身丧失了超越和批判意义。马尔库塞说,话语世界几近封闭,反抗尤为艰难(他将这种反抗称为伟大的拒绝,强调能给整个社会变化带来巨大差异的反抗具有英勇顽强的特点)。

马尔库塞认为,虚假的不仅仅只是物质需求。因循守旧的规则掌控了语言和文化。难以想象一个不大量利用现行社会规约的社会。因此,在日常话语中,霸权变得合理化,因为语言失去了批判意义,批判意义即德里达的产生差异的能力。社会批评意味着改良社会变革,积累细微的调整,从而具有讽刺意义地改善更大体系的运作。在这一语境下,社会和文化批评变得孤注一掷,孜孜不倦地抵制着来自语言颠覆系统的同化。举两个例子,其中一个是在越南战争期间,美国军方大谈"绥靖"战略,这里的"绥靖"战略指的是,为了确保越南的民主而毁灭所有村庄和村民的方式;另外一个例子是食品连锁店7-11承诺给予消费者"自由",将民主政治理论的愿望和吃微波炉热狗、喝大罐饮料的承诺混为一谈。

在这一语境中,公共话语半途而废。社会批评家为了使人们听到他们的观点,不得不大声疾呼,夸大他们的社会批评,以便来抵制语言的同化和整合。马尔库塞(马尔库塞等,1965年)谈论到体系是如何发展"压抑的宽容",假装包容不同的声音,但这样做的真正目的是为了同化这些不同的声音。今天,西方的我们把大量发生在东欧的重要反抗运动称为是我们自己的运动,自称对新斯大林主义和官僚社会主义的攻击实际上就是支持资本主义。因而,虚假需求借助公共语言得以传达,导致人们混淆了文字的意义,随后便失去了保持学术和批评自治的能力。

更为激进形式的文化研究等同于马尔库塞的"大拒绝"。文化研究学者参加到意识形态和虚假需求话语的评判中来,指出文化作品和实践以先决意义来奴役我们的方式,这些意义草率地强加在我们身上。例如,通过观看无休无止的弱智电视连续剧,剧中描绘了各种家庭和工作场景中的普通人们,我们开始相信我们就是情景剧和戏剧中的演员。我们与剧中人物感同身受,并想象自己正过着令人满意的情节剧的生活。我们从《考斯比一家》①和《洛城法网》中学习价值观——关于美好生活和对错与否的定义。同时,这些电影也让我们相信,考斯比一家和《洛城法网》中的全体演员代表了普通老百姓;我们认为这些电影精确地反映了现实生活,特别是他们解决争端、体现道义的方式。

　　文化研究揭露了编码在主导文化制品中的种种欺骗。它批判这些文化实践所提供的需求,这些文化实践狡诈地将僵化的第二本性表现为"必然"现实,而没有提出任何可供选择的人类需求和社会现实的其他形式。例如,考斯比一家就是一个不大可能的例子,只要了解到几乎不存在双亲均为专业人士的富裕黑人家庭,考斯比一家的形象就可能迅速被解构。解构视角还注意到了该家庭的非现实性:从未见母亲去外面工作,家里既没有人做家务,也没有人照顾孩子。

　　就此而言,批评理论家们通过向人们展示自己的不自由——按照阿尔都塞的说法,即主导意识形态方面的谆谆教诲——他们以为能区别真实意识和虚假意识,人类的真实需求和虚假需求。如果人们对此难以区分,因之绝对性而加以拒绝,那么就会明确地采纳利奥塔、其他后现代主义者和所有多元主义自由主义者的相对论/相对主义立场。但是,另一方面,假如这种区别有意义,那么人们便能够坚持社会理论和政治实践之间区别的批评含义,来解构意识形态断言:文化市场和别的市场一样,向人们提供他们所想要的东西。批判理论家相信人们的"需要"是在引导范围之内的"需要",他们的不同需要是被培养出来的。

---

　　① 《考斯比一家》(*The Cosby Show*)是一部美国的电视情景喜剧,由比尔·考斯比主演。1984年9月20日,《考斯比一家》首度在NBC电视网中播出,其后共直播了8集。节目的中心聚焦于Huxtable一家:一个住在纽约市布鲁克林区的一座褐砂石房屋上的中产阶级家庭。此节目在中华电视公司播出时,曾被译作《天才老爹》。——译者注

第八章 需求、价值和文化批评

马尔库塞并没有从上强加一套明确的真实需求,而是简单地论证了社会语境,在这一语境中,人们可以自由地做出抉择。

典型的非马克思主义社会学家可能会做出如下反应:所有需要都来自后天学习,免受影响的世界的乌托邦式的标准仅是海市蜃楼。但马尔库塞作为一个马克思主义者,认为最基本的人类需求是自我决定,这在人们做出的关于怎样生活的各种选择中得到了详细的说明。马克思(1961年)在他的早期著作中说过,人是劳动的人、实践的人,在世界中通过自我外化的方式来不断创造自身。这就对黑格尔的自我外化概念进行了历史化,在某种统治条件下,考虑到了自我外化的异化可能性。马克思说人在工作中最能意识到自己是人类,只有在劳动中,在劳动及其劳动产品为他们自己占有和支配,能够获得劳动的全部价值的地方,他们才有可能意识到自己是人类。

可以肯定,无统治的社会只是一个乌托邦概念,对这个概念的证明存在于未来,也存在于为之奋斗的斗争中。在这方面,马尔库塞和其他法兰克福理论家只是以马克思为基础,他们认为人们一旦从晚期资本主义内外夹攻的统治束缚中解放出来,就能对自己的需求进行自由选择。马克思认为虚假意识是一个统治因素,马尔库塞进一步说明虚假意识以虚假需求为形式,具有自发性和外界强制性。虚假需求在政治上之所以有效,恰恰是因为虚假需求不要求文化委员们对它们予以实施。相反,人们在晚期资本主义随处可见的、一应俱全的欲望超市里自由闲逛(如今,晚期资本主义为以前的国家社会主义国度提供了商机,因而将国家资本主义带入了20世纪晚期)。

福柯(1977年)也得出过相似的结论,现代社会中的规训既来自内部,也来自外部。他关于边沁的圆形监狱①的例子很有说服力:囚犯们自己画地为牢,监牢中他们担心自己时时刻刻受到了密切监视。同样,韦伯资本主义的铁笼②也被镀上了金;人们经历虚假意识的奴役,却把它们当成是快乐而有意义的东西,赋予虚假意识生产性目的。人们生活在资本主义社会中,而又不渴望商品生活,这是完全不可能的,因而他们成为社会批评家和反叛者的几率就大大减少了。虚假需求是同化的最终形式,人们体验不到虚假性,因为从来也没研究过虚假需求:人们得不到商品社会优越性可证伪的证据,因为他们很微妙地适合在这个社会大商场里有效而快乐地生活。当然,这并不真实:虚假意识是文本,尽管是文本(如我已讨论过的,阿格,1989年a),但是这个文本已经越出了著作的封皮,渗透到了日常生活世界之中,使人难以察觉这些作为抽象命题的断言,更不用说去对之进行证实或证伪。没有人能记得他/她在哪了解到信用卡给予人们自由,尽管在晚期资本主义这是必不可少的知识。相反,信用卡购物似乎成了生活事实,成了不变的社会本质的结果。

　　马尔库塞的文化研究挑战现实理性的表象,声明作为第二本能的现实理性某种程度上存在于历史之外。批判理论将世界历史化,使人们有机会能够不同地看待世界、不同地生活在这个世界。从法兰克福

---

①　200年前,英国法学大师边沁(Jeremy Bentham)提出了"圆形监狱"(Panopticon)寓言,它却成为监狱设计师们的圭臬。一个中央塔楼周围是环形囚室,每个囚室的一扇窗户朝向中央塔楼。中央塔楼里的监视者轻易地监视囚犯的一举一动,囚犯时时刻刻迫使自己循规蹈矩。于是,通过建筑的空间设计,圆形监狱轻易而有效地达到对整个监狱的监控。现代社会就是这样一幢圆形监狱、高科技的圆形监狱。在当代思想大师福柯(Michel Foucault)形而上的眼睛里,这一圆形宇宙就像穿过手指间的空气那样空灵,我们人类建立起来的如此恢弘的历史、文明、文化……就像是透明的天空之城。它们漂浮空中,在360度的时空里,布满环伺的眼睛。——译者注

②　人类所理解的"解放",实际上是被再一次囚禁于"合理化铁笼"。马克斯·韦伯:《新教伦理与资本主义精神》,于晓、陈维纲译,北京三联书店,1987年版,第143页。——译者注

学派的意义上来讲,批评的政治功能在于瓦解资产阶级社会从下而上和从上而下形成的和谐与理性的幻象。正如马克思和恩格斯(1947年)在《德意志意识形态》中所指出的一样,若认为统治精英野蛮地将虚假强加给大众,则是大错特错。这在过去尤其如此,如今意识形态成了活生生的实践,人们在逛街看戏的日常尝试中每天上亿次地复制着这种实践,他们把自己看做是社会生活的幸运参与者,为了接受一次次的模仿和刺激,每天坚持不懈。

现在意识形态与快感有着潜在的联系,马尔库塞1955年在《爱欲与文明》中精心勾画了他对马克思主义的弗洛伊德解读(见阿格,1991年 a,第七章)。他1955年出版的书为10年之后的《单向度的人》铺平了道路。马尔库塞将心理分析理论调适成批评理论的结构原则,解释了鲍德里亚称之为模仿中的人们的心理性欲兴趣——通过各种各样的意象和表述,人们将潜在的欲望集中了起来。在晚期资本主义,意识形态被力比多化和去文本化,人们不仅消费百事(饮料),而且消费广告中体现的模仿,包括对饮料本身做出的星罗棋布的广告。人们喝着百事倍感满足;百事花哨的瓶罐是百事的文本,百事作为一种概念的媒体表述是百事的模仿,两者也都能使人从中获得快感。

商品通过模仿过程变成了文本,然而百事可乐的文本与《圣经》或《资本论》书籍是大不一样的,后者可以随身携带,细细品读,要付出艰辛的阐释努力才能理解意义和符号。同所有模仿一样,百事作为文本,人们只需瞬间就能将其阅读完毕,作为主导的表述媒介,它闪烁在电视屏幕上,促使人们打破单调乏味的生活,成群结队去购买百事可乐,百事承诺它不仅可以解渴,且可以恢复社会人的活力。人们依靠商品(作为模仿的商品)活着,这与阿尔都塞1970年在弗洛伊德主义中所表达的内容有异曲同工之妙,他认为意识形态是活生生的实践。人们没有停下脚步来解构百事广告言论的有效性,而是迅速地、不加批判地阅读(或饮用)百事文本。在这个意义上,就难以谈及虚假需求,似乎这些需求都是由广告的虚假文本有意灌输的(尽管在百事作为一种生活方式的模仿中肯定有这样的因素)。在一定程度上,从权力的屏幕上读到了这些需求(卢克,1989年),以此方式,需求不受反思性思维和判断的调节。要获得或实施意识形态形式，就必须对意识的早期形式进行阐释性的研究，但是快速资本主义中的需求出现了短路现象，它们错过了调节的过程：它们被印在权力的屏幕和文本上，因而作为第二本能被铭刻在晚期资本主义健忘的主体上。需求变成了欲望，当成性冲动来体验，而不是当成早期资本主义时期的反思性建构和调节。现实的大众调节减少了批判性调节的危险。

与此背景相对应，马尔库塞式的虚假需求假设，如同他的意识形态批判一样，似乎少了些精英色彩。他不是简单地说有人教给了人们错误的价值观（尽管他应该这么说——价值观代表侵略、竞争和获取），而是指出在模仿社会里，价值、欲望和需求的形成过程几乎变成了原始过程：人们不是反思性地获得，而是通过潜在的霸权性的日常生活被灌输了这些需求，霸权性的日常生活遮盖了自身督促性的文本性。这便使得凭借外在批评来挑战这些需求形式更为困难（见莱斯，1976年）。事实上，批评或批评家不可能置身于物化、模拟、行话和编码体系之外，因为根本就没有什么外部——没有脱离晚期资本主义的世界。甚至批评也遭到了无辜地吞没，只有小范围的学科专家能够理解批评的学术化书写形式，而普通大众是难以理解的（见阿格，1990年；布洛基，1987年；雅各布1987年，作为社会实践的学术写作批评）。

有人可能要指责批评家催化，甚至支持蒙昧主义的学术化。我们大多数人在文化传递过程中获得学术激励，这种文化传递在一定程度上将书写的浮夸等同于深刻，或者更为恰当地说，等同于终身教职。为了在已经确定的学术市场中一比高低，批判理论将自我专门化，正如哈贝马斯（1984年）在其作品《交往行动理论》第一卷厚厚序言中所指出的一样，这种自我专门化代表了近期批评理论极度的自我行业话。哈贝马斯悲叹阿多诺和霍克海默在活着的时候，他们的工作就疏远了学术正统的主流。但是，体制合法化的代价是丧失了公众的声音，因此也就丧失了政治关联性。哈贝马斯自己批评理论系统的帕森斯理论化只是重复了帕森斯本人的蒙昧主义（见米尔斯，1959年），也许他赋予了批判理论更多的学术正统性，然而却进一步剥夺了批评理论与周围世界的批评距离。

第八章 需求、价值和文化批评

但哈贝马斯和大多数其他理论家、后结构主义者、后现代主义者和女性主义理论者一样,都同样没有受到多少指责。对于话语的衰落,我们都有责任,公众讨论范围的缩小进一步孤立了精英力量,使他们接受不到来源于基层民众的挑战。在这种情况下,不足为奇,模仿对我们进行了程式化,在麦迪逊大街和好莱坞,模仿以电子和文本的方式从生产的文化点击中流溢出来。要挑战这些去文本化的模仿,挑战这些模仿为我们所描绘的生活简直是令人难以置信的困难,因为这些模仿被去作者化,因此不可能解读为政治推荐,但实际上,它们就是政治推荐。对这些模仿进行作者化正是激进解构的使命,强迫模仿全盘承认其蓄意的本体论选择,这样我们才能够对意义的篡改提出质疑。

法兰克福批评家,包括哈贝马斯在内,从未形成有充分自我意识的话语理论,以便能揭示这些去文本化的权力代码的意义。没有文本颠覆的解构策略(如广告批判理论,见哈姆斯和凯尔纳,1991年),文化工业理论仍旧是不完整的。就这个意义而言,后结构主义在批判理论的更进一步发展上能发挥重要作用。出于同样原因,如果后结构主义忽视了用以引导自身解构活动的文化评判,那么就无法作为批评社会理论来有效地发挥作用。如果意识不到人类需求和欲望是通过大众文化生产和复制出来的,如果没有自主需求形态附随的调节性原则(例如早期马克思的原则),解构就会逐渐消退为空洞的方法论,对此,我将在第九章中进一步阐述。文化研究在政治边缘保持平衡:正如我极力主张的一样,它既可以作为扩展了的批评理论的意识批判武器起作用,也可以降低身份变成社会学主义和方法论主义,二者束缚了实证的文化社会学和非政治形式的解构。选择就在我们手中——我们是把文化严肃地当成统治因素还是当成潜在的解放媒介。

转向非阿基米德的文化批评

本节讨论仅仅是着手研究政治化,而非阿基米德方式的文化批评的困境。通过几乎不可抗拒的模仿过程,以文化工业将价值观潜意识化的相同的方式来规定价值观,并由此提出一种知晓所有答案的文化研究,这一想法极具诱惑力。然而,人们必须抵制这种诱惑,以免激进的文化研究表现出官方主义,这种官方主义使得早期法兰克福批评家对大众文化的指控不具法律效力。充其量,激进的文化研究能提供一些方法来帮助人们抵制被误认为是意识形态的一些陷阱,尤其是一些强加给我们、未经我们调节的去文本化的话语。这种文化研究有助于我们甄别和解构以世界的名义做出的一些关于理性的断言。在这些断言表现为可证伪的、经验的言论(如资本主义经济理论)的地方,借助反事实断言,人们能够有效地抵制这些言论。但在有些地方,这些意识化的断言不是话语,而是被编入了表述和再述(模仿)中,那么,就难以解码文化作品和文化实践暗中推销的本体论。

阿基米德主义对来自历史之外的假定的价值观持毋庸置疑的态度。柏拉图主义就是这一态度最为持久的实例,假设一个永恒的观念,并以此来指导理性实践。马克思主义因强化其对政治专制主义的控诉,也遭到了同样的指责(如利奥塔,1984年)。马克思说人们需要解除来自社会和经济统治的束缚,来实现作为自我创造性实践的人的真实本质,自我创造性实践是黑格尔和马克思保留着的一个希腊概念。人在自然中以创造和生产的外在表现方式塑造了自己。在统治条件下,他们的外在表现(如人类的劳动)呈现出对自身生命的阻碍(马克思称之为异化,卢卡奇称之为物化,法兰克福理论家称之为统治)。自由在于重新获得这些外在表现,包括文化产品和实践,从而扭转其异化的方向。以这种方式,人们将掌握社会生活,而不是成为社会生活的俘虏。

对于马克思而言,工人拥有和控制生产过程,就能够掌握社会生活,而不成为社会生活的俘虏。女性主义者正确地补充说在再生产工作领域,同样可以如此,她们建议扩展马克思主义,将家务、生儿育女和性生活等非政治领域都纳入其中。法兰克福文化理论认为在文化生产和消费领域亦然,对文化产品和实践去商品化,同样,所有的人类劳动都将去商品化。从这种方式看来,受马克思和法兰克福学派启迪的激进的文化研究并没有规定永恒的文化观念(如把现代主义提升到后现代主义或前现代主义之上,将某些古典音乐提升到摇滚乐之上,将欧洲文化提升到非西方文化之上)。相反,激进化的文化研究提倡废除通过

第八章 需求、价值和文化批评

文化商品化路径强加的或自我强加的需求。当下,这些需求涉及提高消费和规则,福柯(1977年;见奥尼尔,1986年)称之为规训。真实需求包括文化选择的解放,反映了性格和风格真正的异质性。正如早期马克思所说,表述和外在表现的多样性是人类本质的明显特点。那么,从这个角度而言,真实的文化需求就包括无拘无束的自我表达和真正的政治经济自治。

在某些地方,我建议某些实证的人类需求的虚假性应该成为文化评判的标准,看起来,我似乎想要鱼和熊掌兼得。在文化成为奴隶的地方,需求就是虚假的;在文化赋予我们以多元方式进行创造的地方,需求就是真实的。至少,这就使我不必提供在一定程度上比其他可能的产品和实践更有价值的文化产品和实践的权威清单。马尔库塞派判断需求的虚假性,依据的不只是文化产品和实践所表达的内容,更多依据的是这些强加于人的内容所处的语境。现在,一切都在不知不觉中进行,随处可见人们不慌不忙地选择需求。

文化研究通过说明人们实际上并非自由选择来揭穿文化消费的理性选择模式的真相。这一解构属于全方位的左派尝试,他们试图对作为历史诡计的、所谓的市场理性去神秘化:在资本主义社会,人们从来没有进出市场的自由,他们只能靠出卖自己的劳动力来换取工资。文化自治的神话是自由主义不可或缺的一部分,也是后现代主义最新进展的重要部分。人们之所以无法自由选择,是由于我们被模仿程式化,去文本化的模仿散落在漫不经心的日常感觉中,难以从它们自身的优点来进行评价。为了以不同的方式思维和表达,规避文化商品化的语言游戏强加给我们的先决意义,我们几乎不可能逃离现行的话语体系。文化资本主义辞令和内容深深地渗透到我们的经验中,甚至就连设想一下备选方案都得利用这些畸形意义。马尔库塞质问在一个像"真相"这样的文字已被糟蹋,与实际表达意义完全相反的社会里,人们如何能道出真相?他的回答是我们必须创造一种语言,这种语言吸取激进的差异性,刻画一种可信的、可及的社会秩序,这种社会秩序不对资本主义统治原则和意义畸形感恩戴德。但是,说起来容易做起来难:在一个知识分子离开大学就几乎难以生存的时代(见雅各布,1987年),甚至连评论也失去了棱角。

显然,马尔库塞的解决方案充满歧义。通过呼唤"大拒绝",马尔库塞认识到个人英雄主义将是皮洛士式的胜利①。同时,人们必须拒绝,即使这些局部拒绝构不成形而上学的、扩大的文化大拒绝,人们应该做的事情是在很多程度上依靠他们自己生活世界的本质。知识分子当然能够参与到许多意识形态批评活动中去,这些活动一起揭露作为危险的自我封闭话语的统治话语。压抑的宽容不能让人接受,但也不必采用斯大林主义的偏狭。文化研究是一项研究任务,人们指责文化工业,认识到解放运动不可以避开深受无形意识形态影响的人们的生活世界。正如阿多诺(1973年b)在《否定辩证法》中所指出的,"辩证法是对幻想的客观语境的自我意识,并不意味着已避开语境,它的客观目标是从内部来摆脱语境"(第406页)。

今天,文化研究建构大拒绝,或者,表达得更明确一些,有时,无数的拒绝凝聚成哈贝马斯(1981年b)所说的"新社会运动"。文化批评有助于培养差异和挑战,揭露晚期资本主义中"幻想的客观语境"。阿多诺意义的文化研究是辩证的,因为它认识到我们不能假定我们拥有一种明确无误的语言,这种语言尚未受占统治地位的文化意义语境的影响,文化意义试图洞察神话,声称要使现实世界合情合理。似乎只有傻子才会努力去逆转历史演进的方向、解开资本主义及其发展的套索。但是,现代性和后现代性一样,都没有详尽研究历史的可能性——当今永恒的现在。历史就其本质而言是不连续的;的确,正如福柯告诉我们的一样,历史是由历史学家建构的,事实发生后历史学家再进行补充。直到历史写成以前过去仍然保持一种未确定的状态,有可能出现各种

---

① 皮洛士,前319年~前272年,伊庇鲁斯国王,罗马称霸亚平宁半岛的主要敌人之一。皮洛士在两次战役中都取得了胜利,而且伤亡也比罗马人小。但是罗马人能够在战斗结束后马上补充兵员,而海外作战的皮洛士却迟迟得不到兵力补充,故而两次胜利并未给罗马人以致命打击,罗马人士气依然高涨。相反,这样的胜利却为日后皮洛士的失败埋下了隐患。无怪乎,在阿斯库路姆战役后,当有人向皮洛士祝贺时,他不无伤心地说:"再来这样一次胜利,我自己也完了。""皮洛士的胜利"也就成了代价惨重的胜利的代名词。——译者注

第八章 需求、价值和文化批评

活动,这些活动构成世界众多劳动中的某些劳动。历史可以书写成不同的样子、可以书写成不同的结局。

文化研究特有的任务就是表明经验和存在的不同模式的可能性,它们不受文化工业自律倾向的束缚。但是文化研究有不同的形式,有的更为政治化。我倡导这样的文化研究:它有助于对后现代性经验去神秘化,有助于解构后现代,因而实现现代性方案。尽管我们被各种可能的文本资源和话题团团包围,但是还是有其他一些文化分析家把文化研究当成一种自我指涉的词汇,使学者们忙于永无止境的文化解读。显然,文化研究已分散成不同的政治话语。在下一章,通过研究文化研究的狂热特征,特别是其学术化特征,我将探讨文化研究更为肯定的趋势。在最后一章,我主张更具政治参与性的文化研究形式,这种文化研究作为一种反抗模式,直接介入日常生活。

第九章 对文化研究狂热崇拜的消解

作为肯定/学术文化的文化研究

在上一章中,我讨论了实证主义文化社会学的几种假设,我提出这些假设,将它们和本书讨论的非实证文化研究方法对应起来。虽然我赞成各种非实证的研究方法,但是事与愿违,这些方法却越来越趋向于跟自己原本反对的实证主义方法一样程式化和方法化。遗憾的是,文化研究呈现出一种狂热崇拜之势——无休止地对系列毫无根据的阅读进行自我复制,脱离了整体社会理论和政治实践的框架。从这种意义上来说,文化研究违背了参与马克思主义文化社会学的初衷。当然,情况不尽如此;本书最后一章就着重讨论牢牢根植于政治过程,更为政治化的文化研究形式。我这里说的是文化研究的趋势,而非毫无生气的现实。正是因为我要推进文化研究项目,我才注意到了文化研究某些抵制政治目的的退化特征。

任何像这样纲要式的概述必定会过于简化,粗枝大叶的论述可能会疏忽某些细微差别。但是,在文化研究变成缺少理论与政治联系的纯粹技术性方法的特殊情况下,如果不充分概括,将难于对文化研究进行说明论述。我们在考虑后结构与后现代文化研究方法的共同趋势

第九章 对文化研究狂热崇拜的消解

时,存在着较大的争议,因为这些方法自视为是可以替代实证主义文化研究的重要方法,在英美流行文化分析领域占主导地位。那么,从这种意义上说,我认为文化研究要回归到政治根基上来,如法兰克福学派、伯明翰学派和那些没有深受到致命的、去政治化的后结构主义影响的女性主义文化批评家的工作。

当文化研究失去其政治成分时,它就会变得如马尔库塞(1968年,第88～133页)所针对的肯定性文化一样具有肯定性,马尔库塞认为肯定性文化是批评的毁灭。文化研究者退化的主要原因是他们将文化研究学术化和方法化。当文化研究成为了一门专业,甚至一门学科,有了自己的会议、期刊、明星人物和术语,它也就退化成一种随意可用的方法,无视文化主题赖以产生的历史和政治语境。当文化研究被学者视为一套与众不同的知识和方法体系、既不属于已有学科又不超越已有学科时,文化研究就成为了肯定性的学术活动。将文化研究安营扎寨于大学围墙之内,或对其赋予实用的批评方法,这些努力注定使得文化研究像某些主流的学术学科一样没有政治性。如果将文化研究合法化为可辩护的学术追求,则必将使它失去政治参与必不可少的语境和方法的敏捷性。

批评理论和女性主义理论遭到了同样趋势的威胁。将它们圈于大学校园之内迫使研究者们不得不为了自身的原因而拟出备受推崇的技术程序。学科的专业学者们忙于自我指涉的讨论来使他们共同的事业合法化,而不是去解决真正的实证或政治问题。我不否认在一个并不友好的学术界,传统主义者毫不留情地阻止跨学科和反学科的发展,有时这种自我专业化也是必不可少的。但是,由那些以学科的兴衰命运来衡量自己学术身份的人士提出来的知识自我专业化的危险就是自我孤立。对于努力建立不同机制的新学科,情况更是如此。就文化研究而言,倡导者们感觉到有必要投身到一种学术亚文化中,它既不同于主要学术学科,又与之保持联系。这种需要是主观的:如果不发展自己主题和方法的学术和体制的合法性,就意味着默默无闻,甚至失业。

对学术化本身我并不反对。理论学术化确确实实让我和同仁们得以维持生计。我也没有在这里装纯洁、装高尚。但是,学术化,尤其是文化研究学术化,是要付出代价的,毕竟,文化研究研究的是大众文化,不仅仅只研究在英语和比较文学阐释学科中被经典化的官方文化传统。这种代价就是脱离了流行文化赖以产生的场所,这其中有很多最具说服力和政治关联性的事例。在这里,非实证主义的文化研究趋向于变得跟它想与之决裂的实证的文化社会学一样具肯定性,不再为了霸权和反霸权的可能性来质疑文化作品和实践,而是简单地将文化作品和实践当做手头工作的附属物来研究。换句话说,"为艺术而艺术",文化研究的发展已危及自身的合理地位。这就是我所说的目前文化研究表现出来的肯定的/学术的趋势。

过分自我指涉和方法化的文化研究忘记它存在的目的是为了分析与批判,而不是文化研究本身。很显然,后结构主义名目下文学理论的高度专业化趋向于更加注重理论发展,而不注重运用这些新发明的理论来进行阐释工作(见纽曼,1985年)。我不反对理论复兴,因为没有理论,我们无法像解构主义者一样去逆向阅读文本。但是,具有讽刺意味的是,后结构主义文学理论忽视了自身的文学性,看不见其理论与他们可能质疑的作品的差别。虽然我们必须解构理论与文学的边界,以示理论是一种文学,文学也是一种理论,但是,后结构主义文学理论家为了夸大自己的学术努力而倾向于抹杀这种界限。这是一种微妙的忽视理论与文学差异的帝国主义,用理论完全代替文学,因而失去了文学理论在解构理论/文学双重性和解构文学文本自身赖以发挥作用的实用语境,文本中隐藏着对阶级、性别、种族等的元理论假设。

理论的自我膨胀对理论进行去政治化。德里达派,特别是像保尔·德曼那样的耶鲁学派的美国人,自认为在对主导文学方法论进行有力挑战的过程中具有政治性。但是,这只是文学政治、学术内讧,而非意识形态论争的政治。耶鲁学派批评家抛弃政治,掩盖了本可以进行批评的学术批评与文化作品及实践之间的差异。虽然从作者本质来看,文学理论确实具有文学性,但是它并不全是文学。德里达派经常忽视这一点,相反,在文学无迹可寻的地方他们却将理论视为文学。从某种意义上说,这就给批评赋予了力量,使得批评不仅仅只是价值中立的描述,或者道德上引人向上的文化修养(即利维斯时代的审查批评——

第九章 对文化研究狂热崇拜的消解

英美世界经典文学批评典范)。从另一种意义上说,这使批评者孤芳自赏、自我专注,模糊了批评与文学的非同一性。在英语和比较文学系忙碌的德里达派们就像圣诞节的孩子们一样,对新玩具如此着迷以致看不到嬉戏、玩具和节日之外的世界——因此节日一旦结束、节日气氛一旦消退,他们便对新玩具失去了兴趣。那么,"刻在"电脑光盘上、通过电子邮件传送的《后现代文化》期刊还将存活多久呢?还是说它只是民主文学创作和接受过程——充其量只是后现代主义的一个例子而已呢?

虽然文学后现代主义有退化的趋势,但是政治解构(如赖安,1982年;阿格,1989年a)是继法兰克福学派和波伏娃(1953年)之后对马克思主义和女性主义理论复兴唯一一个最重要的贡献。19世纪缓慢资本主义阶段形成的意识形态批评在20世纪晚期快速资本主义阶段已经没有什么意义了,因为此时的文本与物质事物之间的边界已经逐渐消失,化为了一种虚拟身份。现在意识形态采用了鲍德里亚的模仿形式,而非马克思所揭露的宗教和资产阶级经济理论的直截了当的文本形式,解构有助于我们找到意识形态、解码意识形态、重写意识形态。对马克思来说,他并不需要一种解构方法,因为他能以一种并非讽刺的方式揭露宗教和经济学中明显的意识形态文本:他可以简单明了地指出经验世界里神学和政治经济命题的虚假性。上帝的缺位和劳动合同的不公平可以在《神圣家族》和《资本论》之类的书中体现出来。这并不是说马克思没有解构这些意识形态文本和意识形态背后的物质实践。马克思是解构主义"先驱者",他通过展示资本主义矛盾自我毁灭的力量来揭示资本主义意识形态的困局。然而马克思并没有对他的批评本质进行理论化,这是哈贝马斯(1971年)在《知识与人类利益》中表明的观点,围绕这个轴心,哈贝马斯随后(1984年、1987年b)重建了历史唯物主义。

正如哈贝马斯所说,无论马克思是否需要反思他阅读意识形态文本和给意识形态文本去神秘化的批评方法,但是,我们需要这样做。为了政治阅读,我们需要对阅读理论化,揭开文本价值中立的姿态。当以下情况出现时,这一点变得尤为紧迫:在台式电脑、微型电脑出版和发行技术发展的压力下,老式书本迅速退出市场。我自己的作品,从《社会(本体)学》(Socio[onto]logy)(1989年c)到《快速资本主义》(Fast Capitalism)再到《阅读科学》(Reading Science)和《话语的衰落》(1990),都是以此为导向的。我努力发展一种文本政治观念,这种观念表明后现代女性主义批评理论能够解构性地以马克思不曾预见的方式来处理以服从为内容的意识形态新文本。

我认为文化研究是批评理论形式最为连贯的程式表达,意识形态化文本和物质实践相互交织,难以与模仿区分开来,在二者难以区分的时候,文化研究提供了一个集中的意识形态批判。最佳意义的文化研究对话语和实践进行彻底的政治阅读,找出隐藏的本体论和政治有效性断言来澄清观点,文化研究既质疑这些断言又提出新的断言。这种激进的文化研究方式不仅把文化工业理论化为文学政治经济,而且直接干预文化,以解构性的洞察力使批评与文化的相对不可区分性发挥其最佳的政治优势。

文化研究的最大敌人就是它自身,在有些地方,文化研究敏锐的文本政治洞察力去除了阅读-书写关系的等级观念,因而,在各个社会-性别和政治层面进行去等级化,文化研究让这种敏锐的洞察力成为了失去广泛政治基础的仪式性的阐释符号。如果我们要以灵活的先锋主义术语对"广泛的政治"进行定义的话,这种语言就会有日丹诺夫主义的危险。我不想对文化研究项目进行严格定义,只想说我们需要将人们从生产和再生产领域的统治中解放出来,我们需要将自然从技术社会的痛苦中解放出来。我们的敌人是资本主义、性别歧视和种族主义,这已成为陈词滥调;像其他陈词滥调一样,它的确没错,但是如果我们想要用我们的观念去指导真正知识性和政治性的工作,而不只是分析的替代品,我们就必须超越这种刻板而有规定答案的教义去思考问题。虽然我的文化研究无疑是马克思主义和女性主义的,但是,如今要成为马克思主义者和女性主义者也是轻而易举的事情,教条的马克思主义和女性主义多如牛毛,他们仅仅根据从属关系问题来断定真理。在知识和政治上对传统观念的攻击不应该裁定为失控的背叛。马克思主义和女性主义内部批评家反对将马克思主义和女性主义关于政治和知识

第九章 对文化研究狂热崇拜的消解

正确性的假设仪式化,对他们的意见我们必须认真聆听。

要成为马克思主义和女性主义者就要根据不断变化的历史环境和理论修正主义的内在需求来对马克思主义和女性主义提出质疑。真正的信徒无处不在,而非仅仅只存在于左派之中(见霍弗,1966年)。左派的右翼(布雷尼斯,1985年)和左派没什么两样。从某种意义上说,左派非常自以为是,仅仅通过口号和妄自尊大的方式把政治功效内化。左派必须解构式地生存,因为它必须对自己的假设、话语与实践进行不断的质疑,唯有这样,左派由生活世界的实践,包括学术实践,所组成的全部内容才不会变成潜在的专制教条。正是在这个意义上,解构作为政治理论发挥着强有力的作用,将分歧、变异和疏远都控制在对各种可能事业的情感和政治奉献之中。像梅洛·庞蒂的存在-现象学马克思主义一样,解构教人们如何谦逊。左派需要意识到自己也可能犯错误,和解构主义者一样,他们都需要政治信奉,结果他们的反讽也成不了政治理论——犬儒主义。正如尼采的例子所表明的一样(华伦,1988年),反讽、典故和犬儒主义一样都不构成进步的政治理论。虽然尼采仍然是启蒙时期最杰出的批评家,但他的非理性主义胜过了他对启蒙积极思想的批评,当时,启蒙的积极思想本可以为像霍克海默和阿多诺一样的马克思主义尼采派的批评社会理论提供基础的。

文化研究之所以重要是因为通过它我们可以更好地理解去政治化工作的过程,甚至将这些领悟应用到我们的学术工作中去。整体说来,文化批评的去政治化与哈贝马斯(1975年)在他的《合法化危机》中的去政治化相似,而且还极大地巩固了哈贝马斯的去政治化。现在政治场所用来代理那些绝不会挑战国家和资本、政体和父权制之间联系的特殊利益。虽然正如哈贝马斯所言,国家仍然需要政治舞台,以确保民主合法化充分发挥作用,但是和由文化工业和消费主义生产出来的广泛的合法性产品相比,选举政治所产生的合法性相对而言就没那么重要了。在美国,现在只要人们汽车里还有汽油,能够开去购物商场,去购买他们心满意足的模仿商品,他们就愿意忍受各种政治上的唯利是图,比如水门事件和美国储蓄贷款丑闻。一旦涉及维护精英们极度歪曲的社会和经济制度流行的合法化时,就难以高估由文化工业所带来的制度支撑结果。确实,文化工业的主要使命之一就是消除对有钱人和有权人的仇恨,为了做到这一点,文化工业把名人变成文本,模仿名人,如唐纳·川普、李·艾柯卡、里根、乔丹、杰克逊、查尔斯王子和戴安娜王妃,让我们有可能等同于他们,而又能看到我们与他们的(绩效化)差异。

批评性的文化研究认为将名人搬上屏幕是在等级社会里生产合法性的一种方式。而墨守成规的文化研究则失去了解构的政治利器,只是增添了对这些媒介的阅读,他们愿意将此当成任何别的文化文本和实践一样来对待。这两种文化研究的结果都是解构式阅读,这些阅读表明模仿巧妙地隐藏了其作者身份,把现实表述为不容置疑的自然的一部分,肯定的文化研究不关涉文本,而分析使用这些文本进行权力渗透的政治语境。福柯在这方面是个杰出人物,因为我们可以从两个相反的方向来阅读他:一方面他是把文本置于政治语境中的政治化文化研究作者;另一方面他又是更为肯定的文化研究代表,他没有质疑权力的差异,来建议对权力进行废除或民主化。福柯认为权力无所不在,在这方面他反对马克思主义。阅读福柯对判断某人的文化研究轨迹至关重要。那些学习福柯对话语和实践,如监狱和性欲,进行考古阅读的人士认为福柯的政治理论不具批判性,远远落伍于马克思主义;而那些既接受福柯特定的阅读实例,又接受他政治理论的人则把福柯当成深刻的后马克思主义者,他们认为与福柯相比,甚至最为深邃的新马克思主义者也简直是生活在石器时代。

福柯已成为最近文化研究论争中的一位中心人物(如弗雷泽,1989年;波斯特,1989年、1990年)。有人认为虽然福柯的文化阅读还不足以发展成为一种普遍的批评社会理论(哈贝马斯[1984年、1987b]交际理论的普遍性),但还是极富成效,他们认为根据批评理论、后结构主义、后现代主义和女性主义来定位福柯有着重大意义。尽管这一问题价值不大,我还是倾向于将福柯当成一位后现代主义者,而非后结构主义者,评价他的文化阅读和政治理论的关系则更为重要。应该根据涌现出来的关于福柯的学术研究(见杜斯,1984年、1987年)来阅读哈贝马斯(1981年a)对后结构主义和后现代主义所做出的反应。我在很多方面都完全同意哈贝马斯对他所称的现代性和后现代性的哲学话语的反思,在他1987年的书(1987年a)和1981年(1981年a)的文章中都攻击后现代主义是某种新保守主义。

将福柯当成是最具象征性和创造性的后现代文化读者,部分原因是他的后现代主义像德里达的后结构主义一样,在政治上都不够理论化。人们必须对福柯的书写大胆加以增添和篡改才能捕获到连贯的历史哲学和政治理论。这是目前许多非实证文化研究存在的问题,它们技术性太强,且自我封闭,以至于难以对自己进行政治解构。在这方面,拉康的女性主义令人奇怪地将政治排除在阅读之外,对读者虔诚的立场想当然,认为没有必要进一步说明政治含义。这一点令那些想将女性主义理论朝着批评社会理论方向发展的人们极其失望,他们不愿意局限于用解构方法来处理妇女文本和关涉妇女的文本。

解构解构

解构主义和解构阐释方法是理论领域的万能牌,它既可以用来将某人的文化阅读激进化,从而把文化阅读直接植入到日常反抗和组织过程中,它也可以用来提升文化分析家和理论家的文化资本,他们自称拥有天生的方法论和概念体系。我们完全可以从政治或方法论两个方面来阅读德里达,因为他并不倾向于将自己的批评活动理论化,因而他的解构更多的是方法论上的解构,而不是理论上的解构。据说德里达准备了《政治德里达》(*The Politica Derrida*)一书来回应别人对他抛弃政治的指控。德里达声称自己坚持了马克思主义,但我们并不清楚马克思主义是如何影响他的解构工作的。文化研究的前景很大程度上取决于悬而未决的解构政治的地位。

这一问题不能在文学理论本身的范围内得到解决,将自己定位为解构者就决定了自我复制性的技术阅读方向的解构政治问题得在政治语境之外来处理。在解构置身于现有的理论和学科传统的地方(如阿格,1989年c),解构似乎是最具政治性的,长期以来,这些理论学科传统一直在自我保护,免受解构性的自我审查。从这种意义上说,解构等于理论上和方法论上的自我意识——书写上的自我反思,既倾听自己的书写在书写,又倾听别人的书写在书写。这就是我倡议的文化研究的意义:文化研究把包含某些政治、观点和价值的文化作品和文化实践作为文化建构重新作者化。解构给这种文化研究提供一种相反的工作方法,从客观化的文化客体或实践到隐藏其中的建构性活动来揭示作者的政治明晰度。

没有文化分析者的解构投入,就不可能将广告阅读成规范政治理论和实证社会科学的有力宣言。同样也难以从科学中去理解文学意向性,或者将电视和电影本身看成劝告性和压制性文本。表述需要再述为具有内在政治性的建构性活动、挑战文化作品和实践本身暗示的传统阅读。解构性文化研究重新构建文化,模糊文化文本与语境的边界。

比如说,一个文化解构者不是根据主流电视所暗示的从节奏和视角方面来阅读电视(顺应商业广告、顺应普通读者的注意范围,因而进行复制),而是以瓦解电视本身的电视视觉化方式来阅读电视。毕竟,电视教会了我们如何看电视,电视根据自我框定的阅读脚本来上演节目(节奏、情节、试映等)。关于电视的节目和文本暗示着某种规范阅读(电视指南、电视秀、电视批评等等)。

我们需要学习如何看电视、如何看电影、如何阅读商业小说,这一想法好像很怪异。但是,我们还没有步入童年就已经明白电子媒体的奇妙,也明白我们将会怎样与之密切相关。流行文化教给我们它自身的阐释规则,这一规则既为我们构造了文化,也为我们构造了世界。流行文化通过教唆我们怎样阅读文化,通过阻止有碍文化自我复制的阅读方式来保护自己的霸权地位。文化解构帮助我们逆向阅读文化本身表示的规范文化接受。文化解构通过发掘深埋在定型的、光鲜的文本表面下的作者主体来瓦解文化作品的同步性和一维性。从这种意义上说,文化解构还原了文化的本来面目,文化的本来面目在编辑、导演和生产姿态中得到大大升华,这个姿态使得文化远离建构活动,这些建构活动组成了确定的审美选择。

如果要看到电视对观众的潜在影响,除了瓦解人们接受电视影响的常规方法之外,别无他法。这种瓦解方法来自文化阅读,文化阅读传授人们看电视、看电影和读小说的新方法。文化解构不仅仅是另一种客体化的实践,和文化作品与实践一样都去作者化,它还进行解构性质疑。在文化解构提醒自身建构性政治本质的地方,在文化解构提醒自身存在于关注文化批评的人们的生活世界的地方,文化解构进行着自我解构。毕竟,文化研究有自己的受众,它不只是针对阅读文化研究期刊和为之撰稿的学者。虽然很难想象人们能够理解《暗室》和《文化批评》的措辞,但是,还是有可能发展一种一般文化消费者能理解的文化批评话语,从而能够有助于快速资本主义时期表述接受(reception of representation)的转型。在结论章里,我认为表述接受的转型是激进化的文化研究的主要目的之一。

不幸的是,解构方法论者并没有对表述接受进行改变,因为他们的读者不是深受大众文化影响的群体;他们为自己而写作,既为了填充他们的学术履历(见阿格,1990年,尤其是第六章),又为了使文化理论在大学校园里合法化。虽然左派学者必须著书立说以让自己立于不败之地,虽然让非实证和非经典的文化批评模式在学院里合法化很重要,但是这些目标都还不够。文化研究必须为那些目光受到文化工业调节,并由此按照别人为他们改编的日常存在而生活的人写作;文化研究必须为那些可与之联系起来的文化英雄写作。文化研究必须追求服务公众,否则,就不能说这种理论具有政治影响或政治关联性。

这就要提出政治透明和政治模糊的问题,任何做文化理论的人都以各种方式接触过这个问题。在实证主义文化中,所有"困难的"写作都被抨击为特权知识分子保护自我特权的装腔作势。阿多诺(1974年a)自己就为模糊辩护,指出模糊世界需要隐喻的、辩证的质疑。确实,困难在于解放思想,思想的解放挑战着人们舒适的思维惯性,这种思维惯性让人们习惯接受所有人类经验的一元化。在某种程度上,文化工业的存在教育人们对社会世界进行简单理解(比如,电视情节剧,它把复杂的问题简化成了半个小时的匆匆叙事,其间还不断穿插商业广告)。为了不危及占统治地位的日常生活,于是,愚昧借助文化在社会上出现了。

在可证实性方面,英美分析哲学重视简洁明了,那些不可估量和检验的抽象概念是不可信的。很显然,批评理论必须拒绝复杂和荒谬混杂一团的东西。同时,从大众文化所针对的受众的观点以及批判性的文化理论不屈不饶地捍卫着的利益来看,批评理论必须认识到自身成问题的晦涩模糊。理论必须避免与大众的断然隔离和自我孤立,以免失去参与自我意识提升和共识形成的机会。可笑的是,公共领域崩溃的理论经常用行话来说明,而这些行话则进一步侵蚀了公共话语。

光说理论必须书写得简单明了并不够。正如马尔库塞(1964年)所说,在话语空间几乎被关闭,词语被剥夺了批评意义,词不达意的地方,要做到简单明了非常困难。在文化意义很大程度上由文化霸权来决定的地方,平实的话语就变得模糊不清。有时候,最透明的语言却是处理世界面临着的复杂问题的语言。批评理论家不能简单发明一种由新词组成的新语言。他们必须墨守成规地利用词语的传统用法,通过表明语言在哪些地方有助于解放,哪些地方又阻碍了解放,来使语言自相矛盾。清晰和含混都不是充分的政治姿态。它们注定要混杂在那些试图解构自身话语和别的话语的话语中。这一切,既非以语言为中心,也非超越于语言之上,而是要通过语言才能实现。

我认为解构并非为人民书写,解构相信,因为集体无意识,为人民书写的想法是天真的。法兰克福学派理论家极力主张我们应该朝着公共话语的方向来阐明清晰和含混的逻辑,在我们理想话语实践中预示性地创立民主政治。诚然,哈贝马斯处处破坏了这种民主,他的问题不只是简单的文学不幸,而是对流行文化更根深蒂固地厌恶,这种厌恶使得他不可能预先考虑自己的接受问题。人们好奇的是,哈贝马斯是否料到过很多人分享他对欧洲哲学、社会理论和高雅文化的百科全书式的理解;人们好奇的是,他是否想过自己还生活在自己的世界里,因为疏于"记录",少有人能与之对话。至少哈贝马斯意识到了批评理论的中心问题是要建立一种比德里达的解构内容更为丰富的交往政治理论。

德里达受限于他自己提出来的响当当的"没有外在的文本"(the text has no outside),这一观点阻碍了他建立一种文本政治理论,这种

第九章 对文化研究狂热崇拜的消解

理论本可以很好地利用他对不确定性的解构性见解。然而,德里达却把自己置于一个纯粹的文本性世界,虽然他和德里达派人士都反对这种特征化。当然,他的全部作品并没有指出要参与到对一般社会理论的重要问题中来。相反,他的工作却是由无数别的作家参与而构成的,德里达对这些作家的阅读既戏谑又严肃,但是在政治批评和论争方面却没有阐释方向。德里达本身就是有待他的追随者来书写的文本,追随者们疯狂地想要篡改德里达的著作和论文的意义,以期找到一条能贯穿他所有作品的意义连贯线索。对他们来说,法兰克福学派理论家是极度系统表述的典范。追随者们专心致志,以难以捉摸的意义来填补他们的英雄留下的症候性的沉默空白。

解构近乎个人语言,因为它并没有超越统领其阅读的文本。传统客观主义批评致力于未终结文本的意义,竭力仿效文本的观点,而解构性批评随意对待文本,以至于产生不了逆向阅读。巴特和德里达非常戏谑地使用语言,在滔滔不绝的阐述潮流中,他们并没有减轻其他文本的模糊度。他们选取了一些文本来作为挑战再阐释的目标,但是他们却没有建立一种系统批评话语来与这些文本匹配。解构者似乎拒绝逐行阅读,或者没能力逐行阅读,而逐行阅读是不会消失在无休止的无聊愚蠢中的,实证主义者对解构者貌似的拒绝和无能抱着幸灾乐祸的态度。我担心这不是一个变化无常的问题,更多的是解构方法本身带来的结果,解构方法将所有书写的疑难本质变成单调的普遍命运和语言牢笼。当然,有些书写比别的书写难度要少(或多)些,因此也就具有可解构性。批评文本的戏谑(巴特,1975年)好像不同于未完结文本的偶然性和语境,因而表明当批评面临着已经自我解构的文本时,它可以抵抗它自己蒙昧主义的诱惑。

清晰和含混的难题可以通过形成一种新的写作方式来解决,这种写作方式受阅读的解构观念制约。解构者盲目迷恋枯燥的、非理论和非政治的德里达分析,因为他们把解构完全当成是一种批评和阐释实践,而不是把它当成一种更为实证的撰写文本和改变社会的方法。然而解构性的阅读暗示着解构性的书写,这种写作承认自己内在的不确定性,因而不压制作者欲望和差异/延异的潜文本。解构性书写体现以下三个相互关联的原则：

1. 解构性书写从潜文本深层发掘出其关于世界本质的基本假设。解构性书写不压制充满激情的、引起争议的和富有观点的作者身份。实际上，作者身份的蛛丝马迹被颂扬为民主的不可确定性的庆典。在激进文化研究个案中，这可能意味着文化批评家意识到了他们的批评文本尽管各有差异，但是在整个文化领域却具有建构性。虽然解构文化研究揭穿了实证客观主义的虚伪性，但是在解构性阅读内部却存在着这样一种严重的趋势，为了纯粹技术性和文本内批评的兴趣而压制作者身份。但是，正如德里达和克里斯蒂娃所理解的那样，所有的书写都有互文性。同样，所有的书写也具有政治性，即便书写声称自己是无预设的表述，对于世界而言只是一番言语，但还是在改变这个世界。

对文化研究而言，承认作者身份并不是在哀叹客观性的丧失。正如胡塞尔（1977年）所说，没有客观性，只有有意建构的客体，所谓的客观性与作者主观性的组合根本不是什么组合，而是对所有书写建构本质的承认。像我在前面章节里论述真假需求一样，文化研究对文化话题不可避免地要表明立场。要书写做到无预设是不可能的，因为每一种阅读都深受客体的影响，也深受构成文学行为的政治和欲望语境的影响。解构性作家没有自称无预设，但是却以一种承认书写的不可避免的视角性和不可确定性的方式来书写。甚至解构者书写的批评性文本和未终结的文化作品与实践一样，都包含了同样的不可确定性。包括德里达的文本在内，每一个文本都有其困局。迄今为止，这一点应该很明了：解构同样适用于自身，既改变解构性阅读的本质，也改变解构性书写的本质。当然，对解构者来说，阅读与书写在辩证上密不可分，相辅相成。

2. 解构性书写不仅在观念要求上承认自己政治的、本体论的和存在主义的根基，而且还认为这种根基有可能引起社会和文化变革。每个文本都试图改变世界，科学和科幻小说、批评和批评研究的作品一样都试图改变世界。认为解构者对文本有客观主义兴趣则曲解了他们的真实意图：他们想通过阅读和书写文化来改变文化。从这种意义上说，每一解构性的书写都体现了对某种事态的支持和拥护。既使这种支持

第九章 对文化研究狂热崇拜的消解

和拥护受到去作者化文本姿态的强烈压制,比如说在科学领域,但是,通过解构性的阅读,还是能甄别出来的,解构性阅读揭示了由文本游戏和活动组成的完美书写的偶然性。

甚至科学也认为科学本身非历史的描述进一步固守了科学表述世界的领地。因果关系的文本,更为准确地说是实证主义的政治贡献,使得所谓的因果关系势头越来越足。法兰克福理论家明白实证主义是晚期资本主义意识形态的主要模式,在某种意义上,实证主义以一种无预设的姿态取代了更为实质性的宗教和经济理论断言。我想通过对科学的后结构主义阅读来推进法兰克福学派的实证主义批评,对科学的后结构主义阅读将科学文本的人种学建构表现为显著的文学实践,这种文学实践营造了我所说的科学氛围(science aura)(见阿格,1989 年 b;也见诺尔·塞蒂纳,1981 年)。

从这种意义上说,文学批评与科学并没有什么不同。解构性文化批评愿意称颂自己的视角性和对作者兴趣的坦然承认。如同对待所有主体性一样,德里达派对作者主体去中心。他们认为主体由语言来定位,语言描述了一个铁笼,作家们身在其中,几乎无法动弹。但是,一旦将他们与自身去中心的作者主体性描述分隔开来,他们就自相矛盾,毕竟,他们的文本充满了文学游戏和视角。虽然后结构主义者剥夺了主体性的特权,但是他们这样做的时候却又很主观,他们建构了自己的解构,但又为了别人而消除解构。结果,派生出来的德里达派、拉康派和巴特派很少再现新颖书写的轻松活泼,而是徒劳地企图从这几个创始人冗长的实例中找到一种阐释规则。德里达派的唯一人物就是德里达,但是如果认真对待德里达充满激情的不可确定性的实例,还是能有不少解构性的书写。

就积极提倡不可确定的基本假设、观点和价值而言,要理解从德里达到德里达派在修辞和本质上的消退,就必须对德里达主义(如拉蒙特,1987 年)的体系化进行社会语言学研究。这并不是说,德里达像法兰克福理论家或伯明翰现代文化研究中心的新马克主义者一样,是一位社会批评家;而是说,他用倡导潜文本的方式来书写,潜文本可以理解为存在于所有书写中的必然歧义,这些书写渴望拥有观点不同的读者群,然而却事与愿违。但是派生出来的德里达派,如耶鲁学派一样,阅读德里达只是为了寻求方法,而失去了德里达戏谑的、必不可少的文学干预的可能性。肯定存在着关于德里达阅读的研究,但这些研究不足以证明他们与德里达的实证主义表述批评之间的联系。相反,他们无意创造了一种新的客观主义,尽管不是以一种无预设的方式,却让他们自己的声音屈从于他们自己的书写所表述的文本主导声音。

判断这个问题的最好方法是比较德里达(如1976年)、德里达派(德曼,1979年、1984年、1986年;见费什,1980年、1989年)和客观主义细读读者的文本阅读。德里达是最充满活力的,受实证主义表述阻碍最小的人。他与自己的研究对象(某些西方哲学家)保持着足够的距离,以发出自己的声音。但是派生出来的德里达派,如客观主义细读读者,过分注重文本,而看不到赋予文本丰富意义的社会、历史和存在的更大语境。他们的阅读机械而呆板,抹杀了读者的声音,因此读者受到阻碍,不能成为作者,不能成为理想话语情景中的会话参与者。结果,经德里达派和实证主义者阅读的文本毫无生气,仍停留在书本的层面,在互文性和民主参与中毫无起色。读者被文本本身吸引,无法与文本保持足够的距离,而距离会给我们对文本进行回应必不可少的视角。

在德里达所讨论的话题中,他坚持也获得了某种非同一性,从而能够发出自己的声音。他不接受客观主义的细读,因为不想让读者以这种方式来阅读他。德里达以这样的方式写作:不知道所有的答案,缺乏阐释规则来解决在阅读其他人的作品中遇到的含混问题,但依然会觉得舒适自在。正因为如此,他能够以丰富的实例来挑战别人对涂鸦之作的理解。很多专业学术读者是文学懦夫,当涉及通过阅读别人的作品来阐发自己观点的时候,他们往往由别人牵着鼻子走,而德里达并非如此。阐释变成了一种强迫症,其中,我们让批评失去了理解、接受,甚至颂扬和对手头文本的建构价值。德里达明白他是卢梭作品的原初读者。虽然以前有人阅读过卢梭,但是德里达对卢梭的解构可以说是新颖的。确切地说,德里达对卢梭的理解是与众不同的。意识到了这一点,德里达没有回避阐释任务,而是利用这个机会理解自己(也理解卢梭)。这是出类拔萃的解构书写:它意识到怎样将阅读当成一种书写手段,而不是以散漫的方式所进行的书写。这种书写通过他者意义促进自身意义的发展。此种书写问心无愧,拒绝让自身从属于所谓的原创作品,但是和原创比起来,这种书写通常被人看做是派生的或低劣的文本作品。

在恰当解构框架之内的文化研究会意识到自身对文化的审美贡献和政治贡献。文化研究在接受书写的不可确定性的同时,也面临并接受自身的不可确定性。在有些方面,解构者暗自心怀客观主义理想,希望揭示出一个真正的卢梭和一个真正的麦尔维尔,但他们却因为不可确定性而深感失望。解构沦落为一种技术方法论,看不到更广阔的历史和政治语境,解构认为在这样的语境里不可能有确定的阅读和确定的书写。这并不是说每一样值得书写的东西在之前都已经书写过了,而是说在大量的解构歧义中创造文化完全是一种徒劳:如果我们分不清书页上的白纸黑字,或者平淡无奇的电视电影,那我们书写还有什么用呢?对于这个问题,非政治的、冷漠的、学术的解构给予的答案是"没有"。对于德里达而言,他表明了作为读者的方式,作为读者就要不以自己的视角性为耻,只有这样才有能力去书写。如我在结论章中所探讨的一样,只有这样才能使文化批评具有有价值的政治性,去除编码在文化文本和实践中的意识形态的神秘性就是至关重要的抵制和转型活动。

3. 最后,解构书写因意识到自身不可确定的修正性,继而引发和促进其他书写。解构书写借书写来实现这一点,解构人士认为似乎所有的书写都需要修正,都拥有一种解构伦理:故事都是不完结的。作者需要有异乎寻常的文学自信来认识自己书写的局限,从而引发反应,开展对话。过分客观主义的书写意欲拥有决定话语,即便作者暗中意识到此举其实甚为愚蠢。体现在科学书写中的被动语态是文学客观主义的标志,某种文学规范要求作者们在消除争端的困难任务面前不得退却。不幸的是,这种规范也阻碍了自信的谦虚的形成,这种谦虚有利于解构性书写接纳他人进入互文共享区。

回到我之前所举的例子,德里达当然明白人们能够并且愿意对卢梭进行不同的阅读。他用故意挑衅的方式来书写卢梭,挑战其他卢梭的读者们来把握各自最好的机会。这绝不是一个有胆量的最佳文学策略(见费什,1980年),而是一种建立卢梭话语共享区的方法,在这个话语区域里,民主地分配对话机会,人们就卢梭全部作品达成共识,即使解构者们明白这样做是徒劳的。解构模式的书写对每一种文学形式的内在互文性产生作用。由此,书写有益于人文对话,从而有益于创立民主(奥克肖特,1962年;奥尼尔,1974年)。

解构书写的实践意义在于书写以一种引发别的文本形式的方法来展示自身,解构书写文本明确体现了一个这样的认识:文本没有终结意义。这就是一个文学态度问题。当一个人在阅读同时体现戏谑的自我意识与谦虚的作品时,他就认识到了真正的解构书写。尤其是这种书写应该将移情与反讽结合起来——实现对人的阅读,同时也认识到人们必须陈述自己的观点,即使有可能遭到误解或反对。

在文化研究时,文学移情与反讽的结合至关重要。非政治的德里达派和客观主义细读读者的技术方法令人沮丧,他们似乎不在乎那些对他们互文性活动好奇的读者们如何聆听他们。他们并不指望别人接受他们,因为他们不在意去发起讨论、建立社区,甚至社会变化。相反,他们自认为对文化作品和实践的表述性阅读与科学一样具有不容置疑性。对《雾都孤儿》极具解构性的阅读试图为作品得出定论,并对来自不同阅读的强大威胁冷漠以待。实证主义细读认为读者可以准确理解作品的明确含义,并且可以作为文化提升经典的重要部分而长留于世,这一点让实证主义细读臭名昭著。从这种意义上来说,德里达主义也许就是秘密的实证主义。

这些文化阅读方式不想发起争议而是想结束争议。他们想要独白,而不是对话;他们想要等级,而非共享;他们制造的是问题,而不是解决方案。他们巩固了专家文化的文化霸权。有可能存在一种这样的文化研究,不与日常生活分离,而是就处在日常生活之中,试图在文化研究进程中来改变日常生活。更为肯定的文化研究满足于让文化研究学术化,为了大学的存在而积累专业知识、引证材料和其他各种各样的敬称。有着这种兴趣的人士所开展的文化研究不可能以引发竞争的方式来阅读文化作品和文化实践。这一点在以不可确定性为生的解构批评家身上尤为可笑。具有讽刺意味的是,他们意识不到自己的行话因为存在难点和盲点而需要受到质疑,需要以不同的方式去实践。对于任何一个德里达主义者来说,哪怕用尽德里达对文学分析解构方法的所有领悟,也不可能生产出卓越和永恒的阅读来与严格的、科学的不容置疑性相抗衡。

在最后的分析中,与解构文化批评相对应的是顽固不化的新批评和主流实证交际研究的技术程式化,而现在解构文化批评却有朝着这种方向发展的趋势,对此,解构文化批评必须好好自审。不断出现的两个相反的极端却有着相同的理由:都具有表述性,都致力于在文化和语言之外生产文化阅读。但是,德里达的每一次书写和宝琳·凯尔、希尔顿·克莱默的书写一样,都受到文化可能的、易错的历史性和日常性的影响。没有人能够站在文化之外去理解文化,在文化之外理解文化是所有阿基米德者的致命错误。相反,文化阅读本身就是文化,激励着新的阅读和共享。人们不要指望解构者把自己武装成超验的主体,因为解构作为一种理性策略挑战所有非反思的主体性。但是,很多解构批评进行超验阅读,好像批评者的声音在所讨论作品的整个分析过程中毫不相干。正如德里达所说,每一次阅读都是一次书写,这种书写强烈干预它自身所归属的文化领域。

对解构的解构方式也回应了某种读者兴趣。我们阅读文化批评不仅仅是为了使用或解码目前的书本、节目、电影和图画。正如我前面所说,我们阅读文化批评还是为了了解批评家,在这些批评家身上,我们作为品味和审美评判的仲裁人,投入了不少精力和时间。这个问题如同我们制定娱乐预算一样实用。在这种情况下,我们需要可以信赖的批评家,需要批评家和我们享有相同品味,因而几乎不会误导我们怎样娱乐。这个问题也与从文化批评中获得广泛的社会洞察力同样重要,文化批评大胆接受自己的理论性、历史性以及视角性。这种批评往往把作品和实践置于语境中,让阅读充满了对社会理论和社会批评的考虑,而不仅仅是客观主义的评价或分析。即使所有的社会都不是文本,但每一个文本就是一个社会(维特根斯坦,1953年;海姆斯,1974年)。

如果要理解文本就必须了解文本所处的社会，了解文本的政治、经济、性别和种族语境。这不是简单的还原论，而是我在第三章讨论的马克思主义批评的目的，正是一种对文化与文本、一般与个别新陈代谢的辩证思考将共同经验共性的影响赋予了特定的审美姿态。理解文化文本没有捷径可走，即便有，也不可能绕开社会文本。虽然我在本章中对比了"好"、"坏"两种德里达主义，但是即使德里达本人也有欠妥之处，他把文本的范围扩展得太宽了。"所有文本都是社会"（权力借此进行交易）与"不是所有社会都是文本"这两种说法的区别在于物质社会世界由非文本性的元素组成，哪怕文本性已从传统的书籍或书写中广泛地扩散到了包括金钱、科学、知识体系和数据在内的话语/实践中。德里达不是十足的唯物主义者，尽管我解构性地认识到这样说不公平地利用了唯物与唯心之间内在问题的断层线，尤其是在文本很重要的今天，因为文本成为了重要事情，如权力屏幕（卢克，1989年）。德里达比起那些德里达的追随者而言要出色得多，德里达追随者错误地从德里达这里寻找方法，忽视了德里达本人对某些文明领域内的思想家和实践进行干预不可还原性的原初本质。但是这并没有忽视德里达对系统批评社会理论的反感，这种反感能够帮助德里达更好地处理文本的语境。这就是为什么在我的大部分研究中，尤其是涉及想象文化分析的时候（如马尔库塞，1964年；霍克海默和阿多诺，1972年），我努力以法兰克福学派更为结构的理论来丰富德里达派的后结构主义。

我并不想建议文化研究应该回归到德里达，甚至到阿多诺那里去寻找答案。伯明翰学派已经表明我们必须从当下特定的社会和政治的急切需要来发展文化批评。即使理论与这些阅读实践密切相关（我想将之称为表述接受的转型），但是理论必须在特定的经验语境中得到锻造，在语境中理论命题受到抵制和解放实践要求的检验。换一种说法也行，我说检验理论命题，并不是要求实证主义的假设检验，而是与之相距甚远。我要表达的意思是：生活世界之外没有理论，唯有在生活世界里才能形成各种观点，这些观点是政治斗争社会经验必不可少的一部分。

没有称之为理论的知识和文本体系远离实证经验和社会实践研究

模式。对于理论来说,比如说文化理论,如果与外界隔离,把自己限制在纯学术领域,就必定会脱离政治相关性,在误将理论当成是高端知识分子的具体作品的情况下,如德里达,实际上他们的作品不具有系统的社会——理论本质,这一问题就尤为突出。解构反对英雄崇拜和知识分子名人崇拜;解构基本上就是民主化;解构经常被人等同于那些自视过高的特定的解构者了无生气的作品。在这一点上,我们可以引用德里达、福柯、伊利格瑞和詹姆逊的例子。他们的追随者比他们更应受到责备,因为追随者们错误地相信他们可以将这些非凡的例子方法化成脱离语境的方法,随意用在对文化文本和实践的阐释中。这样做与解构精神可能相距十万八千里了。

后现代主义与意识形态终结

在本章,我反对将解构主义盲目崇拜为一种纯粹的技术方法来阅读文化文本。虽然自我解构愿意放弃客观主义批评不容变通的阐释确定性,在此,我还是以解构来对抗解构。在本章的最后这一小节里,我想谈谈文化研究解构崇拜的另一方面,它与对德里达批评作品的方法化关系不大,但是与后现代主义时尚密切相关。在第六章里,我已经区分了肯定的后现代主义和批判的后现代主义。我认为利奥塔(1984年)的后现代主义仅仅是重复了丹尼尔·贝尔(1960年)早期意识形态终结论,作为一种权力欲被人用来诋毁马克思主义。我极力主张一种更具批判性的、辩证的后现代主义,它作为一种综合社会理论而起作用,从而有助于我们处理一系列马克思和马克思主义没预见到或解决得不充分的问题(比如鲍德里亚的模仿分析)。我建立了一种后现代批评理论,在重要方面,这种理论以霍克海默和阿多诺的启蒙批评为基础,以对方法化的科学主义和实证主义的反叛为基础。批判的后现代主义(比如胡伊森、阿罗诺维茨、凯尔纳、阿格)在文化研究方法上能够为法兰克福文化工业论点提供基础,这些都得归功于如福柯这样的思想家。特别是,用哈贝马斯(1984年、1987年b)的话说,这种后现代主义不讨论对现代性项目的废除,而讨论现代性项目的实现:后现代性成为了马克思所称的史前——持久而流血的统治过渡期的终结。

即使我意识到自己与现代主义和女性主义批评理论联系紧密,但是我警告大家不要对后现代主义抱太大的热忱。后现代主义在确立方式上就完全忽视了公共领域的社会问题,以大量的商品和商品化的流行文化来解决后现代忧虑。那些特别关注大规模社会结构转型的人士必须拒绝风行于雅皮士街头的后现代主义。在快速资本主义时期,文化和知识潮流昙花一现,后现代主义热潮也包括在其中。不幸的是,如今,风行于世的后现代主义阻碍了激进文化研究的再生。接下来,我将讨论文化工业自身后现代主义的各种形式。正如我所总结的,后现代主义与激进的尼采所有价值重估(它与马克思后来所称的意识形态批评合二为一)相去甚远。肯定的后现代主义不是对意识形态进行批评,而是在蹩脚地庆祝意识形态的终结,因此加速了意识形态的终结。

后现代主义以最热门的文化和学术潮流为中心。人文学科和社会科学领域的人士就后现代主义发表论文、著书立作、组织会议和讨论。后现代已成为了一种小型家庭手工业,它让沉闷的后左派学者有新的事情可做、有新的东西可读。虽然在第六章我提到过,就更为理论的后现代主义而言,要说的还有很多,这种后现代主义严肃参与到社会理论和社会变革的世界历史问题中,但是这里我关注作为意识形态的后现代主义,或更为准确地说,关注作为意识形态终结的后现代主义,后现代主义意欲如此。尽管我顺便提及他们,这里我主要讲的不是鲍德里亚(1983年)、利奥塔(1984年)和福柯(1976年、1977年、1980年)的现代主义,而是美国文化建设和文化工业的后现代主义——也就是我所称的《纽约时报》后现代主义(见吉特林,1988年)。这一总结性的讨论是对《纽约时报》后现代主义时尚与潮流所做的政治引论。虽然人们可以把某些后现代眼光和法兰克福学派、新马克思主义和女性主义的政治和理论议程合二为一,但是我还是对《纽约时报》的后现代主义不以为然。我越来越确信后现代主义的主流话语,如前苏联改革和新马克思主义话语,是对左派最新、最时尚的攻击。这里我指出了后现代主义的一些方法,这些方法不仅使后现代主义忽视了社会问题,而且使它

第九章 对文化研究狂热崇拜的消解

自身也成了问题。

很可能有人认为我的批评是对偏离了马克思、列宁主义的异端欧洲理论的攻击。但是我们不能受简单二分法的限制来迫使我们在马克思主义与后现代主义中做选择。我们能够（也必须）建立一种真正能把批评眼光用到新社会运动中去的马克思后现代主义和后现代马克思主义。阿罗诺威茨（1990年）、胡伊森（1986年）、凯尔纳（贝斯特和凯尔纳，1991年）、詹姆逊（1981年）、卢克（1989年）、弗雷泽（1989）和我都提供了一些这种结合的例子。在此，我反对建立一种后现代主义形式来证明无批判力的现代主义与长期资产阶级社会思想之间的类同。学术狂热，特别是大吹大擂的后现代主义，必须予以抵制和揭露。这并不排除对后现代话语的严肃参与，后现代话语依然是最令人兴奋的理论挑战之一。后现代话语的参与不代表对大学和一般主流文化所进行的后现代主义研究予以称颂。像对待所有的溢美之词一样，对这种称颂，我们同样要持怀疑态度，尤其是要从批评社会理论的高度来进行审视。

我认为这种耀眼夺目的曼哈顿化的后现代主义趋势垄断了文化生产领域和接受领域，也垄断了资本主义建筑环境。我们几乎可以在每一个前卫的书店、杂志、电视秀、电影、文化生产者和文化消费者大厦里找到后现代主义的标志性广告话语。漫步于纽约的索图（Sotto）和翠贝卡或多伦多皇后西街，都可以体会到后现代主义的文化霸权，在这些地方时尚者身着黑装，在后现代时代精神下漫步、购物和就餐。后现代主义并不是这些形式的东西：它代表了对政治讨论和论争的彻底厌恶，体现拉希（1979年）早在20世纪70年代所提出的自我崇拜。

把利奥塔（1984年）对马克思主义宏大叙事微妙的不留情面的批评与纽约的画廊、俱乐部和批评家等单调的后现代主义混合在一起，严格说来是不准确的。至少，利奥塔像他之前的丹尼尔·贝尔（1976年）一样，意识到了马克思主义，把马克思主义当成是对资本主义多元主义的真正颠覆。所以，人们可以像哈贝马斯所做的（1981年a）那样，以利奥塔自己的观点来和他论争一番。那些在美国兜售后现代主义和靠后现代主义为生的人士没有将左派严肃的意识形态带入到对时代精神的参与中来：实际上，他们根本不以历史哲学来自审。对他们而言，后现代主义很大程度上就是一场消费运动。

我（阿格，1990年）已经对利奥塔关于贝尔意识形态终结的后现代主义、后工业社会论点和具有政治意图的激进后现代主义二者做了区分，在此，我还想谈谈后现代主义的第三种变体，虽然它不具有尼采和海德格尔的哲学光泽，但是在某些方面它还真算得上是利奥塔新保守主义版本的子范畴。虽然如今这种《纽约时报》的后现代主义作为一种文化态度风行于世，但是它的理论性还不够强，不足以作为一种成熟的文化社会理论来展开讨论。这是一种发端于《滚石乐队》的后现代主义，《纽约时报》经常提及它，《纽约人》对之加以发展，温文尔雅的周日文化增刊引用其文化内容，各种各样的评论与商贸出版物引用其艺术内容。这种《纽约时报》后现代主义浓缩了一系列编码在更深层政治内容中的文化态度。当然，后现代主义现在和以前一样，持一种价值中立态度，后现代主义的本质是打着反对政治的幌子来掩盖政治。与利奥塔和贝尔更为自我意识的意识形态方法不同，《纽约时报》后现代主义不能定义为是对左翼激进主义的反对。相反，它由拉希（1979年）的自我崇拜、麦弗逊（1962年）的占有式个人主义和马尔库塞（1955年）的压抑的去崇高来表示。并不是说这些都是《纽约时报》后现代主义者所阅读的文本，但是这些文本有助于解释这种后现代主义的某些元素，尤其在具有这种视角的、与众不同的文化创造和文化批评中所显现出来的元素。接下来，我将详细例举这种非理论化的后现代主义特征，以便揭示其隐秘的政治联系。

肯定的后现代文化研究包括以下四种形式：

1.《纽约时报》后现代主义认为政治话语是过时的、卑劣的、无关联的，因而加以拒斥。政治不是意义汇集点，因为所有政治运动和批判都让人视为与尼克松荒谬事件一样的唯利是图。虽然在反文化中这种后现代主义有一些纷乱，这些纷乱进一步证明了《纽约时报》后现代主义与贝尔的意识形态终结视角（尤其是他在《资本主义的文化矛盾》[1987年]一书中的视角）是有一定距离的，但是还是有人会把《纽约时报》后现代主义归结为后水门时期的后现代主义。正如吉特林（1987

第九章 对文化研究狂热崇拜的消解

年)所说,人们必须把20世纪60年代划分成休伦港宣言①的真正政治时期(如早期学生争取民主社会运动(SDS:Students for a Democratic Society)和去政治化的反文化时期,它为像《纽约时报》后现代主义这一类的文化意义服务。

这种后现代主义对政治的反感与其说是学说上的,还不如说是气质性的。既然马克思主义不是游荡在美国的幽灵,和法国后现代主义不一样,美国后现代主义不是通过对马克思主义深思熟虑的拒斥来确定方向。还有,人们很容易就将这种后现代的政治否定看成后婴儿潮一代的独特特征。但是,这一点严格说来是不正确的:出生于20世纪60年代的雅皮士在消费个人主义和政治犬儒主义上是典型的后现代,他们尽可能从《纽约时报》、《风尚》之类的期刊和《三十而立》之类的电视秀中去攫取理论性。非政治的后婴儿潮时期出生的群体和他们的雅皮士前辈一样都是非政治性的。二者唯一的区别也许就是雅皮士可以求助于20世纪60年代的雄辩言辞,将之作为他们社会信奉不诚实的证据——说不诚实,是因为大部分20世纪60年代婴儿潮出生的人都是吸毒的墨守成规者,而非严肃的社会反叛者。

2.《纽约时报》后现代主义赞成消费资本主义,因此,言外之意就是拒绝激进社会变革的可能性——如社会主义。如果要根本解决社会变革问题,那么这些问题必须逐一解决。人们认为更为结构性的激进主义就是狂妄自大。激进分子被标榜为失败人士,仍然深陷在20世纪60年代青年激情的泥沼中。虽然在其他方面,《纽约时报》后现代主义重视复古姿态,这种复古姿态笼罩着不太政治化的反文化表现(如出现在百威啤酒广告中的滚石乐队和销售维萨卡的麦卡特尼),但是20世

---

① 1962年,积极投身民权运动与和平运动的大学生们创建了实现民主社会学生同盟。该同盟代表当时被人们称为新左派的力量。在密执安州休伦港举行的成立大会上,该同盟正式通过了由密执安大学研究生汤姆·海登(1939~)起草的一篇宣言。休伦港宣言对美国社会进行了广泛的批评——涉及种族歧视、核战争危险、无法和平发展原子能、冷战、财富分配不公、大学生的政治冷漠以及自由主义思想的枯竭,等等。20世纪60年代和70年代初该宣言在学生激进分子中是一份颇有影响的文件。

纪60年代愤怒的激进主义被当成是过时和过度的东西而遭到解体。充其量，主流现代主义在社会问题，如流产、第一修正案和环境方面上是自由的，但是在财政问题上却是保守的。

3.《纽约时报》后现代主义大胆赞美流行文化，对之不加区分（这些区分被当成是现代主义的和官方的而遭到拒绝）。这就使后现代主义失去了揭露和反驳文化政治规则的能力。后现代主义批评注重流行文化，流行文化被彻底商品化。流行文化的稳固地位强化了世界共同的代际经验，虽然流行文化以大众为媒介，但是它替代了真实社会。每个婴儿潮出生的人都明白我们都受一般电视事件的影响，比如肯尼迪遇刺和首次月球漫步的转播等。但是关于这些集体经验我们所希望记住的不只是事件本身，而是在观看丹·拉泽从达拉斯播报独家新闻，并经历从星期五到送葬行列的整个事件时，形成身份的文化经验的文本和本质。这些经历回顾性地聚焦在它们塑造我们的方式上，而不关注它们到底是什么或意味着什么，这些经历给了我们身份和意义。在这方面根据大众媒体化展现事件和经历的方式，我具有代表性的青春就可以被历时性地进行复制，这些事件和经历与我的青春同在，象征着在生命周期连续不断的舞台上我的一段人生历程。平淡的、去政治化的后现代主义帮助我们再次经历大众媒介化了的公共事件，因为它们对我们自我的形成功不可没，自我的形成受到各种殖民化力量的威胁，威胁着要将我们变成拉希（1984年）所说的"小我"（minimal selves），这是拉希借用法兰克福学派的术语。

虽然我反对后现代文化批评的庸俗化，尤其主张激进的文化研究是以往意识形态批评唯一的最佳体现，但是我并没有否认这种文化的回顾性自我指涉分析。尽管对我来说，大多数事件具有政治意义，因为它们帮助我记录了自己作为一个社会批评家（而不是一个知足的雅皮士）的成长历程，但是像很多婴儿潮时期出生的人一样，我在参与到流行文化的各个方面时也再次体验了自我。婴儿潮时期的学者为文化研究所吸引的原因之一是因为我们根据流行文化的建构经历了自我，流行景观的回顾性分析折射出流行文化的建构，在流行景观中我们重新定位我们自我形成的主要方面。

第九章 对文化研究狂热崇拜的消解

想要弄清楚自己受流行文化的影响,特别是在流行文化暗含着深刻政治意义的地方,这并没有错。例如,20世纪50~60年代我们接触到的电视试图把我们变成男人、女人、父母、市民或消费者。但是,《纽约时报》后现代主义却阻止我们用批评的眼光来审视我们有差异的流行文化经历以及其中积淀的等级经历。媒体播放摄制的越南战争比我们成年时观看到的关于新年攻势①的新闻报道意义要重大得多,我们会回顾性地把它插入到我们身份形成的重构拼贴画面中。在电影《野战排》和电视连续剧《中国海滩》中,"越南"已经变成了另一种相对化了的文化经验,我们自我指涉地审视这种经验,审视的角度不是来自战争中牺牲的无数越南人,"越南"也成为了一个在海湾战争媒体化的话语中赋予重要当代意义的问题(例如,"附带损伤"指伊拉克平民伤亡)。

通过流行文化分析再次体验自我形成并不十分重要,重要的是批判评价的方式,在这些方式中,流行文化本身就是一个有差异的领域,这一领域在一些基本方面不仅建构了我们,而且欺骗了我们。毕竟,社会现实的大众媒体发展迅速;我们从20世纪60年代景观社会(见德波,1970年)得到的教训在如今还可以派上用场,帮助我们抵抗来自流行文化的文化和人格形成中最为隐秘的方面,同时也能帮助我们抵制来自流行文化的政治动员的偏差。正如我在最后一章里所说,激进的文化研究可以帮助我们阅读和抵抗阿多诺(1973年b,第406页)称之为"幻想的客观语境"的大众文化。

4.《纽约时报》后现代主义故意用风格代替内容,把讽刺性的超然脱俗作为中心社会价值。但是,无论是玩世不恭还是讽刺都不是恰当的政治姿态,特别是在问题百出的地方不太恰当。两者都加速了政治上的唯利是图和公共话语的商品化。后婴儿潮时期出生的人尤其对社会问题无动于衷,他们认为社会问题与自己的生活没有多少关系,他们热衷于消费和对文化商品的称颂。社会科学的老师在学生身上发现了日益增长的心理主义,这种心理主义使他们惯于对错误的东西进行更为广阔的结构性理解。我们不能像有些批评家一样,简单地把责任归

---

① 1968年1月,美国军队在越南发动的新年攻势(Tet Offensive)。

咎于里根和撒切尔政体。当然,20世纪80年代不是一个错乱的时代,这一时代已经一去不复返了。社会问题的私有化是资本主义的重要部分。我们注意到了20世纪80年代自我扩张的私有化,蜷缩在川普大厦①外面的无家可归者身上特别明显地体现了这一点。一些有社会政治厌倦情绪的左派批评者想当然地将此归咎为后现代主义新意识形态,而没有意识到自我陶醉和占有式个人主义是资本主义保护自己免受集体叛乱威胁的方式。

像我早些时候说的,《纽约时报》后现代主义对环境情有独钟。很容易将雅皮士和后雅皮士的占有式个人主义者与人文环境和自然环境的恶化联系起来。具有讽刺意味的是,后现代环境主义在控告环境商品化的同时,自己却将环境主义商品化了。目睹无数企业与环保运动密切相连:公司推销环保意识,只为证明自己对社会的关注。这不是否认激进化的环境主义的可能性,而是注意到了在资本主义消费主义语境下环境主义自相矛盾的后现代化。

肯定的后现代主义以上四个特征阻碍了真正激进的文化批评,这种激进的文化研究本身能够作为反霸权的力量来干预文化领域,这正是本书批判性文化研究的主要目的。日常生活的后现代化只是进一步去政治化的表面现象,自从第一国际解散和国际社会主义革命梦想破灭以来,去政治化就一直在积累力量。购物商场和《迈阿密风云》的后现代化再一次终结意识形态,以所谓历史终结,即贝尔(1973年)陈腐的后工业主义的名义来减少政治争论。当然,意识形态和资本主义都没有终结,尽管"共产主义终结"被夸大了,实际上,"共产主义终结"只指斯大林驾驭经济的失败,这一点受到过去70年西方马克思主义者的指责。后现代主义和前苏联经济政治体制重建一样,都没有打败马克思主义;它简单地把反马克思主义变成了另一种已经被文化政治机制吞没的文化商品。

---

① "川普大厦"(Trump Tower),这幢高达68层的综合商业大楼,为高收入的民众提供宽敞办公室、精品商店以及豪华公寓,吸引无数长期租客,川普亦因此赚进滚滚钞票,并继续攀越更具挑战性的高峰。

确实,从后现代性生活经验(见哈维,1989年)中捕捉到的意识形态终结论点将人们的注意力从实质的社会、经济和文化取舍中转移开来,以支持资本主义。正如霍克海默和阿多诺(1972年)在1940年所注意到的,文化产业在很大程度上把资本主义表述成一种理性社会秩序,因而渗透到了所有经验的商品化中,而所有这些经验揭穿了实质理性假设的谎言。

霍克海默和阿多诺在1940年最先接触到好莱坞文化和美国大众媒体,从中,他们发展了文化工业理论。半个世纪以前意识形态被认为是严重歪曲事实,如今意识形态变得隐秘,被编码在鲍德里亚对快速资本主义的模仿中,在快速资本主义社会,文本与物质的界限已经消失了,结果,社会批评无能为力。今天,文本驾驭经验已不是书本上的事情,而是散落在后现代化日常生活的形象、基础设施和话语中。鲍德里亚(1983年)称之为超现实,在超现实中人们相信我们生活在历史终结的边缘和永恒的现在,尼采将之假定为误入歧途的启蒙运动的灾难性命运。

尼采蔑视这种线性的自由主义和理性主义,这种主义自封为思维积极的新宗教。但是《纽约时报》后现代主义者并不阅读尼采,因此也不理解尼采以法兰克福学派马克思主义、利奥塔和福柯的后现代主义为基础的方法。最懂得尼采的是一位占有式个人主义文化英雄——艾茵·兰德。《纽约时报》后现代主义主宰着我们的城市环境和城市文化话语,这种话语称颂尼采所说的反理性。无意义是资本主义的标志,现在我们称之为后现代性,但是资本主义在本质上是彻底现代主义的。正如我以上所说的,后现代建筑只是从前现代时代(见戈特德伊纳,1991年)零散地借来一些东西来装饰现代主义公共空间,生产出一些大同小异的建筑来充斥天际。我们并没有进入真正的后现代,后现代必须是后资本主义的。文化工业规避意识形态,而又处处牢记意识形态,只有通过扭转这种文化工业的后现代化势头,我们才能缓慢进入真正的后现代时期。

我所反对的后现代主义的确有可能吞没人文社会科学的后现代趋势。虽然我和别人在我们的理论化(例如,见弗雷泽,1989年;贝斯特和凯尔纳,1991年)过程中努力从后现代主义和后结构主义中借鉴更为批判的见解,但是,当后现代主义朝后马克思主义方向发展时,我还是不太支持社会学的后现代化。这并不是说马克思主义是铁板一块;早在美国左派时髦的时候,我所提倡的批判性女性主义马克思主义就对国家社会主义表示绝望。用马克思主义对抗后现化主义的企图掩盖二者间可能的互相贯通和对话。然而,关心社会问题结构根基的我们应该警惕后现代主义的肯定形式,曾经对所谓的马克思主义终结的称颂成为了黑格尔(1966年,第70页)所说的"酒神的陶醉,无人清醒"。

如讨论所表明的一样,某些后现代主义方式具有意识形态的作用,而反对激进主义,激进主义是我所倡导的文化研究方式。这再一次说明了颠覆性的观点在成为陈词滥调时能够进行自我反驳。尽管如此,我希望后现代主义能像女性主义那样,对马克思主义发起根本挑战,通过对马克思主义关于话语和社会变革的某些基本立场进行再思考,才可能有挑战。像女性主义一样,后现代主义有助于稳固马克思主义,19世纪阶级斗争的预言似乎与当时的热情和问题性相去甚远。有后现代主义和女性主义理论作支撑,我努力保持马克思的愿景:用话语——理论术语来构建一个更好的社会。与本章所讨论的商品化后现代主义不同,只要我们重新思考今天已经失去活力和关联性(见扎雷特,1992年)的马克思主义文化理论的方方面面,我相信我们能够复苏公共领域,改变政治议程。

第十章 作为景观社会中日常生活的文化研究

更新文化研究

在前一章中我已经开始讨论一种后现代主义文化研究方式,它不是栖息在大学校园,而是散布在街道、店铺、商场、剧院、杂志、报纸和广告行为中。我所称的《纽约时报》后现代主义就是一种现象学化了的日常生活后现代主义,雅皮士以及后婴儿潮时代出生的人不相信意识形态,有着自己大众媒体化了的代际经验,正是这些人引导着这种后现代主义。它不是利奥塔的后现代主义;尽管它拥有其钟爱的文化英雄(一些后现代主义作家)——杰·麦克伦尼、塔玛·杰诺维茨、大卫·莱特曼、阿赛尼奥·霍尔,但它并不学究。这种后现代主义对政治及文化的影响值得考虑,因为就众多方面而言,它是最为相关的后现代主义。毕竟,有谁阅读利奥塔或是其前辈丹尼尔·贝尔的著作呢?甚至像乔治·威尔和威廉·巴克利这样的新保守主义政论家和批评家都似乎不曾读过。后现代理论文本在很大程度上局限于英语语言、比较文学以及社会文化理论深奥的研究生课程里。

这并非否认文化理论在欧洲的地位。在欧洲,诸如哈贝马斯、萨特、加缪和鲍德里亚等人物以美国人难以想象的方式栖息于公共话语领域。欧洲知识分子的文化很大程度上不同于英美。欧洲知识分子与官方化的流行文化融合得更好,因此,他们不仅书写学术论文,还在报纸和杂志上撰文,密切参与到征求他们意见和观点的流行报业中来。哈贝马斯登载在一家西德杂志上的一篇关于东德、西德统一的评论当然比加尔布雷斯(更不说詹姆逊)登在美国杂志上的类似评论要可信得多。在西德,甚至哈贝马斯那两卷深奥晦涩的《交往行为理论》(1984年、1987年b)几乎立马售罄。我对文化研究不幸被学术化的批评更适用于美国和英国的知识分子生活,在欧洲,文化研究更好地融入到了平庸和高雅的文化消费者的日常生活中。

欧洲知识分子与公共话语的整合也许是英美文化研究最起码要学习的内容。这肯定是一条双向道,不仅读者要努力去理解那些不适合于《今日美国报》或英国伦敦新闻界愚钝的风格和篇幅的政治和文化评论,作者也必须得将其作品去学术化,以便更多感兴趣的、聪明的但并不专业的读者能够理解。我在《话语的衰落》(1990年)就理论写作的浮夸所持有的论点与非实证主义文化研究讨论的语境密切相关,非实证主义文化研究经常措辞晦涩,使用的术语让那些阅读《世界报》和《新政治家》的读者难以理解。尽管我不想拿詹姆逊(如1981年)来说事,但是他极度技术性的写作实例(我们都想复制他的这种写作,崇拜他深邃的观点和学术的光辉)对批评性文化研究的主流化确实不是一个好兆头。詹姆逊肯定能够以让成千上万的读者,而非只是百来个读者能理解的方式来写作。对他而言,人们也许注意到像他这样的人难以在英美主要报纸和杂志上发表其作品。

但这仍不是重点。与英美文化批评的变体相比,欧洲文化批评相对容易让人理解,这很大程度上暗示了文化研究学术化的不幸征兆之一。尽管德里达、巴特和福柯都不书写公共话语,但他们与法国公众生活的融合在英美是无法匹敌的。更为讽刺的是,欧洲高等教育一直比美国要精英得多。根据我们对待大学教育相对民粹主义的态度而言,美国学术批评家的学术化的蒙昧主义是令人惊讶的,我们民粹主义的大学教育使得我们有比欧洲和英国更多的人能够上学。然而这却没有影响到学术批评的书写方式,也许这是因为在美国,对民粹主义高等教育的信奉并不意味着对所有文化生活的民主化,而只是生产出了一大批与经济相关的人力资本——技术工人。

如果人们仔细研究一下相对非人文本质的美国大学课程,这点就可以得到证明,美国大学课程现在受到新保守派的围攻,他们想要时光倒转,废除自由艺术更为政治的层面。艾伦·布鲁姆(1987年)和 E. D. 赫希(1987年)认为要在大学学龄群体中推行更为经典的文化知识,以此方式来减少他们所认为的美国学者圈(研究表明,他们不是疯狂的激进分子,只是温和的中间偏左分子,见拉德和李普塞特)的进步政治气氛。

我并不赞成布鲁姆和赫希对于美国大学课程假定的左翼统治的批评,他们认为这种课程设置导致了学术水平的下降和文化水平的衰落,但他们确实就美国大学和美国知识分子生活普遍的技术本质提出了一些重要问题。教职员工的生产力一度由项目资金来衡量,而不看观点,欧洲知识分子对流行文化和公共问题的参与成了美国人纷纷仿效的事情,这一点难以令人乐观。美国知识分子极不可能在流行经验和话语中找到立足点来将自己推进到当下主要问题的重要讨论中来。本章中我要力促的就是这种参与,尤其是围绕着文化批评问题的参与。尽管这个国家的学术和知识生活由狭隘的技术生产主义来主导,这种生产主义把国家和精英们的需求置于民主社会变革之上,但是,市民受到意识形态化模仿的轰炸,意识形态化模仿一步步将他们引入消费主义和顺从中去,我还是要为牢牢根植于这些市民日常生活的文化研究辩护。

这种文化研究即便承认其博学和理论构成,但是还是摆脱了学院和技术性学术行话。伯明翰学派就是理论上成熟的文化研究的最好例证,伯明翰学派利用综合社会理论提供的结构性理解来成功地研究流行文化和实践。尽管我没有发现伯明翰学派是葛兰西和福柯的理论综合,它也不一定能替代法兰克福批评理论,但是,伯明翰学派确定了与文化生活的公共进程密切相关的文化研究议程。我的主旨就是要建立去学术化的文化研究,人们利用文化研究来抵制主导文化,创造新文化,他们的日常生活世界能让文化研究推陈出新。

文化研究更新为批判性的日常生活包括以下几个要素:
1. 文化研究直接参与到流行文化的政治功能中。

2. 文化研究帮助转换我们经历文化世界的方式，改变我们阅读、观察、聆听和书写的方式。

3. 文化研究不要有技术学术行话，相反，要发展一种更为宽泛和公共的地方语言。

4. 文化研究寻求路径来保留其理论性的同时还要开创公共话语。

尤其在流行文化和官方文化间的断层线方面，文化研究重新定义流行领域，以此打破划分人类活动机制差异的经历和实践。

在下面五节中，我会详细阐述这些目标和实践，试图为在非实证主义学术界猛增的高度学术化的文化研究提供一种合法的替代方式。在发展一种更为公共和更为政治、在日常生活中成长的文化研究观念的过程中，我必须以本书中先前讨论过的五种主要的非实证文化分析方式，它们包括马克思主义文化理论、法兰克福学派文化理论、伯明翰学派理论、后结构和后现代文化视角和女性主义文化研究。我相信这最后一章不是以上几种理论的综合，而是对以上各种视角局限的和谐的超越，吸取了很多法兰克福学派的观点，而又没有忽视阿多诺、马尔库塞和霍克海默的局限。

当我说我想抛弃那种生硬的技术性的文化研究的时候，我也在冒着重新学术化的危险，让我来研究一下这个事实，即法兰克福学派文化理论一直以来是流行文化学者们批评的目标，他们认为法兰克福学派理论家们完全鄙视流行文化，以至于人们将法兰克福学派理论当成流行文化分析者拒斥的官方主义典范来阅读。正如我在第四章所提及的一样，这种对于法兰克福学派著作的描述也不尽错误，但却没有注意到法兰克福学派对大众文化的关注，大众文化调节了法兰克福学派对马克思主义的修正。最初的法兰克福学派思想家们清楚地了解到，二战后的资本主义社会里，流行领域是管理、商品化和论争的场所，赋予了资本主义新生，却同时又提出了解放性的选择。文化工业论点反映出这种领悟，二战后法兰克福学派提供的许多特定的文化解读亦是如此。文化工业论点是装备近代文化研究最重要的理论发展，使得文化研究保持其理论智慧，而没有沦落为充斥当下的无重点、无理论的文化解读。

难以想象不利用文化工业论点的政治化的文化研究。如果不理解流行文化的结构性作用,推陈出新的文化研究也就无法抵制实证主义文化分析者和我之前提及的《纽约时报》的后现代主义者所实践的欢庆性的文化解读。这并不是说要毫无批判地接受法兰克福学派文化理论;如果真是这样,那我也就没有必要写这本书了。自从阿多诺、霍克海默和马尔库塞去世以来所进行的大量非实证文化分析,极大地充实了激进的文化研究项目。后结构主义与女性主义尤其如此。就哈贝马斯而言,他几乎没有更新法兰克福最初的文化理论,尤其是他(1981年a、1987年a)对后结构主义和后现代主义充满敌意,否则,我也不用煞费苦心来修正和更新文化理论。

实践政治

文化研究直接参与文化的政治功能是激进文化分析的悠久传统,始于正统马克思主义。尽管我抵制卢卡奇—戈德曼传统中机械的、还原主义的特点,但是我支持文化是一种政治因素的观点,尤其是在晚期资本主义社会,文化在某种程度上甚至是公共领域中最为政治化的领域。但激进的文化分析仅仅只对流行文化的政治形式和功能进行分析是不够的,流行文化解释生产、分配和接受的各种路径,这些都调节我们在资本主义社会中生活经验的意识形态本质。激进的文化研究还必须以一种强调自身直接参与反霸权政治实践的方式来构筑自省。

经典马克思主义者、法兰克福学派理论者、后结构主义者、后现代主义者和女性主义者将文化分析设想为一种分析活动,其结果被收集在批评刊物上,可能供公众阅读,这里,我鼓励当代文化研究中心的文化分析传统,它没有将自己孤立于日常生活的政治兴衰,只有伯明翰学派成功做到了将文化分析政治化,以此方式修复了学术批评与知识批评之间的裂痕,也修复了发展中的日常生活政治。尽管伯明翰学派的文化政治实践还不够彻底,但它却为未来的文化研究怎样直接干预文化政治提供了有价值的建议。

这种激进化的文化研究不仅解构了流行文化纠缠不清的文本,还为文化消费者们提供了一种方式来看透文化工业宣传的欺诈,并且逆转这种欺诈势头。流行文化和学术界的文化理论家就他们与文化工业的关系还没有进行足够清晰的理论化。不清楚那些在各种旗帜标榜下的人如何将自己的政治贡献理论化,除非是用含蓄的方式。人们必须弄清楚文化分析与行为之间的关系,尤其是那些痛恨文化工业自我复制本质,并且希望加以改变的更应该弄清楚二者间的联系。有趣的是,文化批评的政治接受从来都没有提到文化批评者们议事日程上来,相反,他们花费大量时间来对怎样做文化研究进行理论化,或者潜心于特定的实证主义或非实证主义的文化分析解读。

激进文化研究必须考虑人们是怎样在文化上和政治上来接受它,尤其在文化接受是文化研究主要问题的地方,激进的文化研究决定了文化实践在晚期资本主义日常生活中的影响。在某些层面,文化接受与生产和分配同样重要;的确,最初的法兰克福文化工业论点表明它们之间的密不可分性。遗憾的是,流行文化的接受依然还只是研究受众反应的定量经验主义者研究的话题,而不是想要改变文化接受和生产的批评理论家研究的话题。在这种情况下,当文化研究激进分子对普遍接受还没有进行充分理论化的时候,难以想象他们会巧妙地将自己对批评的接受当成一种有意义的政治干预来研究。

对于这种指责最明显的特例便是后结构主义者,尤其是女性主义德里达派。简单说来,我讨论了这种后结构主义倾向怎样能够鼓励一种新的文化研究,这种新的文化研究关注表述接受和表述生产的转型,表述本身就是一种积极的政治贡献。在超越客观主义方面,这里只要说明文化研究需要寻求一种方法来对文化干预理论化和实际化。文化批判者们大量生产对文化作品和实践的细读无可厚非,但如果与文化转型的政治项目没有直接关系,也就是说,如果激进的文化分析不挑战和瓦解晚期资本主义的主要接受模式,不对自身的理论化进行理论化的话,那么就无法改变接受过程。

毕竟,文化工业生产了对世界的表述,这种表述既不准确也只为自我服务。这是所有意识形态的本质,正如马克思(马克思和恩格斯,

1947年版)所理解的那样。这些表述被编码进一种文化建构的日常生活之中,在这种生活中,人们接受这些模仿,执行这些模仿,好像在本体论上这些模仿就是必然要发生似的。流行文化通过商品的表述复制某种世界观。激进的文化研究需要找到一种方式来瓦解这种表述模式和表述生产的模式,以便提出我们与别人、社会机制、商品和自然相互作用的实质性的新模式。通过打破去乌托邦化意向的控制,通过揭示深深压抑在日常生活表面的对建构性作者身份的秘密拥护,这种文化研究刻画了乌托邦形象,但也描绘了朝这个方向努力的切实可行的方法。它这样做是因为明白自己是文化生产和接受政治中积极的参与者,它挑战这些主导过程,因而或明或暗地提出公共生活的新模式。

这种议程偏离了大部分的文化研究项目,甚至包括那些自称为激进分子所开展的文化研究项目,这些激进分子首先关注的是对文化阅读可能性进行理论化,然后再去关注文化细读。理论和阐释之间的平衡在范例之间游走(如,法兰克福学派和当代文化研究中心的传统在理论上比大多数文化解构者要慎重得多,这些文化解构者将他们所声称的理论编码在实际的文化解读中,德里达尤其如此)。但是,人们难以摆脱这种印象:大量的文化研究,即便是最愚笨的文化研究,都成功地避免其自身可能的政治影响问题,相反,却沉迷于自己或别人文本的结构,似乎刚刚发现我们的世界充满了文本性。政治似乎远离大部分左翼文化分析者的批评实践,甚至,具有讽刺意味的是,深受解构影响的欧洲女性主义者(正如华特斯1992年表明的一样)也是如此。所有这些人都避免他们自身对表述的文化过程的政治干预的可能性,而这种表述几乎为工业化社会中的每个人建构了意识形态。

这种文化研究的去政治化相当奇怪。许多的文化新保守主义者(纽曼,1985年)悲叹太多的批判受到政治考虑的驱使,破坏了霍布斯社会中人文学科传统的文化适应使命。然而大部分左翼文化分析者,即使他们批判文本和他们对批评的元理论化,表达了潜在的政治姿态和问题,却忽视了他们与政治的关系。这种表述欧洲理论话语不断增长的霸权的明显的政治化大多是伪政治。这些讲述批评和政治关系的修辞方式几乎没有政治实质。

这不是关于激进知识分子象牙塔生活的常见悲叹,激进化的文化研究会一夜之间改变世界(尽管它对很多政治和社会运动具有积极影响),对此我深表怀疑。激进的文化分析者在大众文化中没有发挥出他们自己的建构和鼓动作用,相反,在他们质疑文化实践模式包含的本体论的地方,却不参与对文化的创造和解构。这并不是说"激进"的文化分析者是冒牌货,即他们与激进政治的关系是假冒的。当然,其中有些也确实如此,但并非全部。这就与文化研究项目毫无关系,文化研究本质上必须是政治的。其实,文化研究比任何标榜为激进派的学术实践都要政治化得多,这也就是写这本书的原因之一。我相信文化研究是守旧的马克思主义与女性主义最后也是最好的希望,这二者都有可能成为教条的联系话语。

真正激进的文化研究愿意承认其作为一种去神秘化的力量在流行文化中的建构和鼓动作用。它尤其会根据伴随我们从生到死、从早到晚的社会世界的主导意向来试图改变我们观看、聆听、阅读和写作的方式。文化研究通过揭露来自日常生活方方面面的表述和模仿来瓦解日常生活,这些方面包括:小说、电影、电视、新闻、广告和学术界。这种文化研究方式认识到其在日常生活中的内在性,并试图从内部而非从外部来转化日常生活的结构和文本。这里,我并不是要放弃马尔库塞的单向度论点(1964年),因为我和他的观点是一致的,话语世界几乎不接纳教育意义的和令人振奋的批评。但是,根据当下的主导修辞和语言游戏,一定得处处发动这种批评,而不是来自外部,法兰克福批判理论在其崇高现代主义中经常尝试这样做。

官方批评仅仅将流行文化鄙视为一种巨大的操纵是不够的。诚然,在很大程度上,它是一种操纵,将其策略潜伏为众多文本中一种可能的文本。但是我们必须彻底阅读流行文化的特定模仿,参与到它们生产和接受的日常生活层面中来,对于生产和接受的日常生活层面,我们根据社会和经济再生产更为广泛的结构性原则来将之理论化。人们观看像《迈阿密风云》和《三十而立》之类的电视节目,他们浏览《人物杂志》、《时代》和《纽约时报》之类的报纸杂志。他们排队去观看《致命的诱惑》和《当哈利遇上莎莉》。他们贪读一鸣惊人的浪漫小说,他们在高

第十章 作为景观社会中日常生活的文化研究

中和大学阅读科学教科书。我们无一幸免,除非生活在一个荒岛上!也许开始严肃而系统的文化解构,渴望强烈文化干预的政治实践最好的方式就是从我们自身开始,反思我们作为激进的他者却被主导文化建构的各种方式。

只有傻瓜才会装作与众不同。我们都是我们这个时间和地点的产物——男人、女人、中产阶级、盎格鲁美洲人、学者。对我来说,作为一个男人,要完全理解女性主义解构的政治可能性,我必须依据围绕性别问题而等级性地建构起来的差异领域来自我定位。为了了解我们的文化是怎样让女人处在男人的从属地位,我必须作为一个男人来反思我自己所处的状态,来反思我以男人的方式所实践的东西。同样,要我参与文化批判和媒体分析,就必须反思具有我们时代、社会阶层、性别和民族遗产特点的文化作品和文化实践建构我们的方式。当然,我观看了一些20世纪50~60年代的低劣的家庭情景喜剧,这影响了我对自己家庭关系的理解方式,也影响了我与女性交往的方式,而这些在此期间我都不得不重新思考。

在某一层面上,具有政治动机的文化批评也是自我批评,将自己置身于复杂的文化领域,一旦脱离这个领域,我们就不能自以为是地概括自己。正因为我们反对文化,我们就成为了文化。我们作为文化适应人的自我理解给我们提供了阅读和批评文化的方式,以例证说明了自由的自我反思,为了让人有差异地实践文化,这种自我反思就得反复灌输。人们可能会将文化研究当成敏感化的动因,对我们大多数人想当然的、习以为常的形象、模仿和表述提出问题,如将麦当劳食品当成家庭食品、当成对妇女的荧屏诋毁,实证主义新闻媒体将现在冻结成永恒。在这个文化问题化的过程中,我们也将自己问题化了,将自己理解为和改变为文化导管,其实我们已经成为了文化导管。这就赋予了我们经历世界和创造世界的方式,而这些方式与编码在模仿中的接受模式是不一致的,模仿潜在地暗示了它们的接受。

激进的文化研究在挑战表述自我理论化的地方进行政治干预,激进的文化研究也了解我们习以为常参与的全部阐释活动其实就是一种称之为意识形态的精心政治建构。快速资本主义去文本化的意识形态很大程度上并不依赖老式的文本来表达世界观、来复制世界。文本性超出了书本,通过建筑环境流溢到大街小巷,通过无心的、自动接受的媒体走进了千家万户和人们的心田。这种漫布的文本性必须用鼓吹和利益的文字表达出来。唯其如此,我们才能够更好地认识给我们提供一致思想和消费主义的文本的真实内容,这些日益不可逃脱的意向给我们暗示着生活模式,我们要做的是发起挑战,而不是仅仅采取不同的生活方式。通过这种方式,文化研究变成了一种由所有文化消费者和准文化创造者参与的政治实践透过文化研究的镜头,我们突然能够认识到文化作品的作者性,对作者们讨论的汉堡、汽车、某种妇女观和美国生活方式进行解码。

  这种作为秘密拥护的文化阅读是成为理论和政治文化研究最为激进的贡献。不是毫无批判地消费流行文化,似乎这些作品和实践都是从天而降,落入了超市收银台出口、书店、剧院、报纸和电视,我们学会质疑这些文化形式编码了的论点的真正内容,如关于资本主义者、性别歧视者、民族差别主义者的论点。这样做,我们挑战了关于真、善、美和正义的传统智慧。这种质问迫使我们揭去围绕着文化作品和实践欺骗表象的压抑层面,这些欺骗性表象展示《日常生活》风景的特点,它们被当成是惯常的、毫无疑问的、貌似本质的存在。无论好坏,文化研究能够振兴文化;它能复活文化,恢复文化人的内心意图,以此方式来暗示新文化的可能性,这种新文化不由资本积累和商品化的自我复制逻辑来主宰。最起码,文化研究能够寻求和破坏意识形态,不论意识形态埋伏在哪儿,通常都潜伏在最不大可能的地方——在广告里真实刻画的女性身体上,在男性侦探小说的叙述结构中,在新闻报道的版面设计与步调中,这些新闻报道将世界整体性拆分成不连贯的碎片和字节混杂体,不是澄清现实而是模糊了现实。

转变接受与表述生产

  普遍接受表明文化作品和实践将可以受到挑战的本体论和政治论

点编码,在激进的文化研究愿意对普遍接受进行政治化的地方,激进文化研究尤其关注霸权(复制国家和政治体的模仿,见奥尼尔,1989年)表述的接受和生产。文化研究致力于转变这些表述,从而来表明新形象和新文本的可能性:它的解构目标和乌托邦目标基本上是密不可分的。这种文化研究对实证主义的表述模式提出质疑,令人信服地表明所有的表述已经是一种描述,是一个世界对另一个世界的强力论证。可以肯定,资本主义散布的文本,如广告、电视、新闻本身并不依赖实证主义。相反,它们放弃各种真理断言,因为它们没有把自身描述为要靠知识论来给予真理内容的文本。这正是它们的力量所在:并不声称为实证主义表述,但实证主义表述更为有效地表述了一切,使人难以将之解构为本可能以不同方式来写作的、待修正的文本。

表述是一种政治实践,在此实践中,表述将其内容编码进了无作者、无立场的幻象中。在相机以男性目光刻画妇女的地方,正如后结构电影女性主义证明的一样,它表明了一种普遍性,这种普遍性使得别的表述模式,尤其是女性主义表述,没有表述资格。在电视反映特定的人类物质需求得到满足的地方,它也就表明了这些需求的普遍性和满足需求方式的普遍性。在记者们潜心创作内容简洁、没有理论化内容的故事的地方,他们表达了一种对世界的无关联的无定型性,对整体化的阅读基本上持敌意态度。将这些表述解构为可修正的、感兴趣的、有观点的、充满激情的,对某种作者主体性模式(霸权模式)的信奉,在此解构过程中,文化研究转变了人们接受表述的方式,除此之外,还暗示了已经承认自身内在不确定性的新描述和新表述。

转变对表述的接受是激进文化研究最有力的贡献,它改变了以无批判性阅读为特点的日常生活。因循守旧的接纳导致因循守旧的政治实践,这曾经是再生产统治中意识形态的角色。文化研究表明了对文化不同解读的可能性,这有助于将这些阅读普遍化为一连串的实践,而这些实践又组成了超定的日常生活。试想一下,如果我们能将世界的自我广告解码为丰富的存在,生活将会大不一样。大部分现在被表述为一成不变的社会生活的内容其实就是各种力量立场的产物,从这些立场出发,特定性的断言变成了普遍观点,如白人男性经验代表各种可能的经验。

　　在表述显示为权力和利益的地方,它们都得到了瓦解。文化研究解构表述的重要方式之一就是展示表述是怎样以差异和众多违背规范的方式为代价来获得其膨胀的普遍性,所谓的普遍表述主体为人们建立了一些规范,然而人们却以各种方式,不按这些规范行事。当然,模仿者长期以来一直领先游戏一步:模仿他们商品化的生活,商品生产者根据他们的集团关系来决定消费者的地位。因此,一个汉堡连锁店能够发起一场针对黑人的运动,在运动中,香烟和汽车制造商根据他们得到的关于某些群体的最形象化的描述来针对不同的阶级和性别群体。在这些模仿否认普遍性的地方,模仿倒更具普遍性。它们预期消费者的共同点是商品欲望。没有颠覆普遍性,这些模仿却围绕20世纪晚期普通美好生活的共同主题对经验多样化,以此来增强普遍性。在这些文化表述中我们都能找到自己,因为我们都被定位为要把自己看成日常生活中的玩家。随着时间的过去,这就创造出一种真正的意义普遍性,由此,白人把受到广告运动策略性攻击的黑人看做是和他们一样的人,看做是白人。这些表述将主体地位的多样性同化为单一的、规范的主体性模式——主流美国,由此就阻碍了真正差异性的生产和接受。

　　表述离开文本,走进实践,实践中它塑造了规范的主体性和主体间性(如父权制家庭),在数不清的日常方式中,人们上演着社会剧本,扮演着社会角色,以此方式来复制主体间性。霸权主义者,文化工业广告文字撰写人模仿这些杜克海姆学派和帕森斯学派的角色。他们并非像帕森斯学派所主张的那样(如亚历山大,1982年、1985年),魔法般地来自于文明集体生活的结构功能要求。现代生活规范性的概念和实践来自于意识形态的语言游戏,意识形态者通过对表述宿命论化来复制既定存在的东西,他们写出了这些意识形态的语言游戏。

　　表述在两种意义上具有政治性。第一,表述提出了一种规范性的标准,由此,它默认普遍性。第二,它激起了与这些规范的一致性的产生,尽管(不,尤其)这种一致性并没有公开倡导,而仅仅只是含蓄地提及。在第一种情况下,我们用一般来交换个体,将历史上具体的和政治参与现实表述与各种可能的现实混为一谈。在第二种情况下,我们将表述当成一段冻结的历史,对此,只有适应性才是唯一合理回应。

　　文化工业对表述商品化,既是为了贩卖文化产品,也是为了实施某种一致性。在被编码的流行文化文本中能发现这些表述,这些流行文化文本的非凡力量来自这个事实:这些文本不表现为散漫的论点,而是点缀着由现象学家所称的以自然态度所引导的日常生活。在这种态度中,人们毫无疑问地接受表象,而对社会客体和自然客体不加区分。流行文化被现象学化植入到受自然态度引导的日常生活中,根据这种自然态度,电视、电影和物理自然体系一样不容置疑地恒定。因此,流行文化的流行表述所刻画的生活由一些人来践行着,他们上当受骗,信以为真,以为屏幕上和权力文本中出现的人就是他们自己。

　　文化研究通过说明表述的建构作用融化了流行文化冰封的风景,不仅反应了一个冰冷的社会世界,而且建构了某种世界,让具有宿命顺从态度的人们来体验。通过表明娱乐是倡导、是思考、是消遣,我们挑战文化要开诚布公地表明自己的立场和态度。这在政治上至关重要,在有些地方,很多大众文化放映我们自身,以具有某种态度的普遍性来刻画特定的社会语境。流行文化默默地以某种历时哲学来指导我们,在某种意义上,流行文化以看起来与我们生活相关的术语来刻画社会可能性。由此,社会差异领域看起来似乎否认我们的意义,但流行文化在差异社会领域给了我们身份。有些人不再拥有确定的文本来指导自己的生活。甚至,在今天,宗教也被表述为具有灵活教义的和温馨、友好的经验,即便不是超验的经验,也被常规化为了生活方式。

　　从与我们有认同关系的文化表述中学习意义并没有错。在这个后现代世界,认同倾向于把联系替代为基本的社会异同经验。联系(见贝尔,1976年)被表述为某些人陈旧的态度,这些人从社会运动的参与中来获取意义。今天,意义在于从封冻的文化表述框架中来认识自我,封冻的文化表述框架中充满了像我们一样忙碌的、幸福的、拖家带口的人。文化研究表明这些表述框架扭曲现实,因而无法提供稳定而充分的意义。这是一种激进化的态度,其中,意义帮助我们去除我们自己主体性的立场,从书写我们的文化中开拓意义,而非反之。通过将这种表述解构为无声的政治主张,我们从日益操纵我们生活的模仿中将经验解放了出来。

作为公共话语的文化研究

　　文化研究需要放弃其浓厚的学术行话,并取而代之地发展一种更为广泛、更为公共的俗语;否则就不可能将文化研究当成有力的、政治化的意识形态批评模式来植入到日常生活的兴衰中。让文化研究埋葬在少数学术批评家的理论图书馆里则违背了文化研究的政治功效,而这种功效是参与的、关联的文化研究方式的重要特征之一。这里不是要为朴实的语言论争,无论朴实的语言意味着什么(见盖尔纳,1959年)。毕竟,人们日常生活中使用的语言通常令人难以置信的扭曲变形,大量的大众媒体为人们写出了这样的语言,媒体将普通话语表述为极其愚蠢的肤浅和非理论话语。青少年们与他们的父母说着他们从电视或是电影里认识的代表人物的行话,复制着希斯克里夫、贺克斯苔博和兰博的平庸陈腐。因此,他们就无法接触到更为深奥的、高尚的、学术上更为敏锐的话语,有了这些话语才能理解构成晚期资本主义的复杂经验和实践。

　　我对文化研究行话去学术化的目的并不是要让文化研究平庸化;那样会彻底违背我的初衷,我的目的是公共启蒙和广泛基于社会变革运动的创新。晚期资本主义的话语调整要求对专家语言的民主化,要求对那些令人生畏的技术性和排他性代码去专业化。我们需要批评的公共语言,它有助于建立民主政治组织,而这种政治组织应由有学识的但是非专家的读者和作者组成,他们能够公开讨论当下的重大问题。流行文化是文学政治经济和迫使作家针对特定读者群进行程式化书写的学术写作阻碍了这种政治组织的创立。在商品化的文化世界,文化文本从交换价值中获得意义,阻碍了人们进行跨学科、跨专业的阅读和书写,由此也阻碍了对民主进程更全面的参与,在这样商品化的文化世界,公共话语饱受磨难。

　　文学等级支持政治和经济等级,政治经济等级反过来又激发更多的文学等级。这一观点对哈贝马斯那一代的交往批评理论尤为重要，为文化研究提出了一个关键主题，这一主题反思其对文化推论性的贡献。尽管可以理解，也有必要，首先在大学里发展文化研究，把一些孤立的学者带到期刊、书籍和会议中来，在这些地方，话语层面日益排他，但是，此外，还有一点值得注意，文化研究话语的学术化具有讽刺意义地阻碍了自身对流行文化的参与，因而也就违背了文化研究的初衷。正如文化解读无止境地扩散，而不是围绕一个连贯的主题和理论中心，我们就遇到了难题一样。当文化理论变成纯理论时，我们也就有了麻烦。

我在呼唤批评话语去等级化的同时也敦促提升所谓的普通语言。尤其在提供清晰的文化文本和实践的解构性分析方面，在公共话语中开展文化研究（尽管是必要的）还是不够的，否则就会失去其政治功效。公共话语必须改变来适应新见解和复杂性，这对充分理解社会世界是很有必要的。确实，正如葛兰西（1971年）在他关于知识分子和公众关系的富于想象力的书写中所预见的那样，这两者是相辅相成的。在快速资本主义社会中，为了赋予术语力量，为了提升术语，考虑公共俗语的重建比以往任何时候都要重要，这样不仅能够挑战财富的集中，还能挑战在此基础上产生的专业知识和文化意义的集中。

很容易为文化研究的学术化找到借口，认为是萌芽的学术学科必要的成长阶段。同样，忽视很多解构研究的技术崇拜也是错误的，技术崇拜几乎彻底改造了语言。新词新意的使用即便很有用（如我在上文中用的术语"去除立场〔deposition〕"就利用了我们以语言确定立场的后结构观念），但毕竟不能代替我们思考一门新学术学科和跨学科的建立，也不意味着思想的成熟或有效性。通常学术化和技术话语的同步发展放映了思想从公共任务参与活动中的退却，这种退却是里根/布什/撒切尔/梅杰世界秩序沉闷的政治时代里真正的诱惑。

这种文化研究的学术化注定了文化阅读的晦涩难懂，文化研究活动停留在学术期刊专栏里，而不是在更为易懂的途径中。当然，这就不用考虑民主化的文化批评将是否或怎样找到进入公共论坛的路径这一关键问题：如果不能吸引公众的注意，公开书写和通俗易懂的书写就一无是处。但是，这是一个我下文在文化研究与流行文化的关系的讨论中将要考虑的问题。通俗易懂的书写是必要的，但是，还不足以建立文化批评的公共话语，没有文化批评公共话语，就丧失了文化阅读的政治化作用。当文化研究被囚禁在期刊、专著、会议和课堂里时，简直难以想象文化研究应有的作用，这些课堂讨论者操同一种语言的，尤其追随着专业学者的同质群体。尽管关于通俗易懂的辩论撕扯着文化研究，但是很显然，无论是女性主义的、后结构主义的还是伯明翰学派，学术化的、去政治化的文化研究方式在占据主导地位，而且今后可能还将如此。

这主要是因为做文化研究学者首先是学者。他们在研究所当学徒时就从别的学术书写和同事中学习文化规范。我们不是不能恰当、简洁、优雅的书写，如果我们努力，很多人还是能做到的。但是作为学者，我们复制具有学术合法性特点的学术化的、蒙昧主义的文学表述规范。学术人文分子不出版就消亡，大学出版社支持了学术机构无数的附属物，比如说注释、窄聚焦和模糊的、自我指涉的书写风格。像欧美其他发展中或成熟的学术专业一样，这不是文化研究如此学术化的唯一原因。另一个原因是，文化研究，尤其是其非实证主义的变体致力于理论，这本身就要求非常专业化的语言。非实证文化研究和其他学术专业一样具有浓厚的理论性和根深蒂固的学院主义，这就注定了其蒙昧主义的宿命。

对拉康或者德里达作品的胜任的阅读要求在学习期间刻苦认真。理论领域的研究生多年艰辛克服高深的、有时还没有翻译的文本，以便能进入理论世界。要真正欣赏理论的自我孤立、自我提升趋势，也许就不得不成为理论家，如我一样。这就涉及不仅要学习怎样技术性地阅读和书写，还得学习怎样过理论生活，这种理论生活是由人们与不同于一般学术事业的神圣文本和亚文化的关系来定义的。人们总是一眼就能认出在各个不同等级层面的理论人群：他们的姿态与实证主义乌合之众不同，他们中的很多人出身卑微，将科学当成追求目标。哪怕他们赚钱不多，刚够支撑自己的对差异的幻象和模仿，但他们的衣着、举止和品位使他们与众不同。

第十章 作为景观社会中日常生活的文化研究

无论是穿着一身黑服装,拿着一本翻旧的《拉康选集》,还是,如果没那么穷的话,穿着一件皮夹克、一双意大利平底便鞋,出席各种会议,效果都是一样的:哪怕在这里摆出平均主义姿态,理论世界还是精英世界。这正是文化研究世界,尤其是在文化研究涉及大量的理论奉献的地方更是如此,在通往某种文化细读的途中充斥着相关刊物和学术专著。在这里争论的是政治风格。理论导向的文化研究倾向于成为一种排除次要人物的狂热崇拜。当然,很明显,理论人必须拥有价值,如果他们足够聪明能看懂德里达迂回的作品、同类作品,以及那些吸引文化读者批判注意力的文化物类的话。然而,当等级及其意识形态辩护都被编进了日常生活秘密的社会文本中时,所有这样的断言都是值得怀疑的。

严格的右派和左派中那些固执的高谈阔论者都很熟悉左派的政治风格,左派中的这些人乐于把左派时尚当成时尚。埃里克·霍弗(1966年)关于真实信徒的故事道出了部分情况,尽管他也像右派一样,忽视了市场资本主义通过竞争机制制造等级的事实。理论业与纽约和洛杉矶大街上的文化工业一样都是文化工业。当然,理论业的风险就小多了:时尚的理论家能幸运地售出大学出版社出版的万册专著,再作为学术名人每年赚取 10 万美金。尽管理论学术者的星级地位与史翠普和莱福特①公司的超级股份相比是相对贬值的,但这就是我们的世界,我们必须活在其中。

在这里说一说理论的文化地位的题外话也符合程序。很多文化研究人士的自觉的理论导向和那些进行普遍社会和文学理论研究者的理论导向反映了理论家们的某种傲慢,他们认为自己比那些主导英美社会科学领域的捣弄数字的人要优越得多。理论被看成是一种使命,一种真正的职业,从业者将自己看成专家,不同于平凡的教授职位。尽管这种先锋的官方主义显然也有意外的政治含义,但是其本意更多的是文化立场,而不是政治姿态理论家积累文化资本,尤其是在大学里(见布尔迪厄,1988 年)。他们将自己刻画得不同于民众,优于民众,民众

---

① 电影《走出非洲》的主要演员 STREEPS 和 REDFORDS。

追求的是已确定的、通常是量化的研究。

这种傲慢遍及学术人文学科。尽管以经验为依据的社会科学家和自然科学家对实证方法的优越性和值得转让的技术应用深感自满,但是,理论人士的文化定位很明显与他们自己对流行文化的兴趣相抵触,他们从阿波罗理性高度的高雅理论来分析流行文化。但是绝大部分文化理论家研究流行文化不是因为他们真正希望从内部来培养对立趋势(打破霸权,培养真正差异的激进化的文化研究可能会加速这种势头),而是因为他们觉得自己优于大众,他们采用文化阐释的欧洲修辞来分析文化作品和文化实践。

文化理论暗藏的精英主义颠覆左派文化理论家的解放意图,他们公开拥护这样或那样激进的社会变革。但是难以在很多文化研究实例中找到政治力量,这些文化研究方式深奥晦涩,使日常文化消费者无从领悟。在我一直谈及的高雅欧洲理论教唆下的文化阅读中,这种有政治力量的实例是少之又少。为高深难懂辩护的理由是因为理论需要:据称,为了开展文化分析来推翻霸权化的文化模仿和实践,人们就需要有欧洲哲学和社会思想背景,因此,就使他们的日常读者陷入了艰难的本体论危险地带,使他们无法有差异地生活。尽管我赞同在高雅文化理论中这种背景是必不可少的,以便批评家的各种阐释可能性、以便将文化阅读建立在更广阔的社会结构理论基础之上,但是,我认为我们还是可以以一种不阻碍公众话语的方式来使用理论,而且更应该提升公众话语。这可能是摆在既把自己当做有涵养的知识分子又把自己当做政治批评家的文化理论家面前的最基本的挑战。

文化研究理论化毫不留情的对手认为文化分析者一门心思地进行强烈的理论化,就是为了凸显和提高他们这个群体价值和水平。巴特认为在解构视角下文学批判与文化创造的界限消失了。这种见解是实证主义无预设表述批判观点的重要组成部分。但是批评家擅取文化创造,不强调在重估批评的建构作用时,创造高于批评(书写高于阅读)的等级需要调整,在这些方面,这种见解也会失控。很多文化批评者,尤其是那些非实证主义批评者都将自己视作重要的文化人物,他们不是为了颠覆文化和政治等级,而仅仅只是为了给自己的名声增添光彩,哪怕学术地位的创造在更广泛的世界里非常廉价。

在公众文章中塑造批评能力是政治民主的基本要求,这一点激进批评家在他们关于流行文化的工作实例中已有预见。新左派(见马尔库塞,1969年)清楚地认识到文化过程和文化产品不可能彻底分开。相反,日常生活政治对未来社会有着巨大的建构影响,使得我们目前的选择对于将来必然从中派生的内容起着极为重要的作用。文化批评加入到日常生活政治中来,将自己进行政治和修辞定位。想要民主的批评家民主地行事,全力以赴不仅追随知识分子,而且追随所有受到流行文化和大众媒体巨大网络影响的人们。尽管建立公共话语就是一个提升茫然的文化消费者识别力和批判水平的过程,因为这是一个对批评话语进行民主化的过程,但是理论家不要自私地定义这个问题确实很有必要。人们很容易对公共文化状况表示不满,似乎唯一的问题就是令人悲叹的公众对文化、文化和政治的无知。博学的批评家轻易就能抓住这一点。理论的政治风格对于教育人们接受文化的方式也密切相关,认识到这一点也很重要。理论的政治风格渗透在每日报纸、杂志和电视的大众文化批评中。这里我不想给文化批评赋予广阔无边的责任,只是提出建议,如果文化研究的目的是为了避免复制它声称反对的等级的话,就必须以易懂的公众术语来开展文化研究。

在民主化文化理论和分析的修辞时要熏陶大众品味不是一件容易的事情。世界上所有的宣言改变不了这样一个事实:文化工业是高度集中的,它击退了大部分针对它的挑战。但是文化研究最重要的论点之一就是文化是一套行进中的作品与实践,与从上压下来和由下复制出来的文化霸权是不一样的。观点、经验、品味和作品都被忽视了;他们制造差异。同样掩盖文化研究的霸权也激起了反抗。尽管貌似与外界隔绝,文化工业过去不是,现在也不是解围者。通过不知疲倦的政治和批判作品能够改变文化工业,预示着未来我们改变文化和改变生活的方式。人们已经着手在制造挑战日常生活的文化:这是批评理论的重要希望,这一希望必须在文化研究工作中得到证明,而这些文化工作的开展必须超越精英大学自我保存的语言游戏。

对阅读理论化、阅读理论还是理论性阅读？

考虑到这一切，以分析工作的方式，激进的文化研究究竟要做什么呢？设想一下如果文化研究能够成功地将自己定位在日常生活当中，帮助转变对表述的接受，那么这些研究文本将会怎么书写？对于这些问题的对答案就在我提议的两种文化研究的区别之间，这两种文化研究分别是：一是沉迷于理论性，而不参与公众话语的狂热崇拜的文化研究；二是勇敢地参与文化和政治争论，使用手头的实用工具来让人理解的文化研究。批判性文化研究面临的挑战是既要帮助人们理论性地、政治性地阅读文化，而又不让文化研究论文程式化的阅读理论，或者对阅读理论化；相反，理论上说来，激进的文化研究必须教会人们怎样超越在景观社会里复制的文化工业规则去阅读、去生活。

对于文化研究的挑战是要保留其理论性而同时又要创立一种可以教导人们如果解构性阅读的公共话语。非实证主义文化研究的学者容易犯两种错误：要么他们对理论感兴趣，尤其对阅读和书写真理理论化问题感兴趣，说得更清楚点就是他们着迷地讨论什么是阅读，而不做实际阅读；要么他们就只进行阅读，不能将他们的理论基础与特定的、充斥在文化研究期刊和专著中的阅读联系起来。这里的部分问题就是理论没有尽到应有的责任：它没有给日常阅读活动足够的理论性，以便当文本过快地散布在媒体化的、图像的和建筑环境中的时候，日常阅读能够放慢节奏来多加思考。要么理论被当成了文化细读的初步方案，与涉及文本和其社会语境更宽泛的理论关注没有联系，要么理论本身被当成了文本，在官方文学世界反反复复阅读。理论家不是真正让日常阅读具有理论性，因而将人们从麻醉人的、描绘墨守成规和消费主义存在的文本中解放出来，相反，他们要么不经阅读就把阅读理论化（来不及细读，没有对阅读政治优先理论化的基础），要么他们就只阅读理论，失去了在日常生活中开展的文化解构的政治力量。

诚然，根据所有等级化的语言游戏中包含的政治来将阅读及其与书写的关系理论化很有必要;否则,阅读仿效实证主义的表述接受,因而使得那些在结构上将自己定位为阅读而不是书写权力文本的读者失去了权力。不将阅读理论化,我们如同许多文化研究人士一样,进行非理论的阅读,增加了对文化作品的具体阐释,而这些阐释没有凝结成更宽泛的理论和政治整体。同样,和理论化阅读一样,阅读理论也很有必要。唯其如此,我们才能培养足够的弹性来使自己抵制实证主义习性,这种习性微妙地渗透在我们阅读和生活方式中,因而使我们失去了与快速资本主义网络和编码力量的批判距离。但是,我们还是必须培养能力,根据日常文化文本和实践对整个霸权的贡献来理论性地对之进行阅读,我们根据彻底的结构术语来理解霸权。这是激进文化研究真正的实践工作:它使我们摆脱了文化编码的奴役,提出了此时此地而不仅仅是在遥远的未来可行的、可供选择的生活,很多千禧年的现代主义者认为解放的希望还在这遥远的未来。

理论性的阅读意味着我们将文化文本和实践建立在整体的政治、经济和存在语境中。我们必须驳斥它们推荐的对我们真实利益不利的生活(这一点我已经予以探讨,在第八章中我分析了真实需求和虚假需求)。这种阅读要求清晰的需求,同时也要求对社会世界大规模的结构性理解,社会世界允许我们评价文化作品隐蔽的有效性断言,这些断言自以为真实地表述了现实。例如,理论性的读者也许会注意"妇女杂志"(如《职业妇女》、《时尚》、《世界主义者》)的话语/实践,这些话语/实践以支持父权制的方式来描绘妇女生活。当然,这一直是女性主义文化研究的主要关注,女性主义文化研究想要打破这种父权文化微妙的、自我复制的力量,在父权文化中,不可辩驳的妻子和母亲形象巧妙地掩饰了性别文本,母亲繁衍后代,唯独没有自我。

要这种阅读只注意到文学和人物描述的符号的变迁发展史是不够的,这是一种来自解构者之笔的技术性阅读。文化理论家将这种阅读的可能性进行理论化,而不设法找出时间来真正进行这种阅读也是不够的。女性主义文化理论家在学术期刊和出版商的官方世界进行这种阅读,而不去证明妇女杂志的普通读者也能进行这种阅读,因而将自己从重要的父权社会的话语和实践中解放出来,这也是不可取的。葛兰西倡导的去霸权化实践来自激进的文化研究,葛兰西称这种激进的文化研究与大众的关系是有机关系。文化理论家必须通过将他们自己与读者的关系去等级化来证明去等级化阅读的可能性,因为读者们对阅读德里达肯定是措手不及的。这是公共话语的基本要求之一。

最后,通过表明文化研究可能对文化文本和实践进行解码,找出它们真正隐藏的观念,文化研究会参与到重要的政治工作中来。文化研究通过实例,而非通过法令指明道路。源于葛兰西的伯明翰学派对此比法兰克福学派、后结构主义者和后现代主义者理解得要透彻些。尽管德国批评理论和新法国理论都是反斯大林主义的,但是他们的文化政治却呈现出精英主义最糟糕的特征。他们不能将他们的批评活动现象化为以政治活动为基础的生活世界关联性(见奥尼尔,1972年)。文化对生活经验层面造成了霸权性的损害,这曾是葛兰西的观点。无论晚期资本主义文化读者有多么麻木,这里都必须对此加以探讨;的确,麻木急需要与生活世界相关的、处处规避官方主义的文化研究。

对法兰克福精英主义通常的抱怨没有抓住这个要点:他们是为了创造民主的精英主义者。但是阿多诺、霍克海默和马尔库塞没有充分认识到由他们所批判的使人愚钝的文化工业所制造的理解障碍。因此,即便哈贝马斯(1981年b)朝着正确的方向进发,他意识到了来自人们生活经验基础的社会运动的重要性,但他们还是不能发展出与生活世界相关的文化阅读和抵制策略。正如我前面所说,在法兰克福学派的文化工业论点框架以外开展激进文化研究是不可能的。同时,如果不更多地注意以生活世界为基础的文化研究(学习以公众术语开展的非官方的文化阅读的模式)的政治和修辞问题,同样不可能实践激进化的文化研究。这并不是说文化研究必须得使用当下的行话,而是说文化研究必须认识到为了提出修辞和阐释民主的可能性而使用高雅的理论话语之间的反讽。

第十章　作为景观社会中日常生活的文化研究

解构流行文化

最后,激进文化研究必须重新定义流行文化领域以有助于转化流行文化。激进文化研究必须察觉和帮助打破流行文化和官方文化之间的断层线,因而粉碎晚期资本主义社会制度分化的各种经验和实践,文化研究能够利用自己关于生活世界市民偶然性的清晰话语来提出各种各样制度去分化的可能性,制度去分化颠覆了劳动和文化的等级界限。尤其是非官方的文化研究能够确立流行文化和精英文化界限的不可确定性,同时提升、启发,因而政治化流行文化,对精英文化去等级化,精英文化一如既往都是服务于保护精英。在此,后现代主义表现出色,尤其是在一些地方,它把所有的制度当成物化来反对。

后现代主义和韦伯主义一样都不信任正式官僚机构,卢卡奇和早期的法兰克福理论家都是如此。很多非马克思主义后现代主义者都可悲地认同了韦伯的观点:在工业资本主义社会,官僚的"铁笼"是不可避免的。葛斯和米尔斯(1948年)将韦伯描述成一个"怀旧的自由主义者",渴望前官僚社会高雅的文化价值和人文意义,但却认识到在体制巨人症时代的政治目的就是为个人创造最理想的空间,特别是超越必要劳动时间领域的空间。这已经变成了随后的后工业社会理论(如布劳纳,1968年;贝尔,1973年)和非马克思主义后现代主义(如利奥塔,1984年)的特征。我已经试图发展出一种更为马克思主义的后现代主义(阿格,1990年、1991年a、1991年b),它在历史唯物主义内批判官僚制度化,而历史唯物主义又为官僚资本主义和官僚社会主义的废除铺平了道路。照我看来,这正是批判理论的议程,而且应该坚持如此。

后现代主义者将所有制度分化和等级当做本质上是欺骗的,仅仅是人类建构与习俗的产物来质问,在这方面,他们比韦伯走得更远。在这种语境下,他们正确地认为所谓流行文化与官方文化之间的断层线是能够解构的,激进文化研究的目的之一就是要能直接植根于生活世界。但是与许多根据法兰克福学派的文化官方主义来否定地定义自己的文化研究人士不同,他们规定流行文化领域的价值,我相信流行文化与官僚文化之间的解构关系是辩证的,也是等级性的。也就是说,我在敦促精英文化民主化和去等级化的同时,也设想对流行文化的救赎和整顿。这些事情是密不可分的:在流行文化在生活经验和文化工业层面令人难以置信地霸权化的时候来倡导流行文化,这在政治上是不负责任的。

我赞同非官方文化研究的观点,即我们应该对官方文化去等级化,这是我文化研究现象化的具体案例中清楚强调的观点,也是本书的要点。但我也认识到,正如法兰克福理论家讨论的一样,精英文化保护批评和他者性。距离与差异为人们提供了空间,根据无处不在的文化工业来批判性地反思自己的文化适应,哈贝马斯(1984年、1987年b)追随帕森斯,将文化工业称为"体系"。要文化研究去简单地倡导流行文化就颠覆现代主义文化理论真正的民粹主义,而现代主义文化理论认识到了控制和消费的精英主义的强制措施对流行文化的殖民化。

这就提出了一个有关生活世界的隐喻在批评理论中的可行性的真正问题(见阿格,1991年a)。尽管现象学马克思主义有效地将所有理论的抽象概念追溯到他们在生活经验方面的前理论建构,以此来对他们有自己态度的客观主义去物化,但我仍然不赞同哈贝马斯、现象学家和女性主义者的观点,即关于生活世界经验有某种内在的效力使得其优越于舒茨所说的理论或专业知识。现象学冒着对系统生活世界关系去历史化的危险,将日常生活变成了名副其实的伊甸园,在这里,人们自在地漫游,不受社会规约和理论与科学抽象概念的约束。尽管现象学马克思主义为结构马克思主义(见皮肯,1971年;奥尼尔,1972年)提供了强有力的修正,但致力于民粹主义的人士几乎难以抵制这种冻结所谓的生活世界建构性的诱惑。尽管民粹主义是一种有效的美国民主能指,但是将流行文化膨胀为一种政治项目,而对其在晚期资本主义中的历史性不将考虑,这是很成问题的。毕竟,今天的流行文化领域令人难以置信地由精英来管理,在商场和电影院人们本能体验的永存的虚假需求中,这些精英有经济支柱和意识形态支柱,他们教导那些在商场和电影院的人们来解码和演绎文化一致性的伪装文本。

这并不是否认所有的社会变革都必须通过,而不是围绕生活经验来进行。然而,还是要质问所谓的生活世界的神圣性,尤其是在这样一个以整体管理为基础的社会里,生活世界能当成是一种未受结构约束污染的自然状态吗?事实上,正如马尔库塞(1955年、1964年)所证明的那样,控制、协调和商品化强制措施触及了所有的私人空间。尽管总是有他(1964年)所称之的"选择机会"——为什么还有书写和抵制呢?——像他的第一代法兰克福同僚一样,他根据身心自由程度几乎削弱到零的程度,警告人们不要将民粹主义的自发主义浪漫化。法兰克福理论家并不像怀疑论者那样傲慢自大,他们主张力所能及的实用主义几乎不可避免地屈从于几乎强加于每个人文项目上的管教和约束。他们非常不信任美国的企业主义,甚至是左派的企业主义。他们的马克思主义有一种悲剧性的预兆、一种成熟,但没有生活世界的激进主义,不像自由主义和后现代主义,这些生活世界的激进主义赋予个人自决,在管理社会里很多人对这种自决是可望而不可及的。

不管怎样,阿多诺、马尔库塞和霍克海默本可以将后结构主义和后现代主义视作他们批判理论的单调的、去历史化的形式(例如,已经注意到了阿多诺－德里达的渊源关系,见赖安,1982年;杰,1984年)。他们本可以赞同德里达对不可确定性和差异性的强调,但是那样他们就会把德里达和利奥塔的相对论/相对主义视作自相矛盾的绝对事物,更喜欢哈贝马斯称之为生活世界体系的关系,而不是对之加以区分。早期的法兰克福学派理论家们怀疑生活世界的隐喻(见阿多诺关于存在主义一书:《本真的行话》,1973年a),因为它们夸大了主体性的自治。出于同样的原因,他们本可以拒绝在后结构主义和后现代主义中发现的自治的本体论怀疑,其中,通过对阻碍真正启蒙和社会变革的话语/实践进行不可避免的定位来实行管理。尽管他们本可以更加接近德里达和福柯理论中定位的主体性的悲观主义描绘,而远离现象学喜洋洋的个人主义,这样就能意识到两种理论姿态都犯了同样的错误:将主客体关系冻结为社会命运。作为历时唯物主义者,法兰克福理论家认识到历史本质上是不可确定的(正如梅洛·庞蒂写到〔1964年,第81页〕,"革命的日期并没有写在墙上,也没有刻在形而上学的天堂"——是一种法兰克福学派理论家们共有的观点)。无论是自由主义的自决世界还是后结构主义的语言牢笼,都没有意义明确的主体姿态、生活世界或日常生活。只有为很多人士和群体所用的历史和各种可能性。

归根结底,激进文化研究会将文化实践与经验的历史性作为其中心口号。如此,它就会解构性地将所有的流行文化与官方文化之间的范畴区分作为问题来质问。此外,它还会将自己作为文化实践定位于景观社会的日常生活中。尽管反对成功的民粹主义煽动的可能性很大,但是就在社会变革重估流行文化价值的时候,是不可能避开流行文化的。同样,文化研究也不能摆脱其自身的理论外壳,假装成其他事物。它必须教导人们怎样理论性地阅读和生活,揭露来自方方面面袭击他们的模仿,而不是去寻求一种更为稳定的价值基础,并以此基础去参与文化与政治实践的去等级化。这是解构文化工业和重构文化的唯一方式。在晚期资本主义,我想不出更多有望的政治途径。

仅因如此,批判理论的未来就在于它作为文化研究与实践意图的结合(见凯尔纳,1989 年 a)。避免堂皇而空洞的断言,我们可以否定地叙述这种文化研究的政治议程:它想要帮助人们摆脱统治——统治是一种侵犯了他们自己最佳利益的弄巧成拙和自我复制。当下,很多这类实践作为作者行为,被编进了流行文化领域,但是隐藏在散布的话语和模仿中,极难解读(和抵制)。批评理论作为一种对日常生活隐秘倡导内容的质疑方式,对文化作品和实践进行作者化。

人名中英文对照表

Adorno 阿多诺
Agger 阿格
Alexander 亚历山大
Altheide 阿什德
Althusser 阿尔都塞
Arato 阿拉托
Aronowitz 阿诺维茨
Ayn Rand 艾茵·兰德
Balsamo 巴尔萨摩
Barthes 巴特
Batra 巴特拉
Baudrillard 鲍德里亚
Beauvoir 波伏娃
Bell 贝尔
Bellah 贝拉
Benjamin 本雅明
Berman 伯曼
Best 贝斯特
Blauner 布劳纳
Block 布洛克
Bloom 布鲁姆

Boggs 博格斯
Bourdieu 布尔迪厄
Brake 布雷克
Breines 布雷尼斯
Brenkman 布兰克曼
Brodkey 布洛基
Brown 布朗
Browne 布朗尼
Brownmiller 布朗米勒
Cixous 西苏
Clarke 克拉克
Cleaver 克利维
Cohen 科恩
Connell 康纳尔
Conner 康纳
Coser 柯赛
Coward 考沃德
Culler 卡勒
Curtis 柯蒂斯
Daly 戴利
Dan Rather 丹·拉泽
Dandaneau 丹达罗
De Lauretis 德提斯
Debord 德波
Denzin 邓金
Derrida 德里达
Dews 杜斯
Dimaggio 狄马乔
Dubois 杜布瓦
Durkheim 迪尔凯姆

Dworkin 德沃金
Eagleton 伊格尔顿
Ellis 艾利斯
Ellul 埃吕尔
Elshtain 埃尔西坦
Elster 埃尔斯特
English 英格里斯
Evans 埃文斯
Ewen 伊文
Faurschou 法尔修
Fekete 费克特
Felman 费尔曼
Fischer 菲舍尔
Fish 费什
Fiske 费斯克
Flax 弗莱克斯
Foucault 福柯
Fraser 弗雷泽
Friedrichs 弗里德里希斯
Frith 弗里斯
Garfinkel 加芬克尔
Gellner 盖尔纳
Geras 格拉斯
Gerth 葛斯
Gilligan 吉利根
Gitlin 吉特林
Goldman 戈德曼
Gottdiener 戈特德伊纳
Gouldner 古德纳
Gramsci 葛兰西

Greenblatt 格林布拉特
Greer 格里尔
Griswold 格里斯沃尔德
Grossberg 格罗斯伯格
Gruneau 格吕诺
Habermas 哈贝马斯
Hall 霍尔
Hallin 哈林
Harding 哈丁
Harms 哈姆斯
Harvey 哈维
Hassan 哈桑
Hauser 霍塞
Hawkins 霍金斯
Hebdige 希迪治
Held 赫尔德
Hegel 黑格尔
Hirsch 希尔施
Hoffer 霍弗
Hoggart 霍加特
Hoppenstand 贺宾斯丹
Horkheimer 霍克海默
Husserl 胡塞尔
Huyssen 胡伊森
Hymes 海姆斯
Inglis 英格里斯
Irigaray 伊丽格瑞
Iser 伊瑟尔
Jacoby 雅各布
Jameson 詹姆逊

Jay 杰
Jencks 詹克斯
Johnson 约翰逊
Keane 吉恩
Kellner 凯尔纳
Kimball 金布尔
Klein 克莱恩
Klinkowitz 克林科维兹
Knorr-Cetina 诺尔·赛蒂纳
Kolodny 科罗德尼
Kramer 克莱默
Kristeva 克里斯蒂娃
Kroker 克洛克
Kuhn 库恩
Lacan 拉康
Laclau 拉克劳
Lacombe 拉孔布
Lad Panek 拉德·潘尼克
Ladd 拉德
Lamont 拉蒙特
Lasch 拉希
Lauretis 劳里提斯
Lederer 里德尔
Lefebvre 勒菲弗尔
Leiss 莱斯
Lemert 莱默特
Lentricchia 伦特里契亚
Leong 梁
Levi-Strauss 列维-施特劳斯
Levine 列文

Lichtheim 利希海姆
Linton 林顿
Lodge 洛奇
Loukides 洛基德斯
Lowenthal 洛文塔尔
Lukacs 卢卡奇
Luke 卢克
Lyotard 利奥塔
MacIntyre 麦金泰尔
MacKinnon 麦金侬
Macpherson 麦弗逊
Man 曼
Mandel 曼德尔
Manion 马尼恩
Marcus 马尔库斯
Marcuse 马尔库塞
Marx 马克思
McCabe 麦克凯布
McCron 麦克克农
McCloskey 麦克洛斯基
McLuhan 麦克卢汉
McRobbie 麦克若比
Mehan 梅汉
Merleau-Ponty 梅洛·庞蒂
Miller 米勒
Millett 米利特
Mills 米尔斯
Moi 莫伊
Morrow 莫柔
Mulvey 墨菲

Murdock 默多克
Myers 麦尔斯
Nelson 纳尔逊
Newman 纽曼
Nietzsche 尼采
Oakeshott 奥克肖特
O'neill 奥尼尔
Orman 奥尔曼
Paci 帕奇
Parsons 帕森斯
Piccone 皮肯
Portoghesi 波尔托盖西
Poster 波斯特
Rachlin 拉格连
Radway 拉德维
Ransom 兰塞姆
Raulet 罗利特
Richardson 理查德森
Roemer 罗梅尔
Roman 罗曼
Rorty 洛蒂
Rosenau 罗斯诺
Ross 罗斯
Ryan 赖安
Satre 萨特
Schiller 席勒
Schorske 休斯克
Schutz 舒茨
Shelton 谢尔顿
Shiach 西阿克

Silverman 西弗曼
Skinner 斯金纳
Slater 斯拉特
Smart 斯马特
Smith 史密斯
Soble 索布尔
Soja 索雅
Soothill 苏希尔
Steinem 史坦能
Stern 斯特恩
Thompson 汤普森
Thornton 桑顿
Torres 托雷斯
Touraine 图莱纳
Turley 特利
Walby 华尔比
Walters 华特斯
Warren 华伦
Weedon 威敦
Wellis 威力斯
Wernick 威力克
West 韦斯特
Williams 威廉斯
Williamson 威廉森
Willis 威利斯
Witheford 威斯福特
Wittgenstein 维特根斯坦
Wright 赖特
Wuthnow 伍斯诺
Zaret 扎雷特

Bibliography(原文参考文献)

ADORNO, T. (1945) 'A Social Critique of Radio Music', *Kenyon Review*, 8, pp. 208–17.
ADORNO, T. (1954) 'How to Look at Television', *Quarterly of Film, Radio and Television*, 3, pp. 213–35.
ADORNO, T. (1973a) *The Jargon of Authenticity*, Evanston, Ill., Northwestern University Press.
ADORNO, T. (1973b) *Negative Dialectics*, New York, Seabury Press.
ADORNO, T. (1973c) *Philosophy of Modern Music*, New York, Seabury Press.
ADORNO, T. (1974a) *Minima Moralia*, London, New Left Books.
ADORNO, T. (1974b) 'The Stars Down to Earth: The Los Angeles Times Astrology Column: A Study in Secondary Superstition', *Telos*, 19, pp. 13–90.
ADORNO, T. (1984) *Aesthetic Theory*, London, Routledge and Kegan Paul.
AGGER, B. (1976) 'Marcuse and Habermas on New Science', *Polity*, 9, pp. 151–81.
AGGER, B. (1979) *Western Marxism: An Introduction*, Santa Monica, Goodyear.
AGGER, B. (1989a) *Fast Capitalism: A Critical Theory of Significance*, Urbana, Ill., University of Illinois Press.
AGGER, B. (1989b) *Reading Science: A Literary, Political and Sociological Analysis*, Dix Hills, NY, General Hall.
AGGER, B. (1989c) *Socio(onto)logy: A Disciplinary Reading*, Urbana, Ill., University of Illinois Press.
AGGER, B. (1990) *The Decline of Discourse: Reading, Writing and Resistance in Postmodern Capitalism*, London/New York, Falmer Press.
AGGER, B. (1991a) *The Discourse of Domination: From the Frankfurt School to Postmodernism*, Evanston, Ill., Northwestern University Press.
AGGER, B. (1991b) *A Critical Theory of Public Life: Knowledge, Discourse and Politics in an Age of Decline*, London/New York, Falmer Press.
ALEXANDER, J. (1982) *Theoretical Logic in Sociology*, 4 vols, Berkeley, University of California Press.
ALEXANDER, J. (Ed.) (1985) *Neofunctionalism*, Beverly Hills, Sage.
ALEXANDER, J. and SEIDMAN, S. (Eds) (1990) *Culture and Society: Contemporary Debates*, New York, Cambridge University Press.
ALTHEIDE, D. (1985) *Media Power*, Beverly Hills, Sage.
ALTHEIDE, D. and SNOW, R. (1979) *Media Logic*, Beverly Hills, Sage.
ALTHUSSER, L. (1970) *For Marx*, London, Allen Lane.
ALTHUSSER, L. (1971) *Lenin and Philosophy and Other Essays*, New York, Monthly Review Press.
ALTHUSSER, L. and BALIBAR, E. (1970) *Reading Capital*, New York, Pantheon.

ARATO, A. and BREINES, P. (1979) *The Young Lukács and the Origins of Western Marxism*, New York, Seabury.
ARATO, A. and GEBHARDT, E. (Eds) (1978) *The Essential Frankfurt School Reader*, New York, Urizen.
ARONOWITZ, S. (1990) *The Crisis in Historical Materialism*, 2nd ed., Minneapolis, University of Minnesota Press.
BALSAMO, A. (1987) 'Un-Wrapping the Postmodern: A Feminist Glance', *Journal of Communication Inquiry*, 11, 1, pp. 64–72.
BALSAMO, A. (1990) 'Reading the Gender Body in Contemporary Culture, 1980–1990', manuscript.
BARTHES, R. (1975) *The Pleasure of the Text*, New York, Hill and Wang.
BATRA, R. and RAY, M.L. (1986) 'Affective Responses Mediating Acceptance of Advertising', *Journal of Consumer Research*, 13, pp. 234–49.
BAUDRILLARD, J. (1975) *The Mirror of Production*, St Louis, Telos Press.
BAUDRILLARD, J. (1981) *For a Critique of the Political Economy of the Sign*, St Louis, Telos Press.
BAUDRILLARD, J. (1983) *Simulations*, New York, Semiotext(e).
BEAUVOIR, S. DE (1953) *The Second Sex*, New York, Knopf.
BELL, D. (1960) *The End of Ideology*, Glencoe, Ill., Free Press.
BELL, D. (1973) *The Coming of Post-Industrial Society*, New York, Basic Books.
BELL, D. (1976) *The Cultural Contradictions of Capitalism*, New York, Basic Books.
BELLAH, R., MADSEN, R., SULLIVAN, W.M., SWIDLER, A. and TIPTON, S.M. (1985) *Habits of the Heart: Individualism and Commitment in American Life*, Berkeley, University of California Press.
BENJAMIN, W. (1969) *Illuminations*, New York, Schocken.
BERMAN, A. (1988) *From the New Criticism to Deconstruction: The Reception of Structuralism and Post-structuralism*, Urbana, Ill., University of Illinois Press.
BEST, S. and KELLNER, D. (1991) *Postmodern Theorizing*, London, Macmillan.
BLAUNER, R. (1968) *Alienation and Freedom*, Chicago, University of Chicago Press.
BLOCK, F. (1990) *Postindustrial Possibilities: A Critique of Economic Distourse*, Berkeley, University of California Press.
BLOOM, A. (1987) *The Closing of the American Mind*, New York, Simon and Schuster.
BOGGS, C. (1976) *Gramsci's Marxism*, London, Pluto Press.
BOURDIEU, P. (1984) *Distinction: A Social Critique of the Judgment of Taste*, Cambridge, Mass., Harvard University Press.
BOURDIEU, P. (1988) *Homo Academicus*, Oxford, Polity Press.
BRAKE, M. (1980) *The Sociology of Youth Culture and Youth Subcultures: Sex, Drugs and Rock 'n' Roll*, New York, Routledge.
BREINES, P. (1985) 'Redeeming Redemption', *Telos*, 65, pp. 152–8.
BRENKMAN, J. (1987) *Culture and Domination*, Ithaca, NY, Cornell University Press.
BRODKEY, L. (1987) *Academic Writing as Social Practice*, Philadelphia, Temple University Press.
BROWN, B. (1973) *Marx, Freud and the Critique of Everyday Life*, New York, Monthly Review Press.
BROWN, R.H. (1987) *Society as Text*, Chicago, University of Chicago Press.
BROWN, R.H. (1989) *Social Science as Civic Discourse*, Chicago, University of Chicago Press.
BROWNE, R.B. (Ed.) (1980) *Rituals and Ceremonies in Popular Culture*, Bowling Green, Ohio, Bowling Green University Press.
BROWNE, R.B. (1989) *Against Academia: The History of the Popular Culture Association, 1967–1988*, Bowling Green, Ohio, Bowling Green University Press.
BROWNE, R.B. and MADDEN, D. (1972) *The Popular Culture Explosion*, Dubuque, Iowa, William C. Brown.

BROWNMILLER, S. (1973) *Against Our Will: Men, Women and Rape*, New York, Bantam Books.
CIXOUS, H. (1986) *Inside*, New York, Schocken.
CLARKE, G. (1990) 'Defending Ski-Jumpers: A Critique of Theories of Youth Subcultures', in FRITH, S. and GOODWIN, A. (Eds) *On Record*, New York, Pantheon.
CLEAVER, H. (1979) *Reading Capital Politically*, Austin, Tex., University of Texas Press.
COHEN, P. (1972) 'Subcultural Conflict and Working Class Community', *Working Papers in Cultural Studies*, 2 (Spring), pp. 5–51.
CONNELL, R.W. (1987) *Gender and Power: Society, the Person and Sexual Politics*, Oxford, Polity Press.
CONNER, S. (1989) *Postmodernist Culture: An Introduction to Theories of the Contemporary*, New York, Basil Blackwell.
COSER, L., KADUSHIN, C. and POWELL, W. (1982) *Books: The Culture and Commerce of Publishing*, New York, Basic Books.
COWARD, R. (1982) 'Sexual Violence and Sexuality', *Feminist Review*, 11, pp. 9–22.
CULLER, J. (1982) *On Deconstruction: Theory and Criticism in the 1970s*, Ithaca, NY, Cornell University Press.
CURTIS, R. (1989) *Beyond the Bestseller: A Literary Agent Takes You Inside the Book Business*, New York, New American Library.
DALY, M. (1973) *Beyond God the Father: Toward a Philosophy of Women's Liberation*, Boston, Beacon Press.
DALY, M. (1978) *Gyn/Ecology: The Metaethics of Radical Feminism*, Boston, Beacon Press.
DANDANEAU, S. (1992) 'Post-Marxism', *Current Perspectives in Social Theory*, 12, forthcoming.
DEBORD, G. (1970) *The Society of the Spectacle*, Detroit, Black and Red Press.
DENZIN, N. (1986) 'Postmodern Social Theory', *Sociological Theory*, 4, pp. 194–204.
DENZIN, N. (1990) 'Reading Cultural Texts', *American Journal of Sociology*, 95, pp. 1577–80.
DENZIN, N. (1991) 'Empiricist Cultural Studies in America', *Current Perspectives in Social Theory*, 11, pp. 17–39.
DERRIDA, J. (1976) *Of Grammatology*, Baltimore, Johns Hopkins University Press.
DERRIDA, J. (1978) *Writing and Difference*, Chicago, University of Chicago Press.
DERRIDA, J. (1981) *Positions*, Chicago, University of Chicago Press.
DERRIDA, J. (1987) *Glas*, Lincoln, Nebr., University of Nebraska Press.
DEWS, P. (1984) 'Power and Subjectivity in Foucault', *New Left Review*, 144, pp. 72–95.
DEWS, P. (1987) *Logics of Disintegration: Post-Structuralist Thought and the Claims of Critical Theory*, London, Verso.
DIMAGGIO, P. (Ed.) (1986) *Nonprofit Enterprise in the Arts*, New York, Oxford University Press.
DUBOIS, E., KELLY, G., KENNEDY, E., KORSMEYER, C. and ROBINSON, L. (1985) *Feminist Scholarship: Kindling in the Groves of Academe*, Urbana, Ill., University of Illinois Press.
DURKHEIM, E. (1950) *The Rules of Sociological Method*, Glencoe, Ill., Free Press.
DWORKIN, A. (1974) *Woman Hating*, New York, Dutton.
DWORKIN, A. (1981) *Pornography: Men Possessing Women*, New York, Perigee Books.
DWORKIN, A. (1988) *Letters from a War Zone*, London, Secker and Warburg.
EAGLETON, T. (1976) *Criticism and Ideology*, London, New Left Books.
EAGLETON, T. (1983) *Literary Theory: An Introduction*, Minneapolis, University of Minnesota Press.
EAGLETON, T. (1984) *The Function of Criticism*, London, Verso.

EAGLETON, T. (1986) *Against the Grain*, London, Verso.
EAGLETON, T. (1990a) *The Ideology of the Aesthetic*, Cambridge, Mass., Basil Blackwell.
EAGLETON, T. (1990b) *The Significance of Theory*, Cambridge, Mass., Basil Blackwell.
ELLIS, K. (1984) 'I'm Black and Blue from the Rolling Stones and I'm not Sure How I Feel about it: Pornography and the Feminist Imagination', *Socialist Review*, 14, 2–4, pp. 103–25.
ELLUL, J. (1964) *The Technological Society*, New York, Knopf.
ELSHTAIN, J. (1984) 'The New Porn Wars', *The New Republic*, June 25, pp. 15–20.
ELSTER, J. (1989) *The Cement of Society: A Study of Social Order*, New York, Cambridge University Press.
ENGLISH, D. (1980) 'The Politics of Porn', *Mother Jones*, 5, 3, pp. 20–43.
EVANS, S. (1973) *Personal Politics: The Roots of Women's Liberation in the Civil Rights Movement and the New Left*, New York, Vintage Books.
EWEN, S. (1976) *Captains of Consciousness: Advertising and the Social Roots of the Consumer Culture*, New York, McGraw-Hill.
EWEN, S. (1988) *All Consuming Images: The Politics of Style in Contemporary Culture*, New York, Basic Books.
FAURSCHOU, G. (1987) 'Fashion and the Cultural Logic of Postmodernity', *Canadian Journal of Political and Social Theory*, 11, 1–2, pp. 68–82.
FEKETE, J. (1978) *The Critical Twilight: Explorations in the Ideology of Anglo-American Literary Theory from Eliot to McLuhan*, London, Routledge and Kegan Paul.
FELMAN, S. (1985) *Writing and Madness*, Ithaca, NY, Cornell University Press.
FELMAN, S. (1987) *Jacques Lacan and the Adventure of Insight*, Cambridge, Mass., Harvard University Press.
FISCHER, E. (1963) *The Necessity of Art: A Marxist Approach*, Harmondsworth, Penguin.
FISCHER, E. (1969) *Art Against Ideology*, London, Allen Lane.
FISH, S. (1980) *Is There a Text in this Class?: The Authority of Interpretive Communities*, Cambridge, Mass., Harvard University Press.
FISH, S. (1989) *Doing What Comes Naturally*, Durham, NC, Duke University Press.
FISKE, J. (1987) *Television Culture*, New York, Methuen.
FISKE, J. (1989a) *Reading the Popular*, Boston, Unwin Hyman.
FISKE, J. (1989b) *Understanding Popular Culture*, Boston, Unwin Hyman.
FISKE, J. (1990) *Introduction to Communication Studies*, 2nd ed., London, Routledge and Kegan Paul.
FISKE, J. and HARTLEY, J. (1978) *Reading Television*, London, Methuen.
FLAX, J. (1990) *Thinking Fragments: Psychoanalysis, Feminism and Postmodernism in the Contemporary West*, Berkeley, University of California Press.
FOUCAULT, M. (1976) *The Archaeology of Knowledge*, New York, Harper and Row.
FOUCAULT, M. (1977) *Discipline and Punish*, New York, Pantheon.
FOUCAULT, M. (1978) *The History of Sexuality*, Harmondsworth, Penguin.
FOUCAULT, M. (1980) *Power/Knowledge*, New York, Pantheon.
FRASER, N. (1989) *Unruly Practices: Power, Discourse and Gender in Contemporary Social Theory*, Minneapolis, University of Minnesota Press.
FRIEDRICHS, R. (1970) *A Sociology of Sociology*, New York, Free Press.
FRITH, S. (1983) *Sound Effects*, London, Constable.
GARFINKEL, H. (1967) *Studies in Ethnomethodology*, Englewood Cliffs, NJ, Prentice-Hall.
GELLNER, E. (1959) *Words and Things*, London, Gollancz.
GERAS, N. (1987) 'Post-Marxism?', *New Left Review*, 163, pp. 40–82.
GILLIGAN, C. (1982) *In a Different Voice*, Cambridge, Mass., Harvard University Press.

GITLIN, T. (1980) *The Whole World is Watching: Mass Media in the Making and Unmaking of the New Left*, Berkeley, University of California Press.
GITLIN, T. (1987) *The Sixties: Years of Hope, Days of Rage*, New York, Bantam Books.
GITLIN, T. (1988) 'Hip-Deep in Postmodernism', *The New York Times Book Review*, November 6, pp. 1, 35–6.
GOLDMAN, R. and PAPSON, S. (1991) 'Levi's and the Knowing Wink', *Current Perspectives in Social Theory*, 11, pp. 69–95.
GOLDMANN, L. (1964) *The Hidden God: A Study of the Tragic Vision in the Pensees of Pascal and the Tragedies of Racine*, New York, Humanities Press.
GOLDMANN, L. (1972) *Racine*, Cambridge, Rivers Press.
GOLDMANN, L. (1975) *Towards a Sociology of the Novel*, London, Tavistock Press.
GOLDMANN, L. (1976) *Cultural Creation in Modern Society*, St Louis, Telos Press.
GOLDMANN, L. (1981) *Method in the Sociology of Literature*, Oxford, Basil Blackwell.
GOTTDIENER, M. (1991) 'Space, Social Theory and the Urban Metaphor', *Current Perspectives in Social Theory*, 11, pp. 295–311.
GOULDNER, A. (1970) *The Coming Crisis of Western Sociology*, New York, Basic Books.
GRAMSCI, A. (1971) *Selections from the Prison Notebooks*, London, Lawrence and Wishart.
GREENBLATT, S. (1980) *Renaissance Self-Fashioning: From More to Shakespeare*, Chicago, University of Chicago Press.
GREENBLATT, S. (Ed.) (1981) *Allegory and Representation*, Baltimore, Johns Hopkins University Press.
GREENBLATT, S. (Ed.) (1982) *The Power of Forms in the English Renaissance*, Norman, Ohio, Pilgrim Books.
GREENBLATT, S. (1990) *Learning to Curse: Essays in Early Modern Culture*, New York, Routledge.
GREER, G. (1971) *The Female Eunuch*, New York, McGraw-Hill.
GRISWOLD, W. (1986) *Renaissance Revivals: City Comedy and Revenge Tragedy in the London Theatre*, Chicago, University of Chicago Press.
GROSSBERG, L. (1986) 'Teaching the Popular', in NELSON, C. (Ed.) *Theory in the Classroom*, Urbana, Ill., University of Illinois Press.
HABERMAS, J. (1970) 'Technology and Science as "Ideology"', in HABERMAS, J. *Toward a Rational Society*, Boston, Beacon Press.
HABERMAS, J. (1971) *Knowledge and Human Interests*, Boston, Beacon Press.
HABERMAS, J. (1975) *Legitimation Crisis*, Boston, Beacon Press.
HABERMAS, J. (1979) *Communication and the Evolution of Society*, Boston, Beacon Press.
HABERMAS, J. (1981a) 'Modernity versus Postmodernity', *New German Critique*, 22, pp. 3–14.
HABERMAS, J. (1981b) 'New Social Movements', *Telos*, 49, pp. 33–7.
HABERMAS, J. (1984) *The Theory of Communicative Action*, Vol. 1, Boston, Beacon Press.
HABERMAS, J. (1987a) *The Philosophical Discourse of Modernity*, Cambridge, Mass., MIT Press.
HABERMAS, J. (1987b) *The Theory of Communicative Action*, Vol. 2, Boston, Beacon Press.
HALL, S. (1978) *Policing the Crisis: Muggery, the State and Law and Order*, London, Macmillan.
HALL, S. (Ed.) (1980a) *Culture, Media and Language: Working Papers in Cultural Studies, 1972–1979*, London, Hutchinson.
HALL, S. (1980b) 'Cultural Studies: Two Paradigms', *Media, Culture and Society*, 2, pp. 57–72.
HALL, S. (1982) 'The Rediscovery of 'Ideology': Return of the Repressed in Media

Studies', in GUREVITCH, M., BENNETT, T., CURRAN, J. and WOOLACOTT, J. (Eds) *Culture, Society and the Media*, London, Methuen.
HALL, S. (1985) 'Signification, Representation, Ideology: Althusser and the Post-Structuralist Debates', *Critical Studies in Mass Communication*, 2, 2, pp. 91–114.
HALL, S. (1986) 'On Postmodernism and Articulation', *Journal of Communication Inquiry*, Summer, pp. 45–60.
HALL, S. (1988) *The Hard Road to Renewal: Thatcherism and the Crisis of the Left*, London, Verso.
HALL, S. and JACQUES, M. (Eds) (1989) *New Times: The Shape of Politics in the 1990s*, London, Lawrence and Wishart.
HALL, S. and JEFFERSON, T. (1976) *Resistance Through Rituals: Youth Subcultures in Post-War Britain*, London, Hutchinson.
HALL, S. and WHANNEL, P. (Eds) (1965) *The Popular Arts*, New York, Pantheon.
HALLIN, D. (1985) 'The American News Media: A Critical Theory Perspective', in FORESTER, J. (Ed.) *Critical Theory and Public Life*, Cambridge, Mass., MIT Press.
HARDING, S. (1986) *The Science Question in Feminism*, Ithaca, NY, Cornell University Press.
HARMS, J. and KELLNER, D. (1991) 'Critical Theory and Advertising', *Current Perspectives in Social Theory*, 11, pp. 41–67.
HARVEY, D. (1989) *The Condition of Postmodernity*, Oxford, Basil Blackwell.
HASSAN, I. (1987) *The Postmodern Turn: Essays in Postmodern Theory and Culture*, Columbus, Ohio, Ohio State University Press.
HAUSER, A. (1982) *The Sociology of Art*, London, Routledge and Kegan Paul.
HAWKINS, R.P., YOUNG-HO, K. and PINGREE, S. (1991) 'The Ups and Downs of Attention to Television', *Communication Research*, 18, 1, pp. 53–76.
HEBDIGE, D. (1979) *Subculture: The Meaning of Style*, London, Methuen.
HEBDIGE, D. (1988) *Hiding in the Light: On Images and Things*, New York, Routledge.
HELD, D. (1980) *Introduction to Critical Theory*, Berkeley, University of California Press.
HEGEL, G.W.F. (1966) 'Preface to *Phenomenology of Mind*', in KAUFMAN, W. (Ed.) *Hegel: Texts and Commentary*, Garden City, NY, Anchor Books.
HIRSCH, E.D. (1987) *Cultural Literacy*, Boston, Houghton Mifflin.
HOFFER, E. (1966) *The True Believer: Thoughts on the Nature of Mass Movements*, New York, Harper and Row.
HOGGART, R. (1957) *The Uses of Literacy*, London, Chatto and Windus.
HOPPENSTAND, G. and BROWNE, R. (Eds) (1987) *The Gothic World of Stephen King: Landscape of Nightmares*, Bowling Green, Ohio, Bowling Green University Press.
HORKHEIMER, M. (1972) 'Traditional and Critical Theory' in HORKHEIMER, M. *Critical Theory*, New York, Herder and Herder.
HORKHEIMER, M. (1973) 'The Authoritarian State', *Telos*, 15, pp. 3–20.
HORKHEIMER, M. and ADORNO, T.W. (1972) *Dialectic of Enlightenment*, New York, Herder and Herder.
HUSSERL, E. (1977) *Cartesian Meditations: An Introduction to Phenomenology*, The Hague, Martinus Nijhoff.
HUYSSEN, A. (1986) *After the Great Divide: Modernism, Mass Culture, Postmodernism*, Bloomington, Ind., Indiana University Press.
HYMES, D. (1974) *Foundations in Sociolinguistics: An Ethnographic Approach*, Philadelphia, University of Pennsylvania Press.
INGLIS, F. (1990) *Media Theory: An Introduction*, Oxford, Basil Blackwell.
IRIGARAY, L. (1985) *This Sex Which is Not One*, Ithaca, NY, Cornell University Press.
ISER, W. (1978) *The Act of Reading: A Theory of Aesthetic Response*, Baltimore, Johns Hopkins University Press.
JACOBY, R. (1975) *Social Amnesia*, Boston, Beacon Press.

JACOBY, R. (1981) *Dialectic of Defeat: Contours of Western Marxism*, New York, Cambridge University Press.
JACOBY, R. (1987) *The Last Intellectuals: American Culture in the Age of Academe*, New York, Basic Books.
JAMESON, F. (1972) *The Prison-House of Language*, Princeton, Princeton University Press.
JAMESON, F. (1976–1977) 'Ideology of the Text', *Salmagundi*, 31, pp. 204–46.
JAMESON, F. (1981) *The Political Unconscious: Narrative as a Socially Symbolic Act*, Ithaca, NY, Cornell University Press.
JAMESON, F. (1984a) 'The Politics of Theory: Ideological Positions in the Postmodernism Debate', *New German Critique*, 33, pp. 53–65.
JAMESON, F. (1984b) 'Postmodernism, or the Cultural Logic of Late Capitalism', *New Left Review*, 146, pp. 53–93.
JAMESON, F. (1988) 'Cognitive Mapping', in NELSON, C. and GROSSBERG, L. (Eds) *Marxism and the Interpretation of Culture*, Urbana, Ill., University of Illinois Press.
JAMESON, F. (1991) *Postmodernism, or the Cultural Logic of Late Capitalism*, Durham, NC, Duke University Press.
JAY, M. (1973) *The Dialectical Imagination*, Boston, Little, Brown.
JAY, M. (1984) *Adorno*, Cambridge, Mass., Harvard University Press.
JENCKS, C. (1987) *Post-Modernism: The New Classicism in Art and Architecture*, New York, Rizzoli.
JOHNSON, R. (1986–1987) 'What is Cultural Studies Anyway?', *Social Text*, 12, pp. 38–79.
KEANE, J. (1984) *Public Life and Late Capitalism*, New York, Cambridge University Press.
KELLER, E.F. (1985) *Reflections on Gender and Science*, New Haven, Yale University Press.
KELLNER, D. (1984) *Herbert Marcuse and the Crisis of Marxism*, Berkeley, University of California Press.
KELLNER, D. (1989a) *Critical Theory, Marxism and Modernity*, Cambridge, Polity Press.
KELLNER, D. (1989b) *Jean Baudrillard: From Marxism to Postmodernism and Beyond*, Stanford, Stanford University Press.
KELLNER, D. (1990) *Television and the Crisis of Democracy*, Boulder, Colo., Westview.
KIMBALL, R. (1990) *Tenured Radicals: How Politics Has Corrupted our Higher Education*, New York, Harper-Collins.
KLEIN, J. (1990) *Interdisciplinarity: History, Theory and Practice*, Detroit, Wayne State University Press.
KLINKOWITZ, J. (1988) *Rosenberg/Barthes/Hassan: The Postmodern Habit of Thought*, Athens, Ga., University of Georgia Press.
KNORR-CETINA, K. (1981) *The Manufacture of Knowledge: An Essay on the Constructivist and Contextual Nature of Science*, New York, Pergamon.
KOLODNY, A. (1975) 'Some Notes on Defining a "Feminist Literary Criticism"', *Critical Inquiry*, 2, pp. 75–92.
KOLODNY, A. (1980) 'Dancing through the Minefields: Some Observations on the Theory, Practice and Politics of a Feminist Literary Criticism', *Feminist Studies*, 6, 1, pp. 1–25.
KOLODNY, A. (1984) *The Land Before Her: Fantasy and Experience of the American Frontiers, 1630–1860*, Chapel Hill, NC, University of North Carolina Press.
KRAMER, H. (1985) *The Revenge of the Philistines*, New York, Free Press.
KRISTEVA, J. (1980) *Desire in Language*, New York, Columbia University Press.
KROKER, A. and COOK, D. (1986) *The Postmodern Scene*, New York, St Martin's.
KUHN, A. (1982) *Women's Pictures: Feminism and Cinema*, London, Routledge and Kegan Paul.

LACAN, J. (1977) *Écrits: A Selection*, New York, Norton.
LACLAU, E. and MOUFFE, C. (1985) *Hegemony and Socialist Strategy*, London, Verso.
LACLAU, E. and MOUFFE, C. (1987) 'Post-Marxism without Apologies', *New Left Review*, 166, pp. 79–104.
LACOMBE, D. (1988) *Ideology and Public Policy: The Case Against Pornography*, Toronto, Garamond Press.
LAD PANEK, L. (1990) *Probable Cause: Crime Fiction in America*, Bowling Green, Ohio, Bowling Green University Press.
LADD, E. and LIPSET, S.M. (1975) *The Divided Academy: Professors and Politics*, New York, McGraw-Hill.
LAMONT, M. (1987) 'How to become a Dominant French Philosopher: The Case of Jacques Derrida', *American Journal of Sociology*, 93, pp. 584–622.
LAMONT, M. and LARREAU, A. (1988) 'Cultural Capital: Allusions, Gaps and Glissandos in Recent Theoretical Developments', *Sociological Theory*, 6, 2, pp. 153–68.
LASCH, C. (1979) *The Culture of Narcissism*, New York, Norton.
LASCH, C. (1984) *The Minimal Self*, New York, Norton.
LAURETIS, T. DE (1984) *Alice Doesn't: Feminism, Semiotics, Cinema*, Bloomington, Indiana University Press.
LAURETIS, T. DE (1987) *Technologies of Gender: Essays on Theory, Film and Fiction*, Bloomington, Indiana University Press.
LEDERER, L. (1980) *Take Back the Night: Women on Pornography*, New York, Morrow.
LEFEBVRE, H. (1971) *Everyday Life in the Modern World*, New York, Harper and Row.
LEISS, W. (1976) *The Limits to Satisfaction: An Essay on the Problem of Needs and Commodities*, Toronto, University of Toronto Press.
LEISS, W., KLINE, S. and JHALLY, S. (1986) *Social Communication in Advertising: Persons, Products and Images of Well-Being*, Toronto, Methuen.
LEMERT, C. (1979) *Sociology and the Twilight of Man*, Carbondale, Ill., Southern Illinois University Press.
LENTRICCHIA, F. (1980) *After the New Criticism*, Chicago, University of Chicago Press.
LEONG, W-T. (1991) 'The Pornography "Problem": Disciplining Women and Young Girls', *Media, Culture and Society*, forthcoming.
LEONG, W-T. (1992) 'Cultural Resistance: Cultural Agents or Cultural Terrorists?', *Current Perspectives in Social Theory*, 12, forthcoming.
LEVI-STRAUSS, C. (1963) *Totemism*, Boston, Beacon Press.
LEVI-STRAUSS, C. (1966) *The Savage Mind*, Chicago, University of Chicago Press.
LEVINE, L.W. (1988) *Highbrow/Lowbrow: The Emergence of Cultural Hierarchy in America*, Cambridge, Mass., Harvard University Press.
LICHTHEIM, G. (1961) *Marxism: An Historical and Critical Study*, London, RKP.
LINTON, R. (1936) *The Study of Man: An Introduction*, New York, Appleton-Century.
LODGE, D. (1982) *Souls and Bodies*, New York, Morrow.
LODGE, D. (1984) *Small World: An Academic Romance*, London, Secker and Warburg.
LOUKIDES, P. and FULLER, L.K. (1990) *Beyond the Stars: Stock Characters in American Popular Culture*, Bowling Green, Ohio, Bowling Green University Press.
LOWENTHAL, L. (1961) *Literature, Popular Culture and Society*, Englewood Cliffs, NJ, Prentice-Hall.
LOWENTHAL, L. (1975) *Notizen zur Literatursoziologie*, Stuttgart, Enke.
LOWENTHAL, L. (1984) *Communication in Society*, New Brunswick, NJ, Transaction.
LOWENTHAL, L. (1986) *Literature and the Image of Man*, New Brunswick, NJ, Transaction.
LUKÁCS, G. (1962) *The Historical Novel*, London, Merlin.
LUKÁCS, G. (1963) *The Meaning of Contemporary Realism*, London, Merlin.
LUKÁCS, G. (1964) *Essays on Thomas Mann*, London, Merlin.
LUKÁCS, G. (1971) *History and Class Consciousness*, London, Merlin.

LUKÁCS, G. (1974) *Soul and Form*, Cambridge, Mass., MIT Press.
LUKÁCS, G. (1980) *Essays on Realism*, London, Lawrence and Wishart.
LUKE, T. (1989) *Screens of Power: Ideology, Domination and Resistance in the Informational Society*, Urbana, Ill., University of Illinois Press.
LUKE, T. (1991) *Shows of Force: Aesthetic Texts in Political Contexts*, Durham, NC, Duke University Press.
LYOTARD, J-F. (1984) *The Postmodern Condition: A Report on Knowledge*, Minneapolis, University of Minnesota Press.
MACINTYRE, A. (1970) *Herbert Marcuse: An Exposition and a Polemic*, New York, Viking Press.
MACKINNON, C. (1979) *Sexual Harassment of Working Women*, New Haven, Yale University Press.
MACKINNON, C. (1984) 'Not a Moral Issue', *Yale Law and Policy Review*, 20, 2, pp. 321–45.
MACKINNON, C. (1987) *Feminism Unmodified: Discourses on Life and Law*, Cambridge, Mass., Harvard University Press.
MACKINNON, C. (1989) *Toward a Feminist Theory of the State*, Cambridge, Mass., Harvard University Press.
MACPHERSON, C.B. (1962) *The Political Theory of Possessive Individualism*, Oxford, The Clarendon Press.
MAN, P. DE (1979) *Allegories of Reading: Figural Language in Rousseau, Nietzsche, Rilke and Proust*, New Haven, Yale University Press.
MAN, P. DE (1984) *The Rhetoric of Romanticism*, New York, Columbia University Press.
MAN, P. DE (1986) *The Resistance to Theory*, Minneapolis, University of Minnesota Press.
MANDEL, E. (1975) *Late Capitalism*, London, NLB.
MANION, E. (1985) 'We Objects Object: Pornography and the Women's Movement', *Canadian Journal of Political and Social Theory*, 9, 1–2, pp. 65–80.
MARCUS, G. (1988) *The Predicament of Culture: Twentieth-Century Ethnography, Literature and Art*, Cambridge, Mass., Harvard University Press.
MARCUS, G. and FISCHER, M. (Eds) (1986) *Anthropology as Cultural Critique: An Experimental Moment in the Human Sciences*, Chicago, University of Chicago Press.
MARCUSE, H. (1955) *Eros and Civilization*, Boston, Beacon Press.
MARCUSE, H. (1964) *One-Dimensional Man*, Boston, Beacon Press.
MARCUSE, H. (1968) *Negations*, Boston, Beacon Press.
MARCUSE, H. (1969) *An Essay on Liberation*, Boston, Beacon Press.
MARCUSE, H. (1972) *Counterrevolution and Revolt*, Boston, Beacon Press.
MARCUSE, H. (1978) *The Aesthetic Dimension*, Boston, Beacon Press.
MARCUSE, H., WOLFF, R.P., MOORE JR., B. (1965) *A Critique of Pure Tolerance*, Boston, Beacon Press.
MARX, K. (1961) *Economic and Philosophic Manuscripts of 1844*, Moscow, Foreign Languages Publishing House.
MARX, K. (1977) *Capital: A Critique of Political Economy*, New York, Vintage.
MARX, K. and ENGELS, F. (1947) *The German Ideology*, New York, International Publishers.
MCCABE, C. (Ed.) (1986) *High Theory/Low Culture: Studying Popular Television and Film*, New York, St Martin's.
MCCLOSKEY, D. (1985) *The Rhetoric of Economics*, Madison, University of Wisconsin Press.
MCLUHAN, M. (1967) *The Medium is the Message*, Harmondsworth, Penguin.
MCLUHAN, M. (1968) *The Gutenberg Galaxy*, Toronto, University of Toronto Press.
MCLUHAN, M. (1989) *The Global Village*, New York, Oxford University Press.

McRobbie, A. (1981) 'Settling Accounts with Subcultures: A Feminist Critique', in Bennett, T. et al. (Eds) *Culture, Ideology and Social Process*, London, Batsford, pp. 111–124.
Mehan, H. and Wood, H. (1975) *The Reality of Ethnomethodology*, New York, Wiley.
Merleau-Ponty, M. (1964) *Sense and Non-Sense*, Evanston, Ill., Northwestern University Press.
Miller, M. (1988) *Boxed In: The Culture of TV*, Evanston, Ill., Northwestern University Press.
Millett, K. (1970) *Sexual Politics*, New York, Doubleday.
Mills, C.W. (1959) *The Power Elite*, New York, Oxford University Press.
Moi, T. (1988) *Sexual/Textual Politics: Feminist Literary Theory*, New York, Routledge.
Morgan, R. (1980) 'Theory and Practice: Pornography and Rape', in Lederer, L. (Ed.) *Take Back the Night: Women on Pornography*, New York, Morrow.
Morrow, R. (1991) 'Critical Theory, Gramsci and Cultural Studies: From Structuralism to Poststructuralism', in Wexler, P. (Ed.) *Critical Theory Now*, London/New York, Falmer Press.
Mulvey, L. (1988) *Visual and Other Pleasures*, Basingstoke, Macmillan.
Murdock, G. and McCron, R. (1976) 'Youth and Class: The Career of a Confusion', in Mungham, G. and Pearson, G. (Eds) *Working Class Youth Culture*, London, RKP, pp. 10–26.
Myers, D. (1990) 'Chris Crawford and Computer Game Aesthetics', *Journal of Popular Culture*, 24, 2, pp. 17–32.
Nelson, C. and Grossberg, C. (Eds) (1988) *Marxism and the Interpretation of Culture*, Urbana, Ill., University of Illinois Press.
Newman, C. (1985) *The Post-Modern Aura: The Act of Fiction in an Age of Inflation*, Evanston, Ill., Northwestern University Press.
Nietzsche, F. (1956) *The Birth of Tragedy and the Genealogy of Morals*, Garden City, NY, Doubleday.
Oakeshott, M. (1962) *Rationalism in Politics*, New York, Basic Books.
O'Neill, J. (1972) *Sociology as a Skin Trade*, New York, Harper and Row.
O'Neill, J. (1974) *Making Sense Together: An Introduction to Wild Sociology*, New York, Harper and Row.
O'Neill, J. (1986) 'The Disciplinary Society: From Weber to Foucault', *British Journal of Sociology*, 37, pp. 42–60.
O'Neill, J. (1989) *The Communicative Body*, Evanston, Ill., Northwestern University Press.
Orman, J. (1984) *The Politics of Rock Music*, Chicago, Nelson Hall.
Paci, E. (1972) *The Function of the Sciences and the Meaning of Man*, Evanston, Ill., Northwestern University Press.
Parsons, T. (1951) *The Social System*, Glencoe, Ill., Free Press.
Parsons, T. and Bales, R. (1955) *Family, Socialization and Interaction Process*, Glencoe, Ill., Free Press.
Piccone, P. (1971) 'Phenomenological Marxism', *Telos*, 9, pp. 3–31.
Piccone, P. (1983) *Italian Marxism*, Berkeley, University of California Press.
Portoghesi, P. (1983) *Postmodern, the Architecture of the Postindustrial Society*, New York, Rizzoli.
Poster, M. (1975) *Existential Marxism in Postwar France*, Princeton, Princeton University Press.
Poster, M. (1989) *Critical Theory and Poststructuralism*, Ithaca, NY, Cornell University Press.
Poster, M. (1990) *The Mode of Information: Poststructuralism and Social Context*, Oxford, Polity Press.

RACHLIN, A. (1988) *News as Hegemonic Reality*, New York, Praeger.
RADWAY, J. (1984) *Reading the Romance: Women, Patriarchy and Popular Literature*, Chapel Hill, NC, University of North Carolina Press.
RANSOM, J.C. (1941) *The New Criticism*, Norfolk, Conn., New Directions.
RAULET, G. (1984) 'From Modernity as a One-Way Street to Postmodernity as a Dead End', *New German Critique*, 30, pp. 155–77.
RICHARDSON, L. (1988) 'The Collective Story: Postmodernism and the Writing of Sociology', *Sociological Focus*, 21, pp. 199–208.
RICHARDSON, L. (1990a) 'Narrative and Sociology', *Journal of Contemporary Ethnography*, 19, pp. 116–35.
RICHARDSON, L. (1990b) 'Speakers Whose Voices Matter: Toward a Feminist Postmodernist Sociological Praxis', *Studies in Symbolic Interactionism*, in press.
RICHARDSON, L. (1990c) *Writing Strategies: Reaching Diverse Audiences*, Newbury Park, Cal., Sage.
RICHARDSON, L. (1991) 'Value Constituting Practices, Rhetoric and Metaphor in Sociology: A Reflexive Analysis', *Current Perspectives in Social Theory*, 11, pp. 1–15.
ROEMER, J. (Ed.) (1986) *Analytical Marxism*, New York, Cambridge University Press.
ROEMER, J. and HYLLAND, A. (Eds) (1986) *Foundations of Social Choice Theory*, New York, Cambridge University Press.
ROMAN, L. and CHRISTIAN-SMITH, L. (1988) *Becoming Feminine: The Politics of Popular Culture*, London/New York, Falmer Press.
RORTY, R. (1979) *Philosophy and the Mirror of Nature*, Princeton, Princeton University Press.
RORTY, R. (1989) *Critique, Irony and Solidarity*, New York, Cambridge University Press.
ROSENAU, P. (1992) *Postmodernism and Poststructuralism in the Social Sciences*, Princeton, Princeton University Press.
ROSS, A. (Ed.) (1988) *Universal Abandon?: The Politics of Postmodernism*, Minneapolis, University of Minnesota Press.
ROSS, A. (1989) *No Respect: Intellectuals and Popular Culture*, New York, Routledge.
RYAN, M. (1982) *Marxism and Deconstruction*, Baltimore, Johns Hopkins University Press.
RYAN, M. (1989) *Politics and Culture*, Basingstoke, Macmillan.
RYAN, M. and KELLNER, D. (1988) *Camera Politica: The Politics and Ideology of Contemporary Hollywood Film*, Bloomington, IN, Indiana University Press.
SARTRE, J.-P. (1965) *What is Literature?*, New York, Harper and Row.
SARTRE, J.-P. (1976) *Critique of Dialectical Reason*, London, New Left Books.
SARTRE, J.-P. (1981) *The Family Idiot: Gustave Flaubert 1821–1857*, Chicago, University of Chicago Press.
SCHILLER, D. (1981) *Objectivity and the News*, Philadelphia, University of Pennsylvania Press.
SCHILLER, H. (1989) *Culture, Inc.: The Corporate Takeover of Public Expression*, New York, Oxford University Press.
SCHORSKE, C. (1981) *Fin-de-Siècle Vienna: Politics and Culture*, New York, Vintage Press.
SCHUTZ, A. (1967) *The Phenomenology of the Social World*, Evanston, Ill., Northwestern University Press.
SHELTON, B.A. and AGGER, B. (1991) 'Shotgun Wedding, Unhappy Marriage, No-Fault Divorce?: Rethinking the Feminism-Marxism Relationship', in ENGLAND, P. (Ed.) *Sociology on Gender/Feminism on Theory*, Boston, Aldine.
SHIACH, M. (1991) *Discourse on Popular Culture: Class, Gender and History in Cultural Analysis, 1730 to the Present*, Stanford, Stanford University Press.
SILVERMAN, K. (1983) *The Subject of Semiotics*, New York, Oxford University Press.

SILVERMAN, K. (1988) *The Acoustic Mirror: The Female Voice in Psychoanalysis and Cinema*, Bloomington, Ind., Indiana University Press.
SKINNER, R.E. (1989) *Two Guns from Harlem: The Detective Fiction of Chester Himes*, Bowling Green, Ohio, Bowling Green University Press.
SLATER, P. (1977) *Origin and Significance of the Frankfurt School*, London, Routledge and Kegan Paul.
SMART, B. (1983) *Foucault, Marxism and Critique*, London, Routledge and Kegan Paul.
SMITH, D. (1987) *The Everyday World as Problematic: A Feminist Sociology*, Boston, Northeastern University Press.
SMITH, D. (1990a) *The Conceptual Practices of Power: A Feminist Sociology of Knowledge*, Boston, Northeastern University Press.
SMITH, D. (1990b) *Texts, Facts and Femininity: Exploring the Relations of Ruling*, New York, Routledge.
SOBLE, A. (1986) *Pornography: Marxism, Feminism and the Future of Sexuality*, New Haven, Yale University Press.
SOJA, E. (1989) *Postmodern Geographies: The Reassertion of Space in Critical Social Theory*, London, Verso.
SOOTHILL, K. and WALBY, S. (1991) *Sex Crimes in the News*, New York, Routledge.
STEINEM, G. (1978) 'Erotica and Pornography: A Clear and Present Difference', *Ms*, 7, 5, pp. 53–76.
STEINEM, G. (1986) *Outrageous Acts and Everyday Rebellions*, New York, New American Library.
STERN, L. (1979–1980) 'Feminism and Cinema: Exchanges', *Screen*, 20, 3/4, pp. 89–90.
THOMPSON, E.P. (1963) *The Making of the English Working Class*, New York, Vintage.
THOMPSON, E.P. (1978) *The Poverty of Theory and other Essays*, New York, Monthly Review Press.
THORNTON, N. (1986) 'The Politics of Pornography: A Critique of Liberalism and Radical Feminism', *Australian and New Zealand Journal of Sociology*, 22, 1, pp. 25–45.
TORRES, S. (1989) 'Melodrama, Masculinity and Family: *thirtysomething*', *Camera Obscura*, 19, p. 87.
TOURAINE, A. (1971) *The Post-Industrial Society*, New York, Random House.
TURLEY, D. (1987) 'The Feminist Debate on Pornography: An Unorthodox Interpretation', *Socialist Review*, 87/88, pp. 81–96.
WALBY, S. (1990) *Theorizing Patriarchy*, Oxford, Basil Blackwell.
WALTERS, S. (1992) 'Material Girls: Toward a Feminist Cultural Studies', *Current Perspectives in Social Theory*, 12, forthcoming.
WARREN, M. (1988) *Nietzsche and Political Thought*, Cambridge, Mass., MIT Press.
WEEDON, C. (1987) *Feminist Practice and Poststructuralist Theory*, Oxford, Basil Blackwell.
WELLS, A. (1990) 'Popular Music: Emotional Use and Management', *Journal of Popular Culture*, 24, 1, pp. 105–17.
WERNICK, A. (1983) 'Advertising and Ideology: An Interpretive Framework', *Theory, Culture and Society*, 2, pp. 16–33.
WEST, C. and ZIMMERMAN, D.H. (1987) 'Doing Gender', *Gender and Society*, 1, 2, pp. 125–51.
WILLIAMS, R. (1950) *Reading and Criticism*, London, Muller.
WILLIAMS, R. (1958) *Culture and Society*, New York, Columbia University Press.
WILLIAMS, R. (1961) *The Long Revolution*, New York, Columbia University Press.
WILLIAMS, R. (1966) *Communications*, London, Chatto and Windus.
WILLIAMS, R. (1975) *Television: Technology and Cultural Form*, New York, Schocken.
WILLIAMS, R. (1977) *Marxism and Literature*, Oxford, Oxford University Press.
WILLIAMS, R. (1980) *Problems in Materialism and Culture*, London, Verso.

Bibliography(原文参考文献)

WILLIAMS, R. (1981) *Culture*, Cambridge, Fontana.
WILLIAMS, R. (1983) *Writing in Society*, London, Verso.
WILLIAMS, R. (1989) *Resources of Hope: Culture, Democracy, Socialism*, London, Verso.
WILLIAMSON, J. (1978) *Decoding Advertisements*, London, Boyars.
WILLIS, P. (1977) *Learning to Labour*, Farnborough, Saxon House.
WILLIS, P. (1978) *Profane Culture*, London, RKP.
WITHEFORD, N. and GRUNEAU, R. (forthcoming) 'Between the Politics of Production and the Politics of the Sign: Post-Marxism, Hegemony Theory and "New Times"'.
WITTGENSTEIN, L. (1953) *Philosophical Investigations*, Oxford, Basil Blackwell.
WRIGHT, E.O. (1985) *Classes*, London, Verso.
WRIGHT, J.W. III, (1990) 'Deregulation and Public Perceptions of Television: A Longitudinal Study', *Communication Studies*, 41, 3, pp. 266–77.
WUTHNOW, R. (1976) *The Consciousness Reformation*, Berkeley, University of California Press.
WUTHNOW, R. (1987) *Meaning and Moral Order: Explorations in Cultural Analysis*, Berkeley, University of California Press.
WUTHNOW, R. (1989) *Communities of Discourse*, Cambridge, Mass., Harvard University Press.
WUTHNOW, R., HUNTER, J.D., BERGESEN, A. and KURZWEIL, E. (1984) *Cultural Analysis: The Work of Peter L. Berger, Mary Douglas, Michel Foucault and Jurgen Habermas*, London, Routledge and Kegan Paul.
ZARET, D. (1992) 'Critical Theory and the Sociology of Culture', *Current Perspectives in Social Theory*, 12, forthcoming.

Index(原文索引)

Adorno, T. 4, 10, 77, 80, 97, 151, 195
  absolute values 21, 23
  Birmingham School 80, 82–4, 91
  cultural judgment 137, 139
  deconstruction 160, 167
  false needs 143, 148
  Frankfurt School 4–5, 8, 57–62, 64, 70–3, 178–9, 193
  Marcuse 73–4
  Marxism 47, 49
  modernism 47, 49
  music 51, 58–9, 61, 64, 71
  Nietzsche 21, 110, 157
  popular culture 15–16, 27–32, 38–9, 62–8, 72
  postmodernism 168, 172, 173
advertising 62, 97, 103, 140–1, 182, 184–5
  alcohol 89–90
  Birmingham School 78, 83, 89–90
  capitalism 33–4, 39, 67, 68
  deconstruction 159, 160
  false needs 144, 147, 149
  Frankfurt School 62, 63, 69
  popular culture 6, 33–4, 39, 49, 104
  postmodernism 112, 171, 176
Althusser, L. 8, 10, 14, 38, 146, 147
  Birmingham School 79–80, 83–8, 90–2
  Marxism 43, 48, 54, 56
American Psychological Association 107
American studies 18
anthropology 3, 76, 78, 84, 87–90
Archimedeanism, 19–20, 32, 51–2, 58, 82, 149–52
  deconstruction 100–1, 103, 166
  positivism 137, 143
architecture 9, 36, 49, 93–4, 110–11, 174

Arnold, Matthew 87
Aronowitz, S. 111, 112, 169
art 25–6, 83, 136–7, 166
  Frankfurt School 70–1, 80
  Marxism 42, 45, 47–8, 51, 54–5, 80
  mechanical reproduction 3–4, 63
Australia 79, 86

ballet 65
Barthes, R. 28, 51, 87, 130, 177, 190
  deconstruction 162, 163
  postmodernism 8–9, 19, 94, 108, 112
Baudrillard, J. 7, 86, 89, 121, 155, 176
  popular culture 38–9, 68, 69
  positivism 135, 147
  postmodernism 94, 109, 111–12, 168–9, 174
Beckett, Samuel 8, 59, 64, 71, 72, 80–1, 139
Beethoven (composer) 63
Bell, Daniel 110, 168, 170–1, 173, 176
Benjamin, Walter 3, 4, 25, 62–3, 73
Bentham's Panopticon 146
Berg (composer) 83
Berlin Wall 22, 139
Birmingham Centre for Contemporary Cultural Studies (Birmingham School) 1, 18, 75–92, 133–4, 139, 153, 188
  absolute values 23
  class 56, 62, 78, 83–5, 88–9, 91
  deconstruction 164, 167
  feminism 77, 79, 93, 86–8, 90, 129–30
  formation 7–8, 41, 75
  Frankfurt School 60, 61, 70, 72, 80–1, 85, 88, 90
  on Gramsci 9, 10
  high/low culture 79–84

Orthodox Marxism 84–8, 90–2, 178
political culture 180–1, 193
popular culture 5, 31, 34, 76, 79–87, 178
populism 15, 16, 80, 81
postmodernism 77, 80–2, 85–6, 94, 94, 100, 108, 111–12
poststructuralism 20, 77, 79, 86–7, 94, 98, 100, 108, 111–12
black studies 11, 18
  see also color, people of
Bloom, Allan 12, 26, 36, 177
Bolsheviks 42, 49, 64, 74
books (including trade fiction) 2, 11, 14, 89, 156, 182, 187
  Birmingham School 78, 89
  criticism 96, 97, 137, 139, 140, 166
  deconstruction 98, 108, 159, 160, 166
  feminism 115
  Frankfurt School 63, 69, 74
  language 102, 183
  number published in US 3
  politics 17, 55
  popular culture 25–6, 28, 33–4, 38
  portrayal of women 33, 119, 122
  positivism 136, 137, 139, 147
Bourdieu, Pierre 87
Bowling Green University 61, 76–7, 133
Brecht, Bertolt 37
Brodkey, L. 13
Buckley, William 176
Burke, Edmund 26, 36
Bush, President George 86, 187

Calvinism 30
Camus, Albert 176
Canada 79, 86
capitalists and capitalism 17, 77, 170, 179, 183, 189
  absolute values 21–2
  advertising 33
  Asia 62, 139
  Birmingham School 82–3, 86–7, 89–91
  criticism 97, 150–1
  deconstruction 106, 194
  economics 14, 149
  elitism 8
  feminism 116
  Frankfurt School 57–61, 63–8, 71
  hegemony 9–10
  Marxism 44–6, 49, 53, 56–9, 66–8, 155–6

popular culture 4–5, 24, 28–30, 33, 36, 38–9
positivism 141, 144–5, 148
postmodernism 110, 169–71, 173–4
  see also fast capitalism; late capitalism
cars 66–9, 144, 157, 183–4
Chicago Democratic Convention (1968) 7
China 22
Chomsky, Noam 73
cinefeminism 105–6, 115, 126–30, 141, 184
civil rights movement (US) 73
class 80, 86, 109, 155, 185
  art 54–5
  Birmingham School 56, 62, 78, 83–5, 88–9, 91
  cultures 9, 42, 62
  feminism 118
  Frankfurt School 58, 59, 62
  high culture 14
  leisured 40, 87, 136
  Marxism 44, 46–9, 51–6, 62, 65, 80, 175
  middle 62, 182
  popular culture 40, 62
  truths 46–9, 51–2, 54, 56, 58–9, 65, 70
  working 9, 20, 44, 53–6, 62, 78, 89
color, people of 6, 11, 39, 55, 62, 185
  black studies 11, 18
  liberal arts 12–13
  Marxism 53, 56
  see also race and racism
commodity fetishism 29, 43, 66–9, 85
communism
  downfall 22, 47, 173
  in France 22, 52
  Manifesto 3
Comte, Auguste 50, 89
criticism 96–7, 149–52, 255–6, 181–2, 188, 190
  deconstruction 100–1, 105–8, 162–3, 166–7
  feminism 105–6, 113–23, 130
  language 102–3
  movies 3, 4, 9, 24, 96–7, 105–6, 127, 137–42, 166
  positivism 135–42, 145
  postmodernism 112, 113
  television 3–4, 24–5, 96, 138–9

de Beauvoir, Simone 119, 155, 176
Debord, G. 136

deconstruction
  as anti-method 93–8
  cult of cultural studies 155–7
  deconstructed 158–68
  defined 98–108
  feminism 101, 122–3, 126, 182
  popular culture 27–8, 32–3, 35, 37, 39–40, 159, 161, 193–6
  postmodernism 109–10, 113, 168
de Man, Paul 155
Derrida, Jacques 87, 155, 177, 180–1, 188–9, 192, 195
  absolutist 21–3
  deconstruction 12, 159, 161–8
  feminism 113, 124–7, 130
  language 121, 137
  Marxism 47–8, 50–2
  popular culture 27–8, 32–3, 40
  populism 15, 16
  positivism 137–8, 140, 142–3, 145
  postmodernism 109, 112
  poststructuralism 8, 19, 93–6, 98, 100–1, 103, 105–9, 158
Dickens, Charles 27
  Oliver Twist 166
Durkheim, E. 9, 84, 89, 133, 136, 185
dystopians 24, 30

editors 99–100, 141
elitists and elitism 3, 8, 11, 81, 157
  in Europe 117–8, 193
  Frankfurt School 61, 62, 64, 72, 193
  high culture 14–15, 19, 26, 27
  popular culture 26, 27, 31–3
  positivism 137, 143, 148
  at universities 188–9, 191
Engels, F. 42, 48, 49, 147
English departments 1, 9, 13, 26–7, 155
  BCCCS 76–8, 87
  deconstruction 94, 98
Enlightenment 17, 21–3, 39, 49, 51, 82–3, 157
  postmodernism 93, 110–13, 168, 174
entertainment 5, 9, 50, 62, 65
  deconstruction 98, 166
  popular culture 26, 34
  positivism 134, 136, 141
  see also books; movies; television
environmentalism 173
Eurocentrism 80
existentialism 42, 71

false needs 19, 23, 150–1, 178, 9, 193
  Birmingham School 80, 81

Frankfurt School 64–6, 68
  positivism 137, 142–9
fascism 57
fast capitalism 148, 155, 160, 183–4, 187, 192
  Birmingham School 78
  popular culture 37, 38, 66
  postmodernism 168, 174
Faurschou, G. 98
Felman, S. 115
feminists and feminism 1, 9–11, 23, 59, 114–32, 150, 178, 188
  aesthetics 51–3
  Birmingham School 77, 79, 83, 86–8, 90, 129–30
  canonizing women 116–19
  cinema 56, 105–6, 115, 121, 126–30, 141, 184
  critical project 114–16
  deconstruction 101, 122–3, 126, 182
  deprogramming culture 153–5, 158
  in France 19, 83, 94, 111, 125–6, 130–1, 143
  Frankfurt School 60, 62, 70, 71, 124
  Marxism 47, 51–2, 55–6, 114, 116, 125, 129, 132, 156
  political 179–82
  popular culture 26, 28, 31, 35, 39, 104, 115, 120, 124–5, 128, 194
  populism 15, 16
  positivism 127, 133–6, 139, 141, 143, 148
  postmodernism 98, 110–11, 113, 156, 168–9, 174–5
  poststructuralism 19–20, 93–4, 105, 117–18, 125–7, 179, 184
  representation of women, 9, 119–25, 192
films *see* movies
First International 173
Fitzgerald, F. Scott *The Great Gatsby* 20
Flaubert, G. 28, 45
Foucault, M. 17–9, 22, 158, 177, 195
  Birmingham School 81–2, 83, 86–7, 90, 178
  cultural criticism 150–1
  feminism 130
  popular culture 28, 34
  positivism 137, 146
  postmodernism 94, 108–12, 168–9, 174
France 21–2, 177, 193
  communism 22, 52
  existentialism 42, 71

feminists 19, 83, 94, 111, 125–6, 130–1, 143
popular culture 26, 40
postmodernism 85–6, 88, 94, 111
Frankfurt School 1, 9–10, 14, 21–3, 150, 178, 182
  aesthetics 51–3, 57–74
  Birmingham School 60, 61, 70, 72, 80–1, 85, 88, 90
  cultural readings 70–4
  deconstruction 100, 161, 163, 164, 167
  deprogramming culture 153, 155
  elitism 61, 62, 64, 72, 193–4
  feminism 60, 62, 70, 71, 124
  high culture 61, 70, 72, 83
  mandarinism 15–16, 19, 25, 61, 64, 72–3, 79–81, 87, 110–11, 136, 149, 179, 194–5
  Marxism 4–5, 41–2, 44–6, 48–9, 51, 53, 57–60, 75, 89, 178–9
  modernists 15, 49, 53, 64, 71–2, 74–5, 80–3
  political 179–81, 193
  popular culture 4–5, 25, 27–32, 35, 39, 49, 61–73, 77, 79–80, 179
  populism 15–17
  positivism 133–5, 146–7, 149
  postmodernism 19, 60, 62, 70, 110–12, 168–9, 172, 174
  poststructuralism 8, 19–21, 58, 60, 70
  representation 48–50
  science 48, 50
Fraser, N. 51, 169
Freud, Sigmund 16, 30, 64, 80, 126, 131, 147

Galbraith 176
gender 55, 56, 109, 155, 167
  feminism 118–23, 128, 132, 182
  identity 119–20, 131
  popular culture 33, 39
  representation 115, 119–20, 185, 192
  varieties of culture 9, 29
Germany 22, 58, 64, 110, 176, 193
  Birmingham School 85–6, 88
  Frankfurt School 72, 73
  New Left 82
  Nietzsche 21
  popular culture 40, 81
Gitlin, T. 6, 171
global village 3, 6, 8, 61
Goldmann, Lucien 46, 52, 84, 179
  Marxism 41, 42, 65
  representation 48–9, 51

Gouldner, Alvin 73
Gramsci, A. 14, 53, 144
  Birmingham School 15, 79–81, 83–7, 90–2, 178, 193
  hegemony 9–10, 69, 99, 192
  Marxism 42–3, 48
Great Books 9, 12, 36–7, 67
Great Refusal 145, 151
Greeks 36, 37
Greer, Germaine 116
Guernica (painting) 3, 33

Habermas, J. 3, 6, 16, 18, 22, 62, 151, 161, 176
  Birmingham School 82, 83
  cult of cultural studies 156, 157, 158
  false needs 148–9
  feminism 117, 125
  Frankfurt School 58–60, 179, 194, 195
  Marxism 50, 58, 59, 60
  popular culture 27, 39
  postmodernism 112, 168, 170
  public discourse 187, 193
Hall, Arsenio 176
Hall, Stuart 9, 134
  BCCCS 7, 20, 75, 81, 84, 87, 89
  popular culture 34, 72, 80, 81
Hassan, I. 110
Hegel, G.W.F. 21–2, 72, 77, 91, 112, 146, 149
  Marxism 42, 44, 49, 51
Heidegger 103, 170
Heisenberg 135
high culture 2, 4, 58, 79–84, 135
  Birmingham School 78, 81–4
  deconstruction 161, 194
  defenders 24, 26–7
  elitism 14–15, 19, 26, 27
  Frankfurt School 61, 70, 72, 83
  popular culture 5, 26–9, 31, 32–3
Hirsch, E.D. 12, 177
Hoffer, Eric 189
Hoggart, Richard 7, 9, 20, 41, 75, 80
Horkheimer, M. 4, 10, 21, 23, 49, 137, 195
  Birmingham School 75, 82, 85, 91
  false needs 143, 148
  Frankfurt School 8, 9, 57–63, 73, 178–9, 193
  Nietzsche 21, 110, 157
  popular culture 29, 38, 62, 68
  populism 15, 16
  postmodernism 168, 173

humanities 23, 86–7, 115, 181, 189
  postmodernism 169, 174
Hutchins, Robert 15
Huyssen, A. 111, 112, 169

Institute for Social Research 57, 70, 73
Irigaray, L. 168

Jackson, Michael (singer) 6
Jacoby, R. 5
Jameson, F. 110, 112, 168, 169, 176–7
Janowitz, Tama 176
jazz 15, 51, 79–80
journalism 78, 142, 182, 184
  Frankfurt School 61, 63, 68, 72
  popular culture 5, 25, 28

Kael, Pauline 4, 96, 105, 166
Kafka, Franz 8, 59, 64, 72, 80–3, 139
Kant, I. 20, 72
Kautsky 49
Kellner, D. 15, 111, 112, 169
Kennedy, President J.F. (assassination of) 6–7, 171
Kesey, Ken 82, 83
Kolodny, A. 115
Kramer, Hilton 166
Kristeva, J. 162

Lacan, J. 8, 21, 112, 163, 188
  feminism 93, 105, 108, 118, 125–8, 130–1, 158
language 20, 52, 113, 156, 161
  criticism 28, 101–3, 105, 150–1
  deconstruction 13, 28, 161–2, 163, 166
  feminism 118–19, 121, 126, 128
  games 182, 185, 191, 192
  popular culture 34, 38
  positivism 137, 139, 142, 144–5
  poststructuralism 109, 110, 195
  public discourse 186–8
Lasch, C. 170, 172
late capitalism 3, 16, 21, 97, 151, 163, 196
  Birmingham School 80, 81, 83
  Frankfurt School 61, 62, 64, 74
  Marxism 48, 59, 60
  political 179, 180
  popular culture 2, 29–30, 34–5, 37, 62, 68, 193, 195
  positivism 146–8
  postmodernism 110, 111, 113
  public discourse 186–7, 193

Leavis, F.R. 9, 13, 15, 20, 26–7, 155
  Birmingham School 78, 87
Lee, Spike (film director) 141
Lenin, V.I. 8
lesbians 120–3, 125, 127
Letterman, David 176
Lévi-Strauss 95
Lodge, David 27
logocentrism 32–3
Lukács, G. 37, 46–8, 79, 179, 193
  aesthetics 52–3
  Birmingham School 84, 88, 91
  Frankfurt School 4, 57–8, 70–1, 74
  Marxism 54, 56, 65, 113
  realism 41–5
  reification 67, 150
  representation 48–51
Luke, T. 169
Lynch, David (film director) 112
Lyotard, J-F. 21–2, 32, 39, 82, 195
  Marxism 51, 56, 149
  positivism 137, 139, 142, 146
  postmodernism 94, 109–13, 133–4, 168–70, 174, 176

magazines 6, 115, 169, 176–7, 190
  popular culture 24, 34, 49, 67, 69, 74
  women 33, 192
Major, John (P.M.) 187
mandarinism 49, 82, 98, 154, 171, 182, 189
  Frankfurt School 15–16, 19, 25, 61, 64, 72–3, 79–81, 87, 110–11, 136, 149, 179, 194–5
  popular culture 4–5, 28, 176, 178, 193–4
Marcuse, Herbert 10, 16, 72–4, 113, 115, 153, 182 art 47–8
  Birmingham School 80, 82, 83, 91
  false needs 19, 137, 143–8, 150–1, 178–9, 193
  Frankfurt School 4–5, 57–9, 61, 2, 72–3, 80–1
  language 161
  music 61
  popular culture 28, 30, 36, 62, 67, 195
  positivism 140, 143–8
  postmodernism 170
  representation 49
Marx, Marxists and Marxism 1, 8–9, 41–56, 149–50, 167, 179–82
  absolute values 21–3
  aesthetics 51, 74

Index(原文索引)

art 70–1, 80
Birmingham School 75, 80, 82, 84–9, 90–2
capitalism 44–6, 49, 53, 56–9, 66–8, 155–6
class 44, 46–9, 51–6, 62, 65, 80, 175
cult of cultural studies 153, 155–8
deconstruction 103, 105, 159
dualism 37, 43, 49, 63
feminism 47, 51–2, 55–6, 114, 116, 125, 129, 132, 156
Frankfurt School 4–5, 41–2, 44–6, 48–9, 51, 53, 57–60, 75, 89, 178–9
Orthodox 24, 84–8, 179
popular culture 26, 28–31, 33, 38–40, 61–2, 65–8, 80, 104
populism 15–16
positivism 41–5, 47–9, 55, 103, 133, 136–7, 139, 143–4, 146–9
postmodernism 43–4, 46–7, 51–3, 56, 110–13, 168–71, 173–5, 194–5
realism 41–5
representation 48–51
universities 24
May (1968) Movement 22, 52
McCartney, Paul (musician) 34, 171
McInerney, Jay 176
media studies 34–5, 39–40, 70, 77
deconstruction 94, 98
positivism 133, 136
Millett, Kate 114, 115, 116, 125
modernists and modernism 8, 52, 139, 150–1, 158, 171, 192
architecture 94
Frankfurt School 15, 49, 53, 64, 71–2, 74–5, 80–3
Marxism 44, 47, 49, 52
popular culture 4–5, 26, 31
Moore, Michael (film director) 35
movies (including films) 6–7, 10, 17, 84, 102, 182, 185–6
cinefeminism 127–9
criticism 3, 4, 9, 24, 96–7, 105–6, 127, 137–42, 166
deconstruction 95, 97, 98, 104–5, 108, 159–60, 165–6
feminism 56, 105–6, 115, 121, 126, 127–9, 141, 184
Frankfurt School 61, 73, 65, 67–70, 72, 74
popular culture 14, 25–6, 28, 32, 35, 37, 39–40, 195
positivism 136–44
postmodernism 109, 112, 169, 172

representation of women 119, 121–2, 125, 183
revaluing popular culture 32, 35, 37, 39–40
source of culture 3, 6–7, 11
Museum of Modern Art (MOMA) 26, 36
music 83, 104, 134, 136
Adorno 51, 58–9, 61, 64, 71
classical 3, 150
Frankfurt School 61, 65
jazz 15, 51, 79–80
rock 3, 80, 82, 150

neoconservatives and neoconservatism 22, 51, 58, 86–7, 158, 181
popular culture 26–30, 32, 36–7, 67
postmodernism 170, 176
universities and colleges 12, 78, 177
neo-Frankfurters 23, 36, 52, 63, 64
neo-Marxism and neo-Marxism 9, 14, 20–1, 58, 139, 158, 169
Birmingham School 84, 89, 91
cultural politics 41, 45
deconstruction 103, 163–4
feminism 125
popular culture 29–30, 81
neo-Stalinism 145
New Criticism 12, 13–14, 19–20, 96, 100, 113, 166 popular culture 26–8
New Left 6, 8, 15, 16, 36, 82, 190
feminists 115–16, 118
Marcuse 73, 81
New York Times 26–7
postmodernism 169–74, 176, 179, 182
New Yorker 4, 27, 105, 170
New Zealand 79, 86
news 9, 34, 127, 142, 183
Nicaragua 22
Nielsen ratings 67
Nietzsche, F. 20–1, 100, 137, 157
popular culture 28, 33, 36
postmodernism 21, 82, 110, 113, 168, 170, 174
nihilism 23, 37
Nixon, President R. 142, 170

opera 32

Parsons, T. 134–6, 148, 185, 194
Pepsi 147–8
perestroika 22, 169
phenomenology 194–5
Picasso *Guernica* 3, 33

Platonists 143, 149
poetry 115
Poland 22
popular culture 2–8, 24–40, 49, 149, 154, 177, 185–6
  automatic 30–1
  Birmingham School 5, 31, 34, 76, 79–87, 178
  class 40, 62
  deconstruction 27–8, 32–3, 35, 37, 39–40, 159, 161, 193–6
  feminism 26, 28, 31, 35, 39, 104, 115, 120, 124–5, 128, 194
  Frankfurt School 4–5, 25, 27–32, 35, 39, 49, 61–74, 77, 80, 179
  late capitalism 2, 29–30, 34–5, 37, 62, 68, 193, 195
  mandarinism 4–5, 28, 176, 178, 193–4
  political 178, 180–1, 182
  populism 14–17, 25, 32, 134, 194
  positivism 31, 34, 133–6, 141, 153
  postmodernism 5, 6, 8, 26–7, 31, 33, 36–7, 39–40, 110–13, 171–2, 193
  public discourse 187, 189, 190
  revaluing 31–40
  values 25–8
populism 4, 21, 49, 59, 64, 177, 196
  Birmingham School 15, 16, 80, 81
  popular culture 14–17, 25, 32, 134, 194
pornography 119–25
positivists and posivitism 15, 18–19, 21, 110, 180, 183
  Birmingham School 79, 82, 89
  cult of cultural studies 153–4, 158, 160
  cultural judgments 136–42
  deconstruction 94, 97–8, 103, 106–7, 160, 163–4, 166–7
  false needs 137, 142–9
  feminism 127, 133–6, 139, 141, 143, 148
  Marxism 41–5, 47–9, 55, 103, 133, 136–7, 139, 143–4, 146–9
  popular culture 31, 34, 133–6, 141, 153
  postmodernism 133, 135–7, 139, 142–3, 146, 148, 153, 168, 179
  public discourse 188–90
  representation 41, 184, 192
post-capitalism 38
post-Frankfurt 64, 71
post-Marxism 47, 53–4, 58, 158
  France 21–2
  Frankfurt School 61, 62
  popular culture 30, 38
  postmodernism 112, 169

postmodernists and postmodernism 1, 15, 176, 178, 186, 193, 195
  absolute values 22–3
  academization 153, 155, 158
  architecture 9
  Birmingham School 77, 80–2, 85–6, 94, 98, 100, 108, 111–12
  cultural criticism 150–1
  end of ideology 168–75
  feminism 98, 110–11, 113, 156, 168–9, 174–5
  Frankfurt School 19, 60, 62, 70, 110–12, 168–9, 172, 174
  Marxism 43–4, 46–7, 51–3, 56, 110–13, 168–71, 173–5, 194–5
  Nietzsche 21, 82, 110, 113, 168, 170, 174
  popular culture 5–6, 8, 26–7, 31, 33, 36–7, 39–40, 110–13, 171–2, 193
  positivism 133, 135–7, 139, 142–3, 146, 148, 153, 168, 179
  poststructuralism 93, 94, 109–113, 174
  totality 17–18
poststructuralists and poststructuralism 1–4, 10, 93–113, 153–5, 158, 178–9, 187, 195
  absolute values 21, 23
  aesthetics 51–3
  Birmingham School 20, 77, 79, 86–7, 94, 98, 100, 108, 111–12
  deconstruction 93–108, 158, 163, 167
  discourse 13, 188
  feminism 19–20, 93–4, 104, 117–18, 120–30, 179, 184
  Frankfurt School 8, 19–21, 58, 60, 70
  Marxism 42–51
  political 179–80, 193
  popular culture 5, 8, 25, 27, 31–3, 35–6, 39
  populism 15–17
  positivism 133–5, 137–43, 148–9, 153
  postmodernism 93, 94, 109–113, 174
  representation 48–51
Proletkult 53–6

race and racism 10, 14, 17, 55, 109, 156, 183
  deconstruction 155, 167
  feminism 118
  Marxism 56
  variety of culture 9, 29
radio 5, 59, 63, 72
Rand, Ayn 174
Reagan, President R. 6, 74, 86, 139, 142, 173, 187

relativism 15, 23, 46, 81–2, 105, 195
　popular culture 33, 36, 39
　positivism 133–4, 138, 142–3, 146
religion 38, 67, 81, 144, 163, 174, 186
　Birmingham School 88, 89
　feminism 120
　Marx 61, 155
Romania 22
Romanticism 27, 72
Rorty, R. 51
Rousseau, J-J. 121, 164–5

sado-masochism 123
Sartre, J-P. 37, 45, 52, 64, 71, 176
Saussure's signs 93, 95
Sawyer, Diane (ABC) 142
Schein 47
Schoenberg, A. (composer) 8, 59, 61, 64, 71–2, 80–1, 139
science 2–3, 19, 21, 99, 135, 182, 188
　Birmingham School 78
　deconstruction 98, 107, 159, 163, 166, 167
　feminism 118, 126, 130, 131
　Frankfurt School 48, 50
　language 102–3
　Marxism 42, 48, 50
　popular culture 33, 34
　postmodernism 113, 168
　representation 49–50
　truth 51, 52
Second International 42, 48, 63
sexists and sexism 10, 14, 17, 143, 156, 183
　popular culture 39, 119, 120–2, 125
social sciences 13, 17–18, 23, 86–7, 159, 189
　feminism 115
　popular culture 27, 33
　positivism 48, 133
　postmodernism 169, 173, 174
sociology 1, 3, 11, 17, 134, 153–4
　Birmingham School 76, 78–9, 84, 88–90, 91
Soviets 22, 45, 54, 56
space program 7–8
Stalinism 22, 151, 173, 193
state capitalism 22, 146
Stimpson, Catherine (President of MLA) 115
Straussians 36
Stravinsky (composer) 59
structuralism 72, 90, 95

Tel Quel group 8
television 43, 54, 78, 182–5

criticism 3–4, 24–5, 96, 138–9
deconstruction 98, 104, 108, 159–60, 165
feminism 105, 115, 122, 126–9
Frankfurt School 59, 61, 63, 65–9, 72
popular culture 14, 25–8, 32–3, 35, 37–8
positivism 136, 138–42, 144–5, 147
postmodernism 109, 112, 169, 171, 172
public discourse 186, 190
source of culture 3–9
Thatcher, Margaret (ex-P.M.) 83, 86, 142, 173, 187
Third International 42, 48, 63
trade fiction *see* books

Unit for Criticism and Interpretive Theory 76
universities 1, 12–13, 18, 40, 154
　academization 160, 166
　Birmingham 41, 76–7
　Bowling Green 61, 76–7, 133
　cultural criticism 52, 151
　feminism 115, 116
　Marxism 24, 43
　postmodernism 169, 176
　public discourse 187, 188–9, 191
　US 76–7, 87, 177

videos 4, 5, 7, 35, 65–7
Vietnam War 73, 145, 172

Walters, S. 127, 129, 181
Weber, C.M. 12, 30, 64, 146, 193–4
Will, George 176
Williams, Raymond 9, 80
Wittgenstein, L. 30, 38, 64, 101–3
women 6, 11–13, 55, 62, 79
　Marxism 53, 56
　movement 116, 118, 125
　popular culture 37, 39
　representation 9, 33, 115, 117, 119–25, 144, 183–4, 192
　studies 11, 17–18, 39, 55, 89, 115, 118
　writers 115, 117, 120
Wright Mills, C. 73, 115

Yale School 12, 100, 155, 164
youth culture 61, 73, 78, 81
yuppies 62, 168, 171–3, 176

Zhdanovism 16, 42, 44, 51, 55, 70, 71, 156
Zeitgeist 170